[广播电视与新媒体系列实验教材]

Radio, TV & New Media

广播非线性编辑

[俞锫　杨亦然　编著]

中国传媒大学出版社

前　言

目前，随着计算机网络和数字音频技术的发展，由各种不同性质的非线性音频工作站组成的基于网络系统的自动化播出系统，已经成为目前我国各级广播电台普遍采用的工作方式。它通常是在广播电台业务的基础上，遵照某些共同的设计原则和方法，并结合广播电台各自的工作性质、任务和模式来开发设计，根据不同部门的使用要求配置工作站的性能，按照不同播出形式的特点设计自动化播出系统，使之覆盖到全台业务流程中的各个编播部门，同时在安全性、共享性和扩展性上也予以充分的考虑。

本书将以目前我国广播电台中应用较为广泛的自动化播出系统 LINK2000 为例，系统介绍各种广播非线性编辑的基本原理与操作。全书共分七章，涉及广播节目的录制、管理和播出的各个方面，可以作为大专院校相关专业学生的实践课程教材，也可以作为广播从业人员的参考用书。

本书的编写得到了中国传媒大学广播电视与新媒体实验教学中心各位领导的全力支持，中国传媒大学出版社的领导和编辑也为此书的出版做了大量的工作。在此，特向为本书出版做出贡献的各方人士表示深深的谢意。尽管本人为了达到编写目的做了最大努力，但由于计算机网络和数字音频技术日新月异，加之编写时间仓促和水平有限，对许多新技术来不及深入研讨和消化，故书中难免有遗漏和不当之处，衷心地希望广大读者予以批评指正。

目　　录

第 1 章　语录工作站 …… 1

1.1　语录工作站简介　/3

1.2　节目的录制　/5

1.3　节目的编辑　/8

1.4　节目的发送与回传　/15

1.5　节目的合成　/20

第 2 章　AUDIOCUT PRO POWER 的使用与操作 …… 23

2.1　声音信号的录制与重放　/25

2.2　声音信号的编辑与处理　/31

2.3　LINK2000 的系统接口　/35

2.4　AUDIOCUT PRO POWER 的其他说明　/41

第 3 章　广播节目的编排 …… 45

3.1　编排工作站简介　/47

3.2　节目单的编排　/48

3.3　模板的编排　/55

3.4　快捷模板　/58

3.5　编排站的查询　/60

第 4 章　广播节目的自动化播出 …… 65

4.1　播出工作站简介　/67

4.2　播出工作站的播出操作　/72

4.3　导播提示站　/80

第 5 章 自动化播出系统的管理 …… 83
5.1 管理工作站简介 /85
5.2 用户的管理 /86
5.3 节目的管理 /91
5.4 栏目的管理 /96
5.5 系统的设置 /102
5.6 系统的管理 /109
5.7 系统的总管理 /111

第 6 章 广告节目的管理 …… 121
6.1 广告管理工作站简介 /123
6.2 广告管理工作站的设置 /124
6.3 广告的管理 /133
6.4 广告的编排 /147
6.5 广告管理工作站中的工具 /153

第 7 章 广播节目的审听 …… 157
7.1 审听工作站简介 /159
7.2 广告单的审听 /160
7.3 栏目单的审定 /163
7.4 节目的审定 /165

Part 1

第1章

语录工作站

学习要点

★语录工作站上的声音录制

★语录工作站上的声音编辑

★节目的发送与回传

数字音频自动播出系统是由各种不同性质的非线性音频工作站组成的网络系统，是目前我国各级广播电台普遍采用的工作方式(如图1—1)。系统可以利用录制工作站进行节目制作，利用计算机硬盘等介质对数字音频节目进行存储，利用网络实现节目的传递与交流，利用管理、编排和播出工作站等实现广播节目的自动化播出。本章将以目前我国广播电台应用较为广泛的LINK2000系统为例，简要介绍广播节目常用的录制工作站。

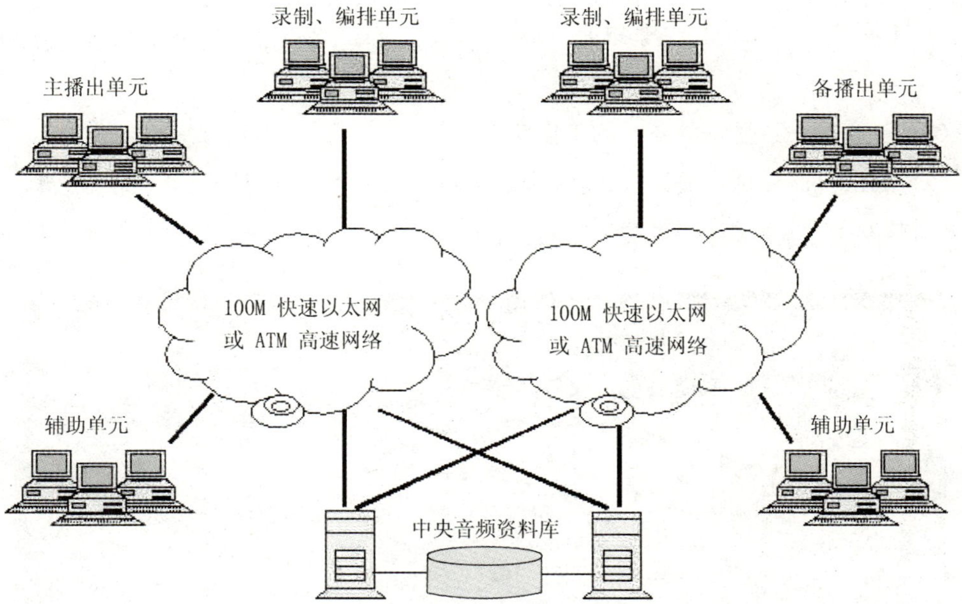

图1—1　数字音频自动播出系统

1.1　语录工作站简介

节目录制有三种基本方式，即语录站录制节目、录制站录制节目和CD音频资料的录制。语录站录制节目是语言节目录制的主要方式，可以较好地完成语言节目的录音、非线性编辑、音量处理、压扩、试听以及音频资料的复制、删除、合成等工作。语录站录音采用即录即改器，更接近模拟录音的操作方式（如图 1—2）。录制站的原理、操作和语录站基本一致，不再进行介绍。

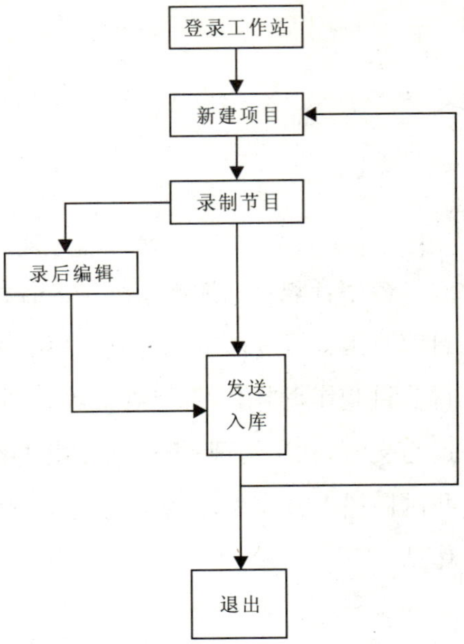

图 1—2　语录工作站主要工作流程

运行语录站，应首先登录系统，会出现身份验证窗口，可以向系统管理员索取有关用户代码和口号。通过身份验证后，系统自动进入语录站主界面（如图 1—3）。语录站主界面可分为六个部分：

（1）标题栏：显示当前的应用程序和所编辑的节目。

（2）菜单栏：显示下拉菜单，鼠标单击可执行命令。

（3）工具栏：显示菜单栏中功能的相应快捷按钮。

（4）工作状态栏：显示语录站的工作状态。

（5）播放组件：显示有关播放、录音和定义磁头线位置的按钮以及其他相关按钮。

（6）剪贴板：方便文件的复制和粘贴。

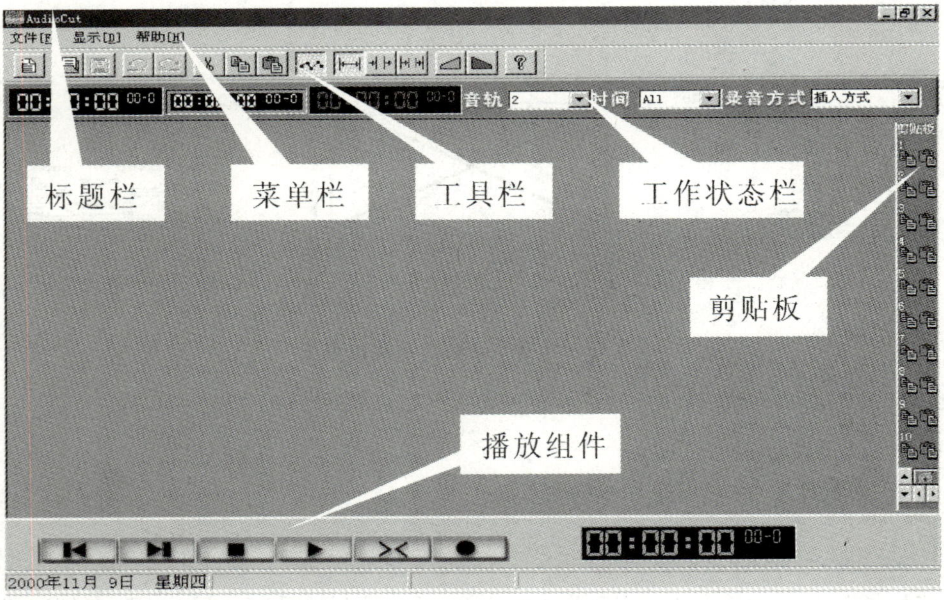

图 1—3　语录工作站主界面

1.2　节目的录制

1.2.1　项目的新建

项目文件是语录站工作的基础，主要功能是向计算机输入节目的有关信息。新建项目有两种方式：一种是在文件菜单中选择新建命令，另一种是在工具栏中点击相应的快捷按钮。系统将会打开新建项目设置窗口（如图 1—4）。

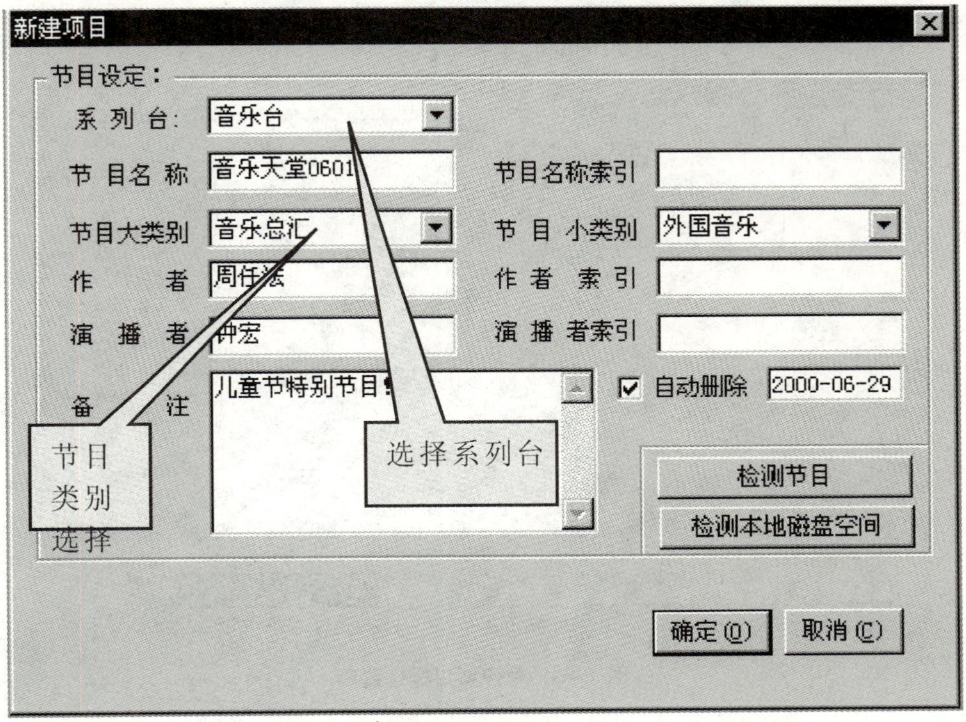

图 1—4　新建项目设置窗口

(1)系列台：单击下拉箭头，选择用户所属系列台。

(2)节目名称：输入节目名称。

(3)节目大类别：单击下拉箭头，选择节目所属的大类别。

(4)节目小类别：单击下拉箭头，选择节目所属的小类别。

(5)作者：输入录制者姓名。

(6)作者索引：输入录制者的索引号(有关索引号的编制方法由广播电台自定)。

(7)演播者：输入播音员姓名。

(8)演播者索引：输入播音员的索引号(有关索引号的编制方法由广播电台自定)。

(9)备注：输入提示信息，便于在编排或播出时查阅。

(10)自动删除日期:对一些时效性比较强的节目,设定自动删除的日期。设定方法是,鼠标单击小方块打"√",然后在输入框中设定年/月/日格式日期。

(11)检测节目:检测节目库中是否有同名节目存在。

(12)检测本地磁盘空间:显示本地计算机存放节目的盘符、磁盘大小和可用空间。

在以上节目属性项中,必须填写的是系列台、节目名称、节目大类别和节目小类别。填写完毕后,单击确定按钮,即可打开新建项目操作窗口(如图 1—5)。

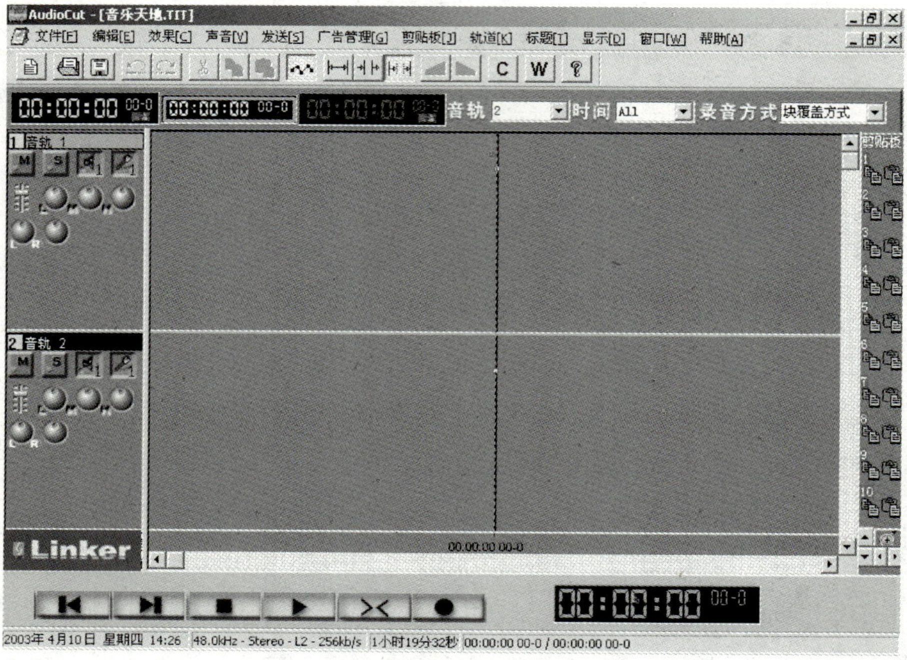

图 1—5 新建项目操作窗口

窗口中有两个立体声音轨,这是由声卡的物理通道和软件决定的。音轨的左侧是相关的功能模块,分别说明如下:

(1)标题栏:位于功能模块的顶端,显示音轨的序号。鼠标点击将显示为绿色,表明该音轨被选中,处于工作状态即激活状态。

(2)静音按钮:鼠标点击该按钮,可使音轨进入静音状态;再次点击,可恢复音轨的正常播放。

(3)单放按钮:鼠标点击该按钮,可使系统单独播放该音轨;再次点击,可恢复其他音轨的正常播放。

(4)播放按钮:播放音轨时,必须点击该按钮。按钮右下角的"1"表示为物理输出通道的第一个通道。

(5)录制按钮：在音轨上录音时，必须点击该按钮。按钮右下角的"1"表示为物理输入通道的第一个通道。

(6)音量按钮：调整音轨的监听音量。

(7)均衡：由高、中、低三段数字均衡组成，即通常的 EQ。

(8)声象调节：调整左、右声道间的信号电平。

1.2.2　声音信号的录制

经过相应的设置以后，鼠标单击界面底部的录制按钮就可进入即录即改器。即录即改器左上方是电平显示，左下方的数字是录制过程中添加的标志点数目，右下方是录制时间(如图 6—1)。

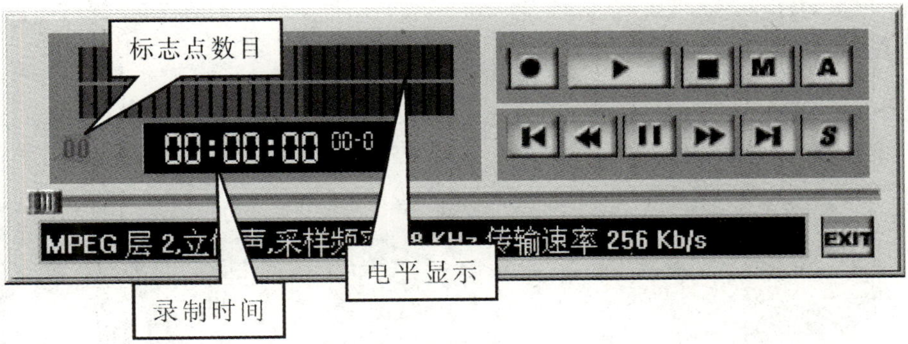

图 1—6　录音模块

其余部分主要是常规的走带控制按钮，需要单独说明以下几个：

(1)M 按钮：监听静音，防止录制过程中出现反馈啸叫。

(2)A 按钮：调音台按钮。

(3)S 按钮：存盘退出。

(4)EXIT 按钮：退出即录即改器。

在即录即改器中录制声音信号时，可以按照以下步骤进行操作：

(1)单击调音台按钮，在项目窗口中打开调音台窗口(如图 1—7)。左边两个推子分别用于调整左、右声道的输入电平，右边为总输出电平。电平调整一般在红绿显示的交接处为好。

(2)调整录音电平后，单击录制按钮(小键盘 9)，可使系统进入录音准备状态，再单击播放按钮(小键盘 7)，可使系统进入录音状态。

(3)如果在录制过程中出现错误，单击停止按钮(小键盘 0)，可停止录音。修改录音中的错误，可首先播放录制的内容，在需要修改的位置单击录音按钮，修改错误的部分。

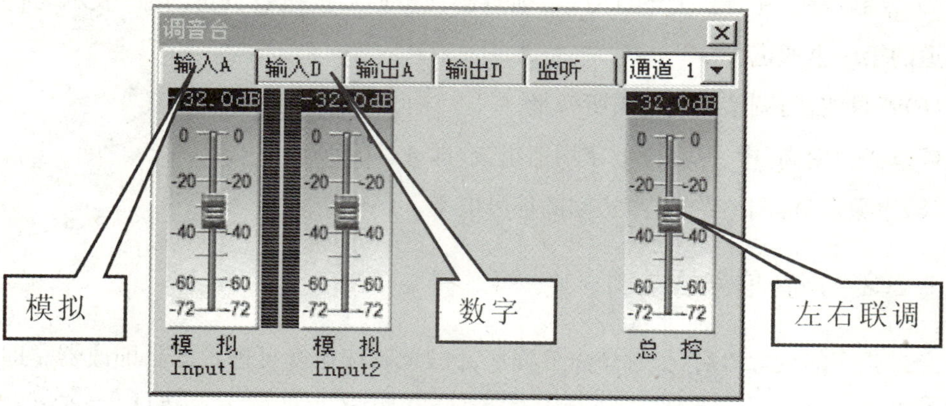

图 1—7 调音台窗口

(4)录制完成后,点击存盘退出按钮,系统将在音轨上生成所录声音的波形(如图1—8)。

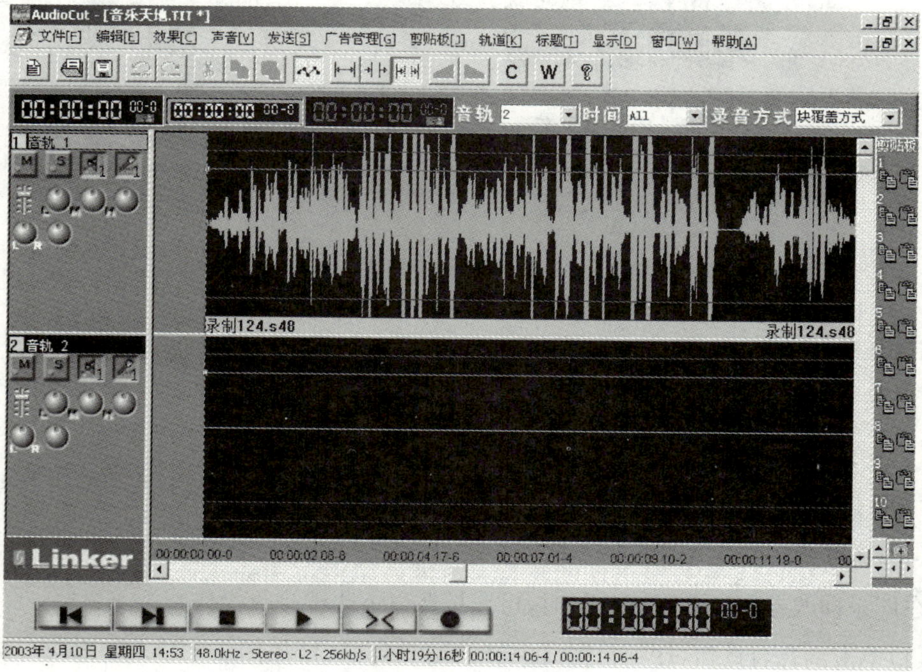

图 1—8 录制完成后的声音波形

▶▶ 1.3 节目的编辑

录制好声音信号后,可根据需要在项目窗口中对声音信号进行各种编辑工作。这里的编辑工作是针对音轨上的音频块(以下简称“块”)，并不影响实际的原始声音文件。如图 1—9 所示，磁头线以绿色的虚线表示，表明是当前的播放位置，块头线和块尾线分别以黄线和红线表示，整个音频块显示为蓝色。

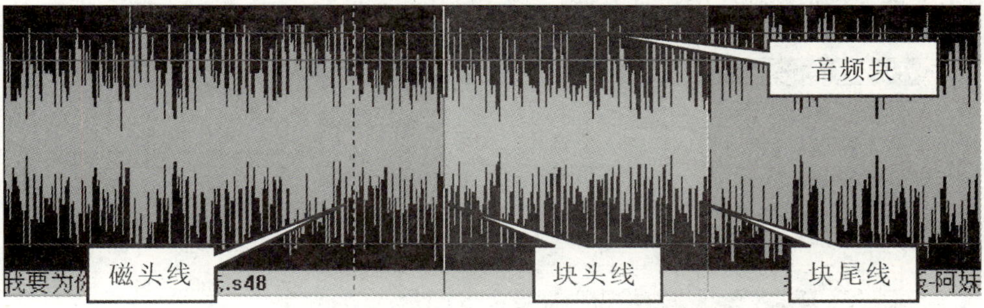

图 1—9　音轨上的音频块

1.3.1　语录站的工具栏和工作状态栏

1.3.1.1　语录站的工具栏

工具栏是节目声音编辑中经常使用的区域，使用工具栏中的各种工具可以完成常见的编辑操作。将鼠标置于工具按钮上，几秒钟后便会出现提示框显示其相应的功能(如图1—10)。

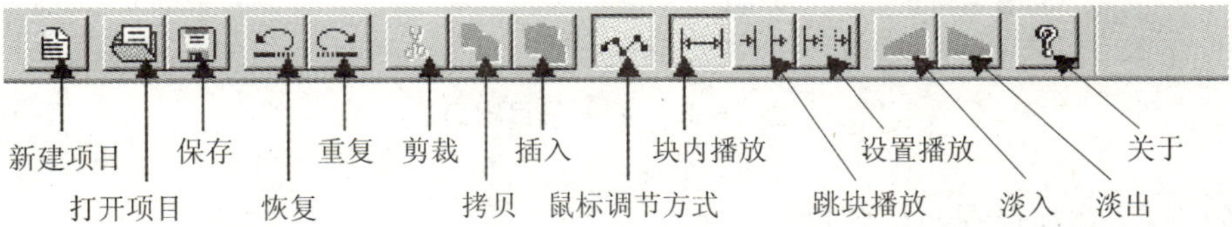

图 1—10　工具栏

(1)新建项目：单击该按钮，将出现新建项目对话框，可新建项目。

(2)打开项目：打开已经存在的项目文件或声音文件(如图 1—11)。窗口中显示本地的项目文件(缺省设置下只显示本用户的项目，如要显示所有用户的项目需更改配置)和声音文件。其中，项目文件是通过新建项目入库，而节目文件主要是从服务器的资料库中回传入本地库。节目文件是一个完整的、已经编辑完成的声音文件，可在窗口中直接选择预听。项目文件是节目文件的编辑状态，因此不能使用预听功能，但是它保存有文件的中间编辑状态。在窗口的文件列表中，红色的图标为声音文件，灰色的图标为项目文件。点击选择后，窗口底部将会显示所选声音文件的格式，如果选择的是项目文件，显示为“项目文件”。

使用检索功能时，通常要首先选择检索的类别，包括全部、节目名称、作者，常用的是按照节目名称检索。检索支持模糊查询，例如，如果检索前选择“包含声音文件”，那么检索结果中也会包括本地库的声音文件。

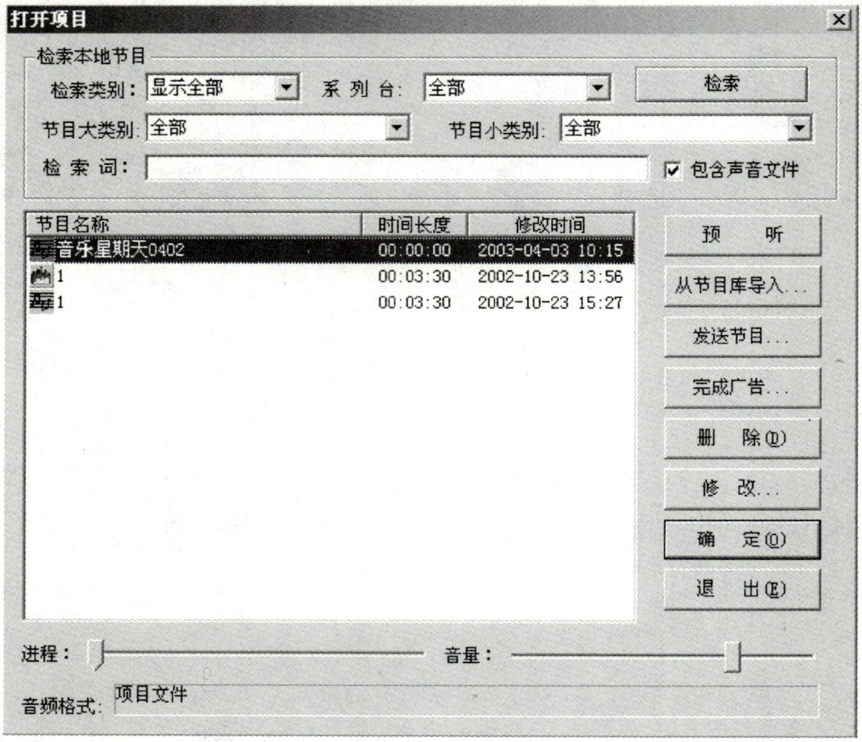

图 1—11 打开项目窗口

(3)保存：在线保存当前项目。

(4)恢复、重复：单击恢复按钮可取消前一步操作，单击重复按钮可取消恢复操作，这两个按钮是一组互逆操作。在波形编辑时，这两个按钮都有效。

(5)剪裁：将选中的块进行剪裁，并保存在剪贴板中。

(6)拷贝：将选中的块保存在剪贴板中。

(7)插入：将剪贴板中的块插入磁头线的后面，并使磁头线后的波形向右移动。

(8)块内播放：选中该按钮后，单击播放组件中的定义播放按钮，可播放块内的波形部分。该功能多用于确定块的内容。

(9)跳块播放：选中该按钮后，单击播放组件中的定义播放按钮，可跳过块内的音频部分进行播放。该功能多用于剪切块前的预听，以确保剪切的正确性。

(10)设置播放：选中该按钮后，单击播放组件中的定义播放按钮，可播放块内音频部分的开始和结尾。该功能多用于确定较长块的内容。

(11)淡入/淡出:对选中的块进行淡入/淡出处理。

(12)鼠标调节方式:选中该按钮后,可使用鼠标拖拽音量线,并可在音量线上添加编辑点。

(13)关于:有关语录站的版本信息。

1.3.1.2 语录站的工作状态栏

工作状态栏显示有关操作的状态信息。将鼠标置于工作状态栏按钮上,几秒钟后便会出现提示框显示其相应的功能(如图 1—12)。

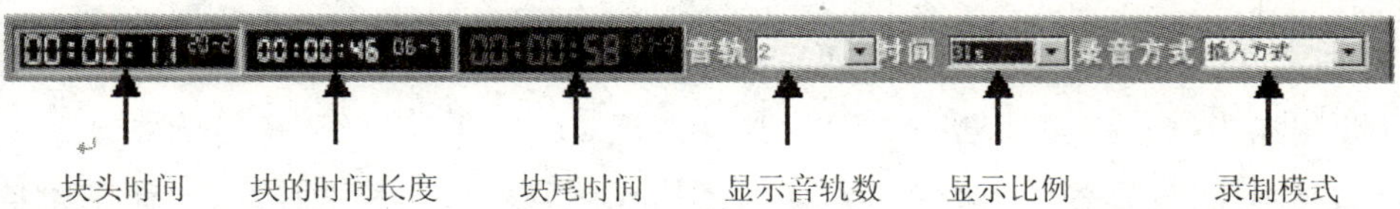

图 1—12 工作状态栏

(1)块头时间:显示块头线所在的位置,可用于定义块头在音轨上的位置。

(2)块尾时间:显示块尾线所在的位置,可用于定义块尾在音轨上的位置。

(3)块的时间长度:显示块头和块尾之间的长度,可用于定义磁头线在音轨上的位置。

(4)显示音轨数:选择计算机屏幕上显示的音轨数,默认显示四个音轨。

(5)显示比例:选择计算机屏幕上显示的波形长度。屏幕显示的最小单位是一秒,即放大到最大;屏幕显示的最大单位是一小时,即缩小到最小。选择 ALL,可将所有的波形显示在屏幕中;选择一个块后再选择 Selection,可将所选的块放大到整个屏幕。

(6)录制模式:显示当前用户选择的录制方式。共有三种录制方式可供选择,即磁头覆盖模式、插入模式和块覆盖模式。选择磁头覆盖模式时,录制从磁头当前位置开始覆盖原有波形,直到录完为止。选择插入模式时,录制从磁头当前位置开始录制,但不覆盖原有波形,录完后插入到原有波形后面。选择块覆盖模式时,应首先选择一个音频块,然后开始录音。录制完成后,新录制的声音波形将会代替之前选择的音频块。该功能多用于修改波形,而且块覆盖时与块的长度无关。

1.3.2 音频块的剪辑

在对音频块进行剪辑之前,应首先对相应的音频块进行定义。定义音频块有两个步骤，即分别定义音频块的块头和块尾。定义块头时，可首先选择状态栏中的块头时间框，以方框显示绿色表示选中，然后在音轨上点击所需的块头位置，定义的块头位置将以音轨上的黄线表示。定义块尾时，可首先选择状态栏中的块尾时间框，同样以方框显示绿色表示选中，然后在音轨上点击所需的块尾位置，定义的块尾位置将以音轨上的红线表示，而定义的音频块将会显示为蓝色。

可在工具栏中选择相应的工具后，用定义播放按钮监听定义的音频块。如果是要进行删除块的操作，可以选择跳块播放监听删除后的效果；如果是要进行拷贝或移动块内波形的操作，则可以选择块内播放和设置播放监听块内的内容。具体操作方法说明如下：

(1)抹掉块内声音：对所选块中的内容进行静音处理，而不改变原有音频块的长度。操作方法是在编辑菜单中选择擦除命令，或者使用[Delete]键。

(2)删除块：将选择的块整个删除。操作方法是使用工具栏中的剪裁按钮。

(3)复制块：将复制的块插入到磁头线的后面。操作方法是选择块后，使用工具栏中的复制按钮，然后将磁头线定位到要插入的位置，点击工具栏中的插入按钮。

(4)移动块：将选择的块移动到磁头线的后面。操作方法是选择要移动的块后，使用工具栏中的剪裁按钮，然后将磁头线定位到要插入的位置，点击工具栏中的插入按钮。这将删除原有的块，并将要移动的块插入到磁头线的后面。复制块和移动块的最大区别是，前者保留原有的块，而后者不保留原有的块。

在对音频块进行剪辑时，准确定位磁头线的位置十分重要。通常可在监听过程中使用停止按钮进行定位，但最好还是采用打点方式。打点是指在监听过程中用[I]键在音轨上打标志点，音轨上的红色箭头即为记录的标志点(如图 1－13)。记录标志点可以在播放状态下进行，也可以在录音状态下进行。使用快捷键[B]可将磁头线定位到前一个标志点，使用快捷键[N]可将磁头线定位到下一个标志点。删除标志点，可将磁头线移动到要删除的标志点位置，然后按键盘的[I]键。删除整个音轨上的标志点，可以在声音菜单中选择“清除当前轨道标志点”。

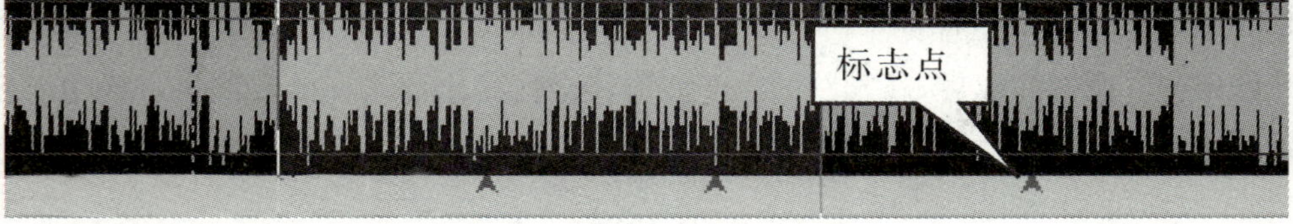

图 1－13 音轨上记录的标志点

1.3.3　波形的音量编辑

波形的音量编辑是指对已经录制的声音波形进行电平调整。在语录站中，波形的音量编辑是通过调整音量线上的节点实现的，音轨上的音量线用绿色线表示（如图 1－14）。添加音量线上的节点时，可按住[Shift]键后用鼠标点击音量线。移动音量线上的节点时，可直接拖拽。删除音量线上的节点时，可按住[Ctrl]键后用鼠标点击要删除的节点。需要注意的是，调整音量节点的位置时，应点击工具栏中的鼠标调节方式按钮。

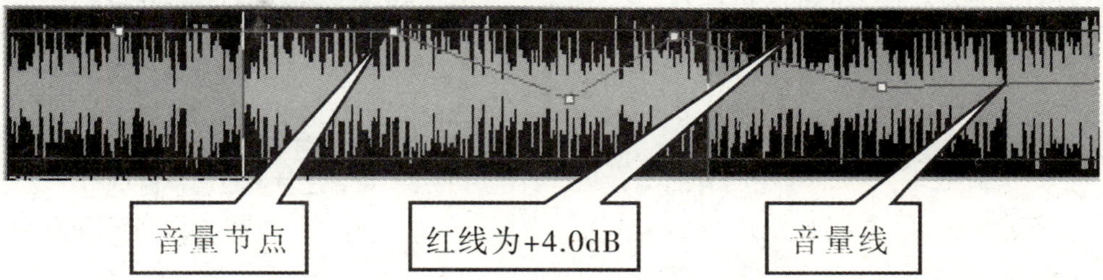

图 1－14　波形的音量线和音量节点

对声音波形的开头和结尾进行淡入/淡出处理，是波形音量编辑的特殊形式。可在选择要处理的音频块后，在工具栏中点击淡入或者淡出按钮。另外，音量编辑也可以针对某个音频块进行整体操作。具体步骤如下：

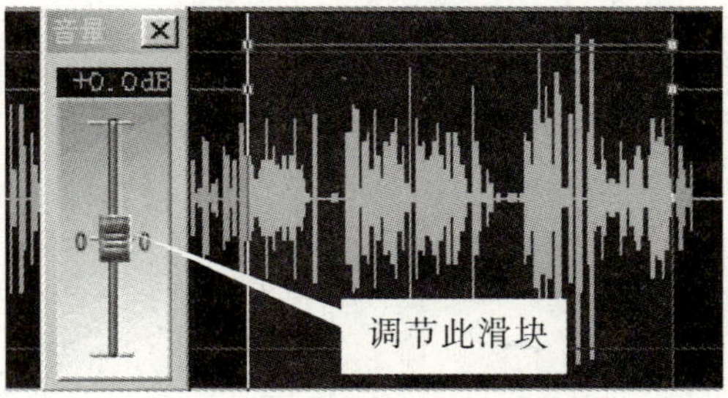

图 1－15　整体调整音频块的音量

(1)将要改变音量的声音范围定义为一个音频块。

(2)在声音菜单中选择“改变整块的音量”，音轨上将会出现相应的电平推子（如图 1－15）。

(3)拖动音量对话框中的电平推子进行音量调整，音量对话框的顶部将会显示调整参数，音轨上音量线的位置也将随之改变。

1.3.4　声音的压扩

声音压扩是指在声音信号不发生变调的情况下，通过数字信号处理对声音信号的长度进行调整。该功能多用于对节目时长有严格要求的广告节目，可避免按时间要求而重复录音的情况。具体操作步骤如下：

(1)将要进行压扩的声音范围定义为一个音频块。

(2)在效果菜单中选择“压扩”，将打开声音压扩参数调整窗口(如图1—16)。

(3)输入目的时间长度，此时压扩百分比也将随之改变(压扩百分比的范围是60%—180%)。

(4)选择插入方式。插入方式有两种：从磁头处插入，将保留原块内的波形，将压扩后的波形插入到磁头线位置；替换当前块，则用压扩后的波形替换压扩前的波形。

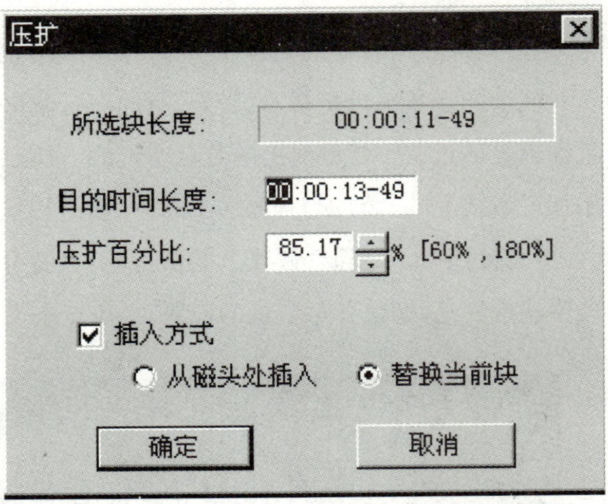

图1—16 声音压扩参数调整窗口

(5)点击确定，系统开始进行压扩处理。

需要注意的是，压扩功能适合于时长较短的节目，而不适合于时长较长的节目。

1.3.5 剪贴板的使用

在项目窗口中显示剪贴板时，可在显示菜单中选择“剪贴工具条”(如图1—17)。在主菜单中将显示剪贴板，包含三个子菜单：导入当前工程剪贴板(可以导入、修改、保存)、导入其他工程剪贴板(只能导入)和保存当前工程剪贴板(自动保存)。

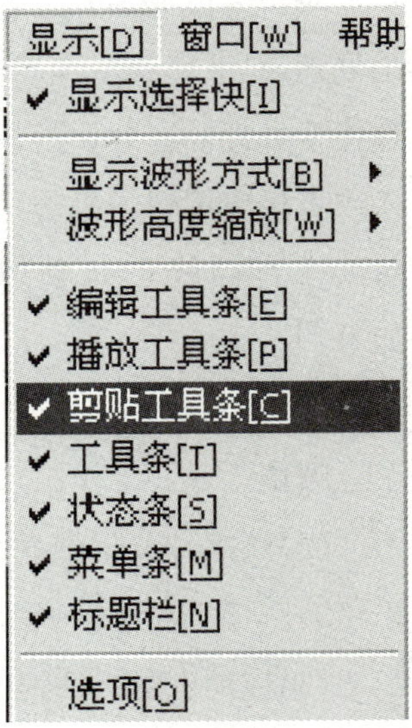

图1—17 显示剪贴板

剪贴板文件将存放在项目目录下，其扩展名为“. clp”。剪贴面板可放大缩小，包含三个可切换内容：

(1)剪贴板：可将本项目中所选音频块的内容复制到剪贴板上，以供需要时使用。双击剪贴板中前面的小图标，即可复制所选块的内容，后面的小图标也会变为黄色。双击后面的小图标，则可把内容插入到磁头线位置。

(2)本地库：本地库中的所有文件。可播放和拖放，一般命名为节目名。

(3)用户素材库：登录用户所私有。可从本地库、节目库、文件导入，可播放、重命名、导入、删除、拖放。

1.4 节目的发送与回传

1.4.1 节目的发送入库

上面介绍的节目录制和编辑工作，都是在本地计算机上完成。制作好节目后，要进行编排节目单和播出节目的工作，需将节目发送入库，即发送到中心机房的服务器数据库中。发送节目可用菜单栏中的发送菜单，包含四种发送方式：发送最近一次保存的节目、选择发送、整轨直接发送和块直接发送（如图1—18）。其中最常用的是整轨直接发送，下面介绍如何以这种发送方式将节目发送入库。

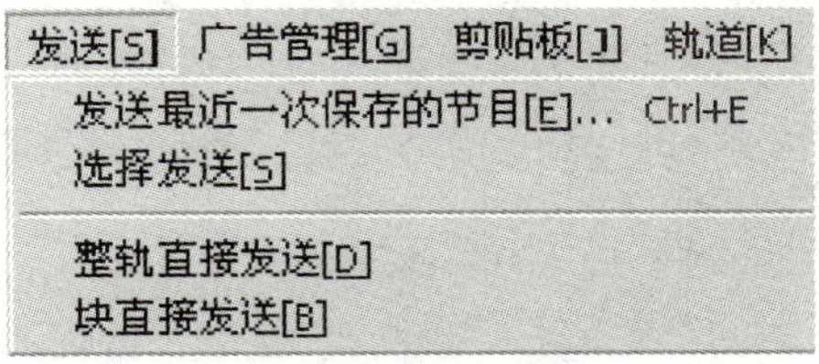

图1—18　菜单栏中的发送菜单

发送整个音轨上的节目时，应首先点击音轨的标题栏选择音轨，然后在发送菜单中选择“整轨直接发送”。系统将开始准备发送节目，准备时间和选择的节目长度有关。之后，系统将会出现发送节目窗口（如图1—19）。窗口由两部分组成，即节目信息和发送库选择。节目信息部分是在项目新建时输入的信息，此处只需再进行进一步的核对。其中，应特别注意发送到哪个系列台。

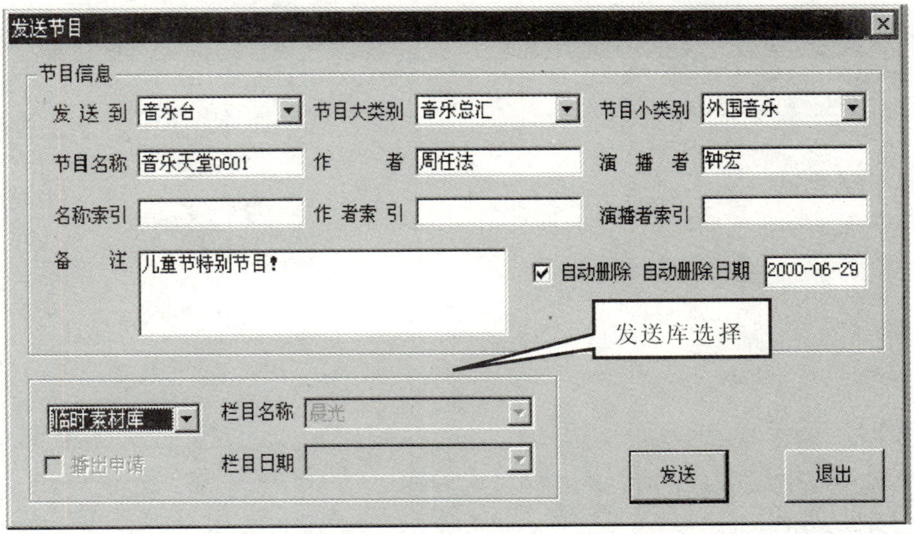

图1—19　发送节目窗口

发送库选择中包括临时素材库、素材库和栏目库。临时素材库中的节目不经审定不能直接播出，素材库中的节目则无需审定就可直接播出。栏目库中的节目属于栏目私有，播出时其他栏目不能调用。栏目库有个特殊功能，就是可以提出播出申请。播出申请是指在将节目发送入栏目库的同时，将节目编入具体节目单中的某个栏目里（如图 1－20）。应首先选择栏目库，然后选择发送的栏目，最后确定播出的日期和时间。

图 1－20　发送栏目库的播出申请功能

发送节目，可点击发送节目窗口中的发送按钮。如果节目发送成功，系统会出现发送节目成功的提示窗口。如果发送的节目在节目库中已经存在，系统将出现节目存在的提示窗口（如图 1－21）。窗口中有三个相关选择。选择覆盖，系统会弹出覆盖所选节目的对话框（如图1－22）。对话框列出了节目库中所有的同名节目，用户可以选择、预听，以决定是否要覆盖节目库中的节目。确定要进行覆盖操作时，可首先选择要覆盖的节目，然后点击覆盖按钮。

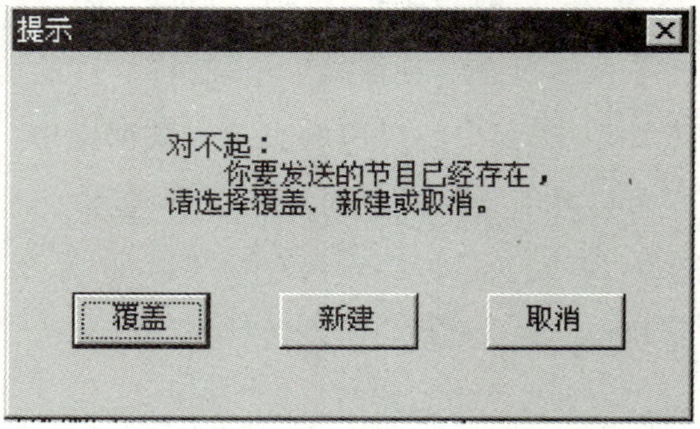

图 1－21　节目存在的系统提示窗口

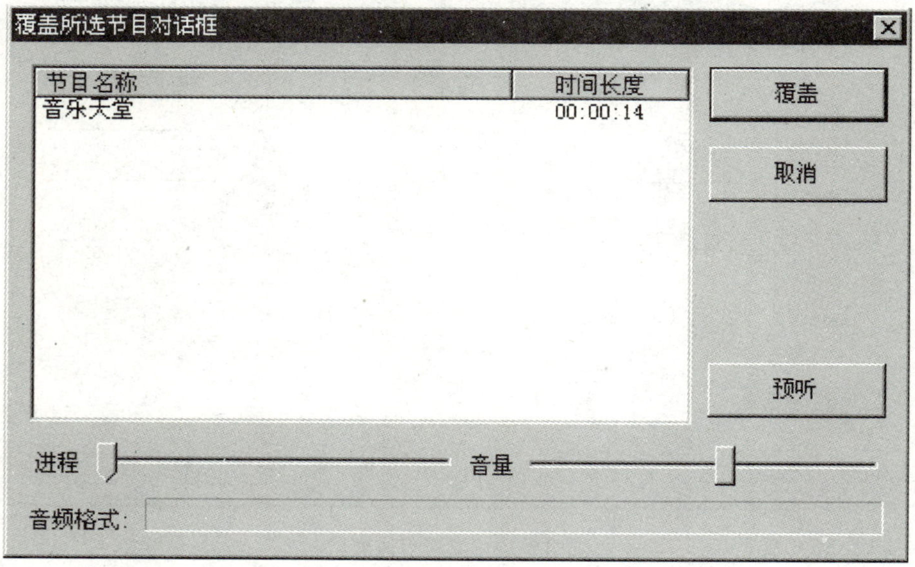

图 1－22　覆盖所选节目对话框

选择新建，系统将忽略节目库中的同名节目，继续执行发送入库的操作。这样，节目库中便会多一条同名的节目。选择取消，系统将退回到发送节目窗口，可在修改节目名称后继续发送节目。

发送菜单中其他几种发送方式的操作方法与上述介绍的操作方法基本一致，只是所发送的内容有所不同。选择发送最近一次保存节目时，发送的是最近一次整轨保存的节目，整轨保存的方法是在文件菜单中选择“整轨保存”。这种发送方式的好处是，可以多次发送一个文件而只进行一次发送准备。选择发送可打开本地库的对话框，可从本地库中任意选择已制作完成的节目进行发送。块直接发送是指发送用户选择的音频块，只发送块内的声音信号。

1.4.2　广告的发送

有广告发送权限的广告制作人员，进入语录站的界面后，可以使用广告管理菜单（如图1－23）。

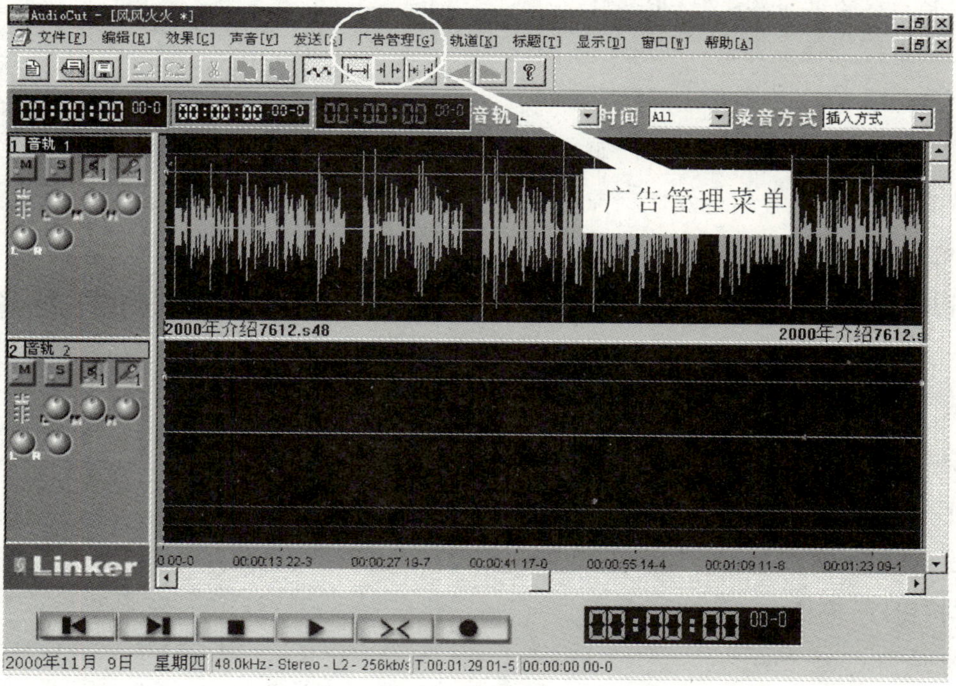

图 1－23　广告管理菜单

广告管理菜单的功能有两类，一类是浏览任务的功能，另一类是发送的功能（如图 1－24）。点击浏览现有任务选项后，系统将会弹出浏览广告任务单窗口（如图 1－25）。浏览的步骤为：

(1)选择系列台。

(2)点击该系列台的任务进行浏览。

(3)浏览任务内容,包括广告名、声音名、时间要求和录制说明。

(4)浏览完毕后点击退出按钮,退出窗口。

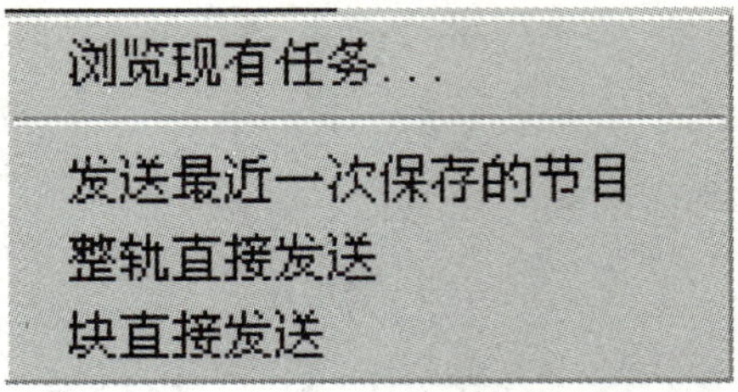

图 1—24 广告管理菜单功能选项

广告管理菜单中的发送功能与普通节目的发送功能基本相同。不同之处在于,发送广告节目时必须在此处选择有关的发送功能,而不能使用发送菜单中的发送功能。以整轨直接发送为例,发送时应首先选择要发送广告的音轨,然后在广告管理菜单中选择“整轨直接发送”,系统开始进行发送准备。发送准备完毕后,系统将弹出完成广告任务的窗口(如图 1—26)。用户应在窗口中选择所完成的任务,然后点击确定按钮。如果发送成功,系统会出现发送广告成功的提示框,此时可点击确定按钮完成发送工作。

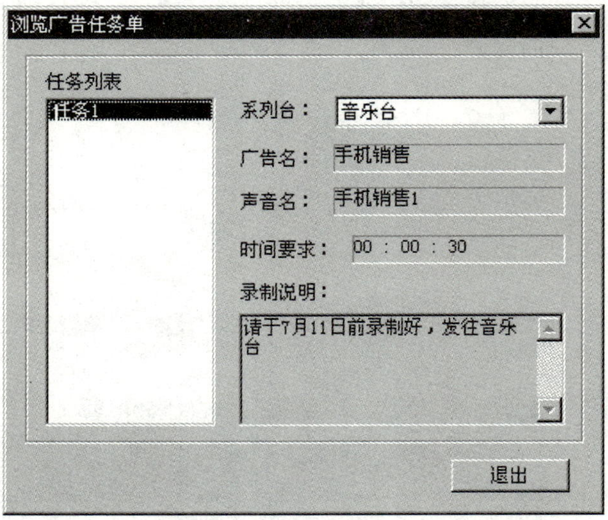

图 1—25 浏览广告任务单窗口

需要注意的是,对于已经制作完成并整轨保存在本地的广告,也可以在打开项目窗口中进行发送工作。此时,应在节目列表中选择要发送的广告,然后点击“完成广告”按钮,系统将出现完成广告任务窗口(如图 1—26)。

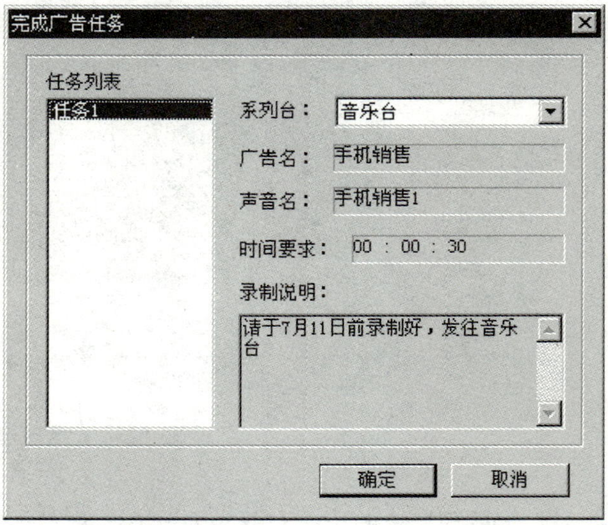

图 1—26 完成广告任务窗口

1.4.3 节目的回传本地

如果需要,用户发送到节目库中的节目也可以选择、回传到本地。节目回传本地有两种方式，一种是加入声音文件，另一种是插入声音文件。采用加入声音文件的方式时，将不保留音轨上原有的声音波形；采用插入声音文件的方式时，将保留音轨上原有的声音波形。

节目回传的选项位于文件菜单中，如果音轨上有波形存在，选择“加入声音文件”后，系统会弹出删除音轨上原有声音的确认对话框（如图1—27）。点击确定按钮后，系统会弹出加入音频对话框（如图1—28）。选择在原有波形中插入声音文件时，应首先用磁头线确定要插入的位置，然后在文件菜单中选择“插入声音文件”，系统同样会弹出加入音频对话框。也就是说，无论是选择“加入声音文件”，还是选择“插入声音文件”，后面的操作都是一样的。

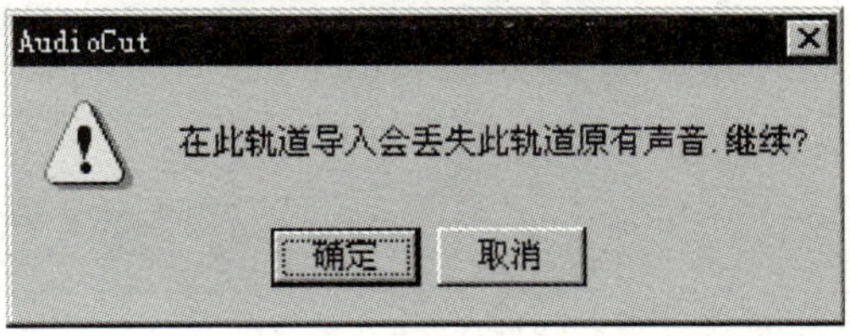

图1—27 删除原有声音对话框

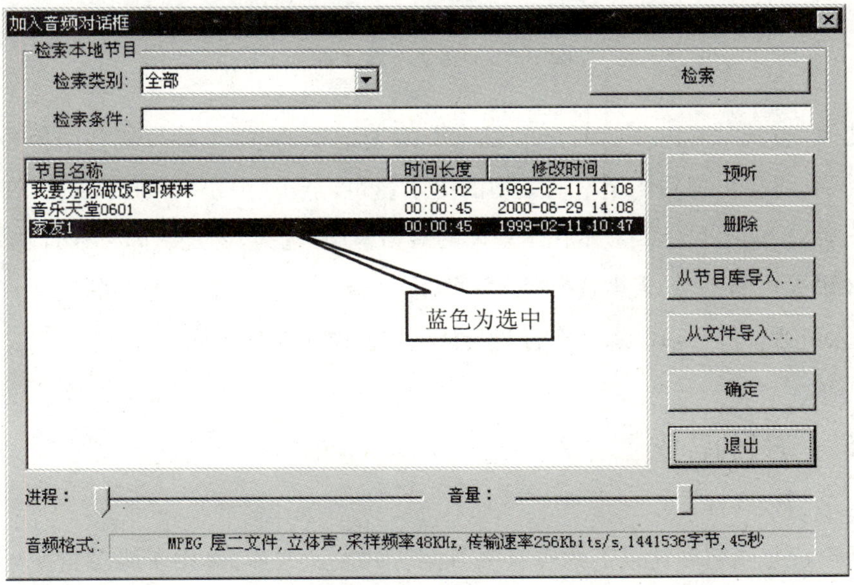

图1—28 加入音频对话框

加入音频对话框中，显示的是本地库中的所有节目。用户可使用对话框中的预听、删除等功能选择、管理其中的节目，也可以使用从文件导入功能将本地或者网络磁盘上的声音文件导入（此操作一般工作人员不用掌握）。从公共库回传节目时，应选择从节目库导入，系统将会出现传送至本地的窗口（如图1—29）。窗口的上半部分为检索部件，用户可以通过其对节目库进行检索。其中，导入路径用于选择系列台或公共库，检索类别用于选择检索方式，包括按节目名称、作者和广告名称回传。另外，还可以选择节目的大小类别。检索支持模糊查询。如图 1－29 所示，输入的检索条件是“爱”，检索出节目名称包括“爱”的两条节目。

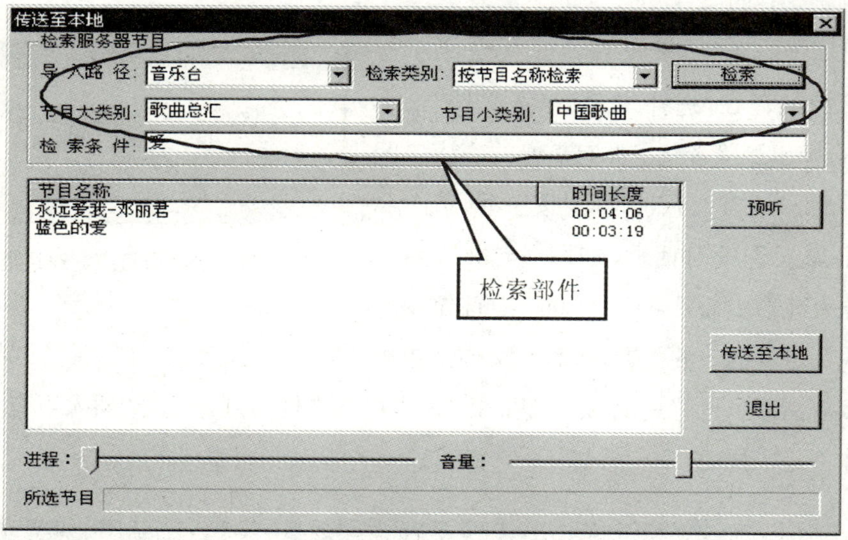

图 1—29　传送至本地的窗口

点击预听按钮，可以预听所选节目点击传送至本地按钮，系统就会回传所选节目。传送完毕后，将会出现回传至本地成功的提示窗口，点击“退出”按钮则回到本地库对话框。此时，回传的节目已经显示在本地库的对话框中，选择、确定后即可在音轨中打开其波形。如果采用的是“加入声音文件”方式，那么音轨上将只有新加入的波形；如果采用的是“插入声音文件”方式，那么声音将会从定位的磁头线位置插入。

1.5　节目的合成

节目合成是指将两轨以上的声音进行混合并发送入库，多用于为节目配乐，或者进行效果处理。具体方法如下：

(1)同时打开两个音轨的播放按钮，使之能同时播放。

(2)利用插入静音的方式调整上下声音的前后位置。插入静音的方法有两种，一种方法是选择一个块，其长度和要插入的静音长度一致，然后在编辑菜单中选择“插入静音”。这样，所选块的位置插入与块长度相同的静音，而原先块内的内容往后顺延。另一种方法是将磁头线定位到插入静音的位置，然后在编辑菜单中选择“插入指定长度的静音”，这时将会弹出静音长度设置窗口(如图 1－30)。输入所需的静音长度，点击确定按钮后，系统会在磁头线位置以后插入指定长度的静音，而原有的声音波形向后移动。

(3)对两个音轨的波形进行编辑。监听时,可以通过静音按钮只监听其中一个音轨的声音。

(4)编辑、调整完成后,可按住[Ctrl]键后同时选择两个音轨,其标题栏将变成绿色(如图 1—31)。

(5)在图 1—31 的状态下,用上述方法对节目进行发送。发送方法和单轨发送完全相同。

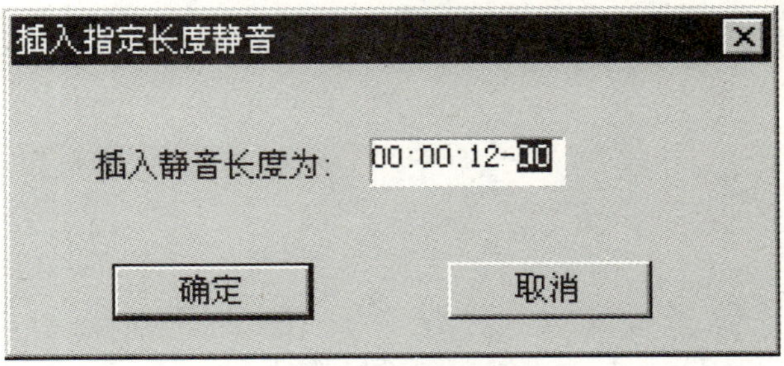

图 1—30　静音长度设置窗口

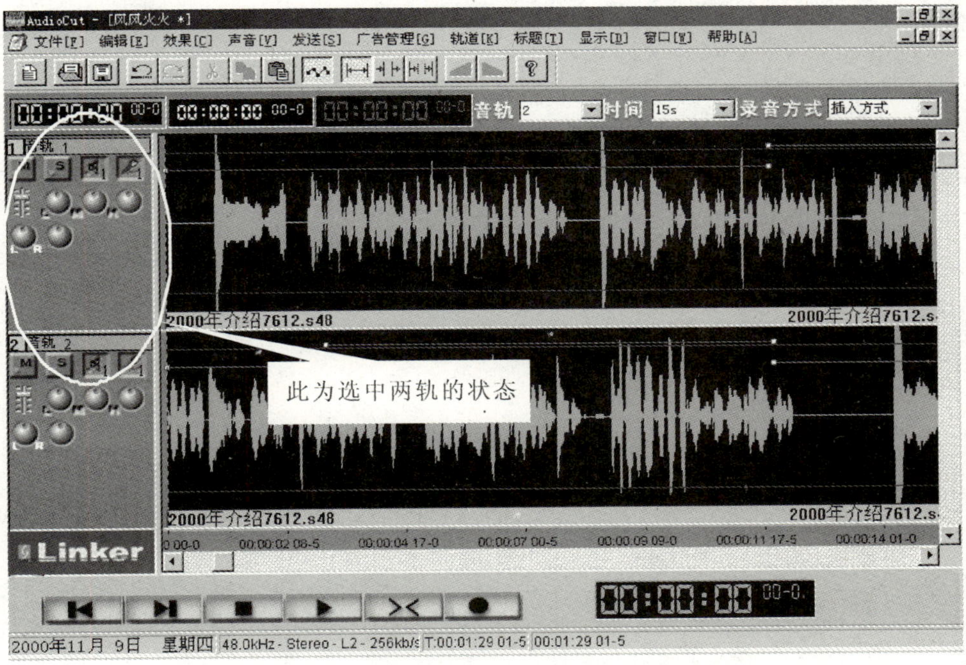

图 1—31　在项目窗口中同时选择两个音轨

Part 2

第2章

AUDIOCUT PRO POWER 的使用与操作

学习要点

★音轨的操作与编辑

★声音信号的编辑与效果处理

AUDIOCUT PRO POWER 是目前我国广播电台中应用较为广泛的数字音频编辑系统。相对于上述的语录工作站，它拥有更强的声音录制与编辑功能，能够适应多种工作场合，特别是较为复杂的广播节目的制作，同时也能够与包括 LINK2000 在内的各种播出系统集成使用。

2.1　声音信号的录制与重放

2.1.1　项目文件的新建

在 AUDIOCUT PRO POWER 中进行声音录制和编辑等工作，均是基于新建或者打开的项目文件。在运行 AUDIOCUT PRO POWER 程序后，可在文件菜单中选择新建项目文件，将会打开新建项目对话窗口（如图 2—1）。在新建项目对话窗口，可按照常规方法输入文件名称和保存路径。点击确定按钮后，可以打开标题设置窗口（如图 2—2）。

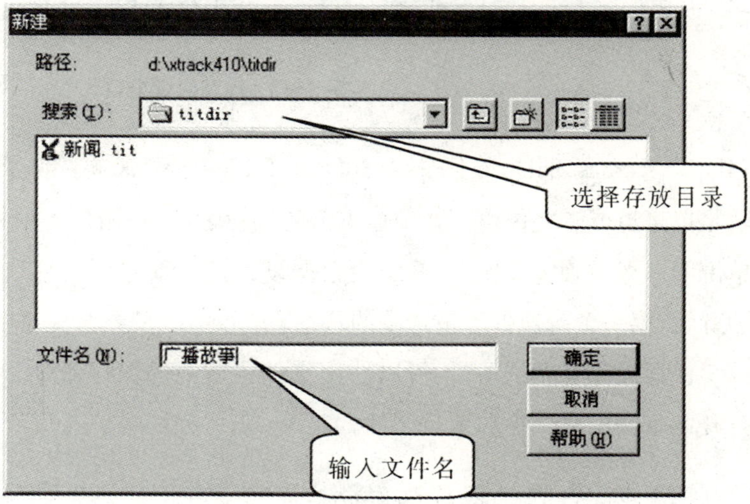

图 2—1　新建项目对话窗口

在标题设置窗口中，用户可根据需要设置长度和开始时间、结束时间（仅用于同步的情况），还可以设置音频格式。其中，采样频率通常可设置为 48000Hz，该设置不能在项目设置菜单中进行修改。立体声速率通常可设置为 256kB/s，该设置可以随时进行修改。层选项是选择 MPEG 的层信息，通常可选择 2，其编码压缩率为 6∶1。帧率可选择

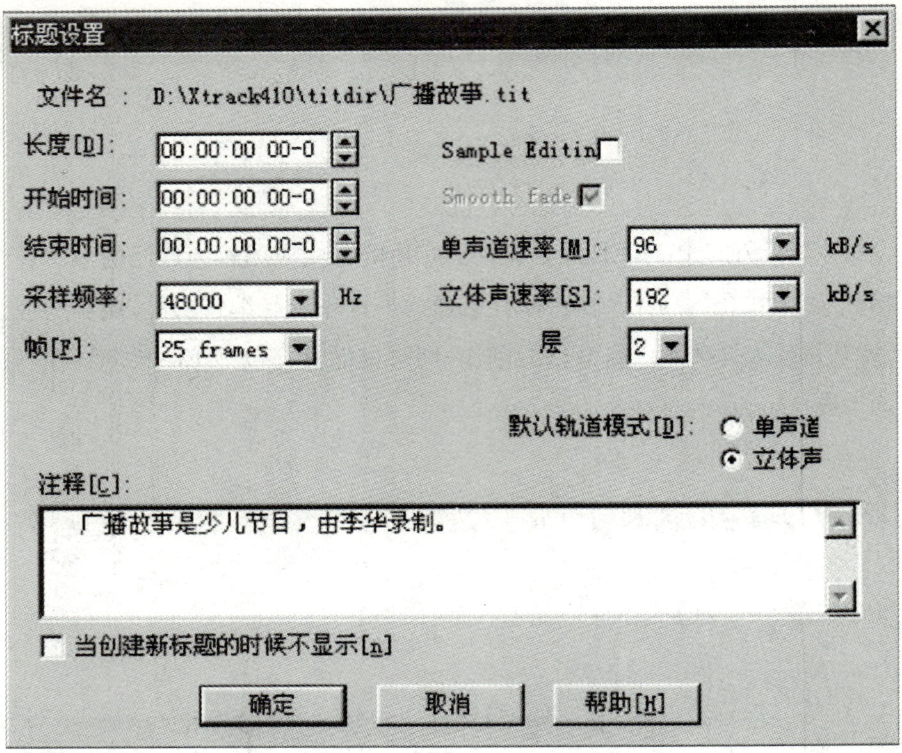

图 2—2 标题设置窗口

24Drop frames、25Drop frames、30Drop frames 或 100 帧/秒，默认轨道模式选项决定音轨是单声道或者立体声。在窗口下方的注释区域内，用户可根据需要对新建项目进行简单说明。点击确定按钮后，系统会根据设置打开新建项目窗口，其中包括两个缺省建立的音轨，第一个音轨处于被选中的状态。

保存当前打开的项目，可以使用文件菜单中的保存命令。可以在系统运行后，通过打开命令调用被保存的项目文件。

2.1.2 音轨的操作与编辑

在建立的项目窗口中，可以进行添加音轨的操作，并可根据需要对添加的音轨进行各种编辑。

(1)添加音轨：在音轨菜单中选择添加音轨的命令，然后在弹出的窗口中进行相关的设置。也可以在工作区的空白处单击鼠标右键，然后在右键菜单中选择、添加一个音轨。

(2)选择音轨：在缺省设置下，选择音轨需用鼠标点击音轨控制区的标题栏。如果选择自动音轨模式，用鼠标点击音轨的任何位置均可选中音轨。同时选择多个音轨时，可按住[Ctrl]键后点击音轨的标题栏，被选中的音轨以高亮度显示的标题栏表示。

(3)移动音轨：选择需要移动的音轨，然后拖拽音轨控制区的标题栏。

(4)复制音轨：可按住[Ctrl]键后，用鼠标拖拽音轨控制区。

(5)命名音轨：重新命名音轨名称时，可在相应的控制区点击鼠标右键，然后在右键菜单中选择属性命令，在弹出的窗口顶部直接输入新的名称，也可以双击音轨控制条。

(6)编组音轨：在同时对多个音轨进行相同操作的情况下，可将所需的音轨进行编组操作。首先按住[Ctrl]键选择需要编组的音轨，然后选择编组命令。取消音轨的编组状态，只需选择进行编组的一个音轨后，在音轨菜单中选择取消编组的命令。

(7)保护音轨：暂时不需要进行编辑的音轨，可以使用系统提供的保护功能以避免误操作。保护一个音轨或者一组音轨时，应首先将其选中，然后在音轨菜单中选择保护音轨的命令。取消音轨的保护状态，可用鼠标右键点击相应的音轨控制区，然后在右键菜单中选择取消音轨保护的命令。

(8)清除音轨：清除音轨并不是真正删除它的音频文件，因此不会影响音频文件。清除音轨的一部分时，应首先选择需要清除的部分，然后在音轨菜单中选择清除命令，或者使用[delete]键。清除整个音轨时，应首先选择需要清除的音轨，然后在音轨菜单中选择清除命令，也可以在相应的右键菜单中进行操作。

(9)删除音轨：删除音轨时，应首先选择需要删除的音轨，然后在音轨菜单中选择删除命令，也可以在相应的右键菜单中进行操作。需要注意的是，在进行删除音轨的操作时，无论音轨是否包含内容，都不会影响相应的音频文件。如果确实需要删除音轨上的文件，可以使用文件整理器。

AUDIOCUT PRO POWER 支持无限制的取消/重复操作，因此意外删除音轨时，可使用重复操作将其恢复。

2.1.3　声音信号的录制

2.1.3.1　录音参数的设置

在选项菜单中选择录音设置，可以打开录音选项设置窗口(如图 2—3)。窗口中各选项说明如下：

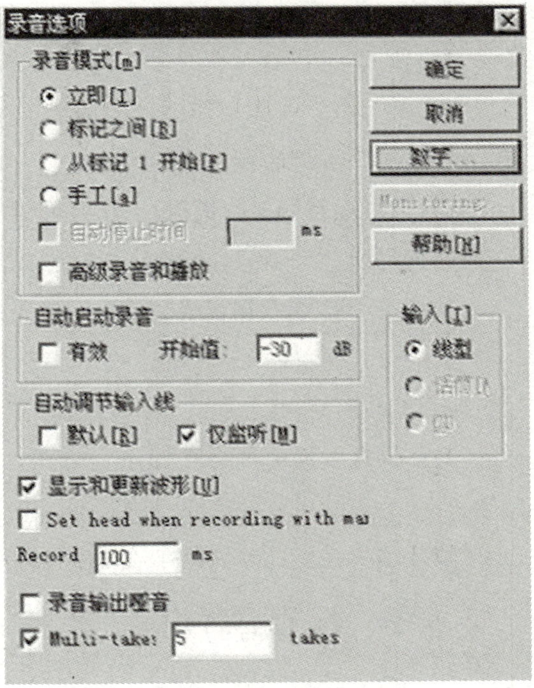

图 2—3　录音选项设置窗口

(1)立刻:点击录音和播放按钮后,立即开始录音。

(2)标记之间:在起始标记位置开始录音,在结尾标记位置结束录音。

(3)从起始标记(插入标记)开始:在起始标记或插入标记位置开始录音。

(4)手动:点击录音和播放按钮后,再次点击录音按钮后才开始录音,点击播放按钮后则停止录音,依次循环。

(5)自动停止时间:在用标记模式时,在设置的时间后停止录音。

(6)高级播放与录音:在手动录音模式下,音轨录音和重放将分开。该选项可用于避免速度较慢的计算机在此录音模式下过载。

(7)自动开始录音:当输入音量高于定义的门限时,自动开始录音。

(8)输入音量自动调节:自动调节输入音量。

(9)录音时更新波形显示:录音时显示和更新波形。如果不选择该选项,会在录音完成后再显示波形。

(10)当用标记录音时设定头:选择该选项后,系统会自动把头放在起始标记之前的Cue持续时间处。

(11)多录n毫秒:该设置仅在标记之间,或者手动录音模式时有效。使用缩放功能后,多录的音频数据可以被恢复。

(12)录音时静音:录音时输出静音。

(13)多音层:选择该选项后,可启动多音层录音模式,并可定义每个音轨可存储的最大音层数目。

(14)输入:选择输入类型和音量(话筒和CD输入仅在特定的声卡上可以使用)。

2.1.3.2 录音的操作步骤

在打开的项目窗口中进行录音时,可以采取以下步骤:

(1)选择所要录制的音轨,可以是一个音轨或者多个音轨。

(2)按[F]键,或者在音量菜单中选择调音台,将在项目窗口中打开调音台窗口(如图2—4)。应首先调整输入信号的电平,标签1、2分别代表了左、右声道,电平一般以不超过黄线为准。

(3)如果在设置中选择立即录音方式,应先定位磁头的位置,录音将从磁头的位置开始。

(4)开始录音。点击录音键,然后点击播放键开始录音。

2.1.4 声音信号的重放

在项目窗口中播放音轨上的声音信号,应首先将要播放的音轨输出激活,然后点击重放声道按钮，使之变为绿色。需要注意的是，该按钮在重放或者录音状态下不能使用。因此，应在重放或者录音之前对需要的音轨进行选择，而不需要的音轨最好选择静音，或者将输出设置为非激活状态。

处于激活状态的音轨，可以使用控制区的基准音量按钮分别设置各自的重放电平。不同音轨上的混合信号，可以使用主音量调节器的输出标签进行调整。也可以在音量选择菜单中选择主音量调节器命令，或者使用快捷键[F]，在输出 D 或者输出 A 内调整左、右声道的音量。

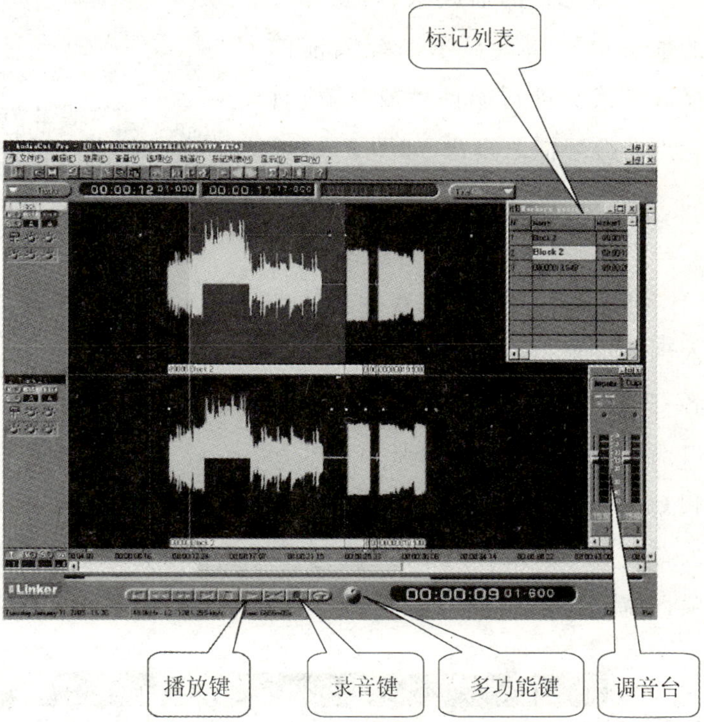

图 2—4　项目窗口中录音功能部分

监听混合的声音信号时，点击静音按钮，可使一个或者几个音轨处于静音状态。再次点击静音按钮，则可恢复正常的监听状态。需要注意的是，静音操作将会影响所有被编组的音轨。

在实际应用中，还经常需要在特定的位置开始播放音轨上的声音信号。此时可拖动水平滚动条到需要开始播放的位置，然后在时间处点击右键播放(如图 2—5)。

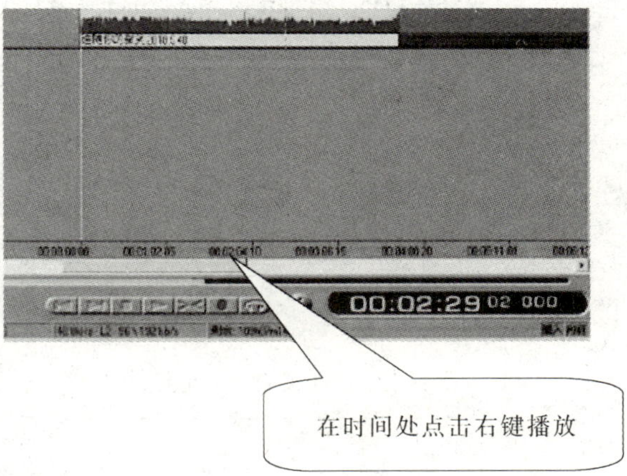

图 2—5　在特定位置播放声音信号

另外，AUDIOCUT PRO POWER 还提供了反向和循环两种播放方式。进行反向播放时，可在状态栏双击“向前”使之显示为“向后”，或者使用快捷键[B]。再次双击可恢复系统正常的播放状态，状态栏的最右边区域会显示系统当前的播放模式。进行循环播放时，应首先点击循环播放按钮(如图 2－6)。

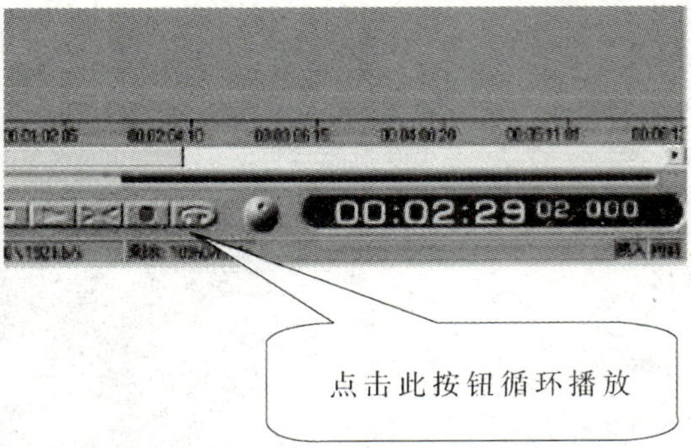

图 2—6　循环播放声音信号

2.1.5　声音信号的导入/导出

可以用话筒直接将音频文件录入到项目窗口，也可以将现有的或者 CD 中的音频文件导入到项目窗口。导入的文件支持 MPEG、PCM 和 CD 格式。导入音频文件时，可在文件菜单中选择加入声音文件，系统将会弹出导入音频文件窗口，进行相应的选择后点击确定按钮，选择的音频文件会自动导入到项目窗口(如图2－7)。

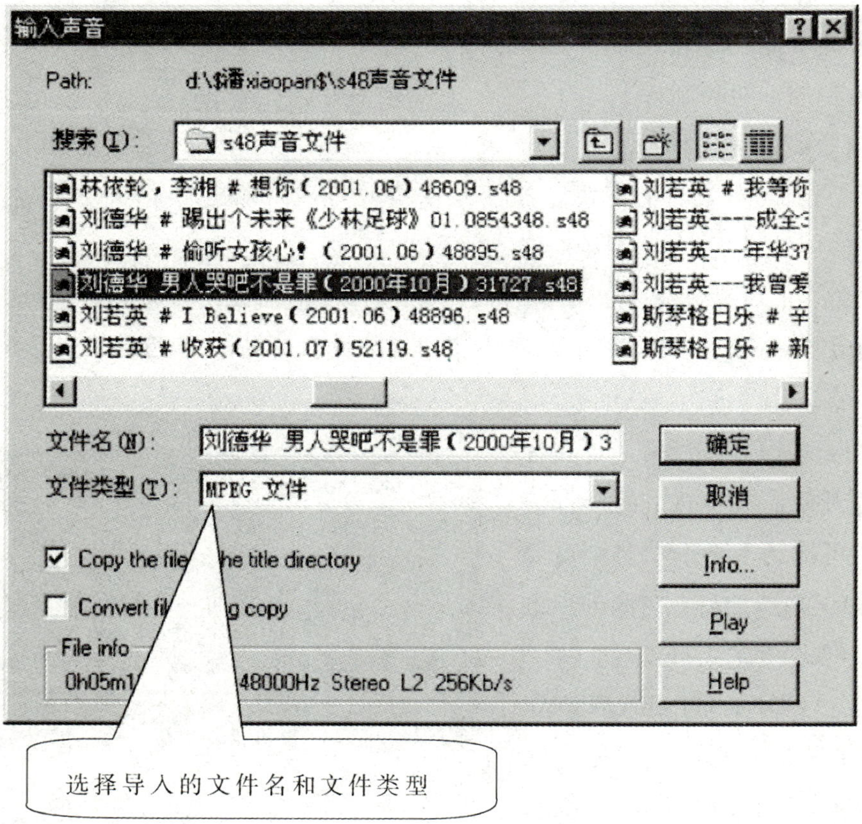

图 2—7　导入音频文件窗口

编辑好的音频文件可以通过播出系统导入到节目库，也可以保存为 MPEG、PCM 或者 WMA 文件。导出音频文件时，可在文件菜单中选择导出声音，系统将会弹出导出音频文件窗口（如图 2—8）。输入导出的文件名和类型后，点击确定按钮即可将音频文件保存到指定的路径。

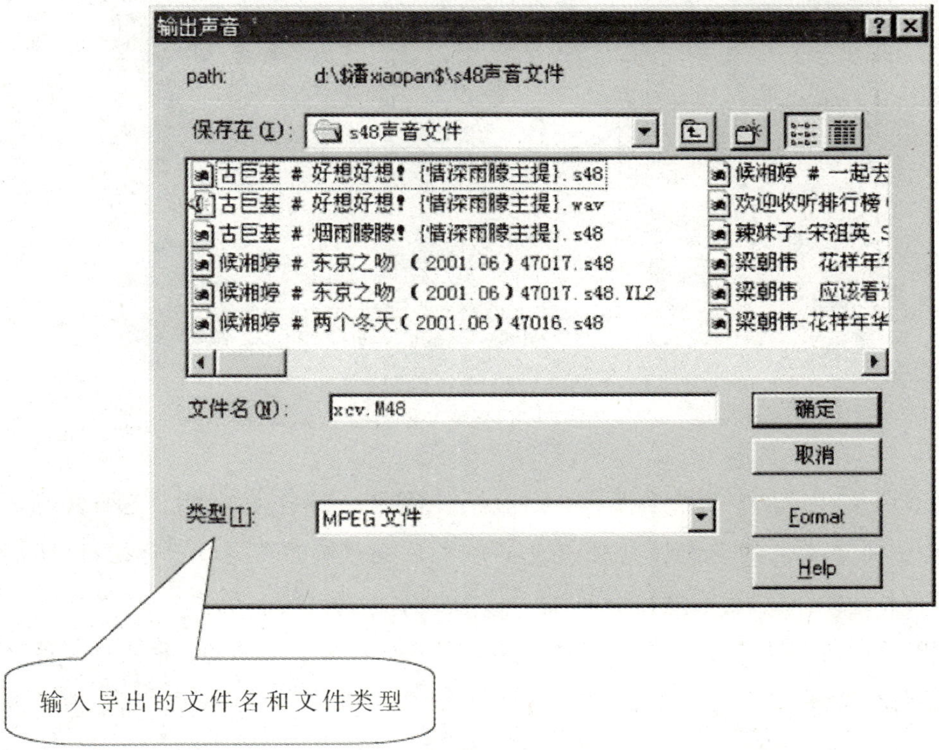

图 2—8　导出音频文件窗口

▶▶ 2.2　声音信号的编辑与处理

2.2.1　声音信号的编辑

AUDIOCUT PRO POWER 中的声音编辑工作是基于定义的块，因此在进行各种编辑工作之前，应首先根据需要在项目窗口中定义块的范围。定义块的开始，可用鼠标点击黄色时间框，然后在开始的位置点击；定义块的结尾，可用鼠标点击红色时间框，然后在结尾的位置点击（如图 2—9）。确定开始和结束的位置后，可在编辑菜单中选择建立块的命令，建立命名为“块 1”的块，从而可以方便地进行复制和粘贴等各种操作。

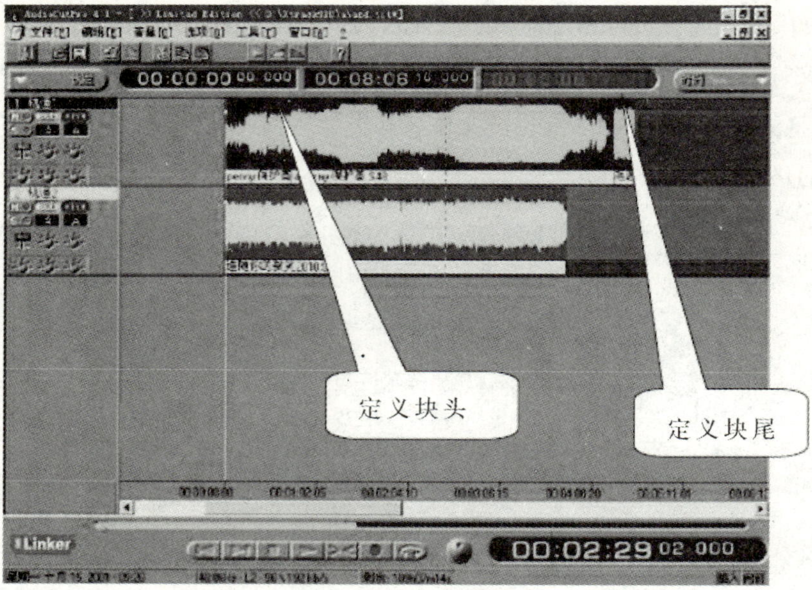

图 2—9　定义块的范围

(1)选择块:选择的方法有两种,一种是选择其中一部分,另一种是选择整个块。选择其中一部分时,可首先选择其所在的音轨,然后在区域的两端放置标记;选择整个块时,可首先选择音轨,然后按下[Alt]键,再点击块名称的区域。

(2)移动块:根据拖放设置的不同,移动部分音频的方法有两种。如果拖放设置中选择的是“块”,选择需要移动的块后,可在按[Shift]键的同时进行拖拽。如果拖放设置中选择的是“标记之间”,选择相应的音轨后,用两个标记定义要移动的部分,然后在编辑菜单中选择构造一个文件块,可在按[Shift]键的同时移动被选中的部分。

(3)复制块:分为两种情况:一种情况是将选择的块复制到相同或者不同的音轨上,可在选择后按[Ctrl]键和[Shift]键,然后用鼠标拖拽选中的部分。另一种情况是重复复制一个块,建立一个块序列(填充块内容),可在选择后在编辑菜单中选择复制命令,然后选择目标音轨和复制块所建立序列的时间段,可在编辑菜单中选择填充命令,连续复制选中的块,直到填充满目标时间段。

(4)缩放块尺寸:块的尺寸可以被减小或者增大,而不改变持续时间和音调。因此,改变块的大小,并不意味着改变原有的音频文件。当需要减小一个块的尺寸时,可在选择相应的音轨后,用起始和结尾标记设置新块的尺寸,然后在编辑菜单中选择修整块子菜单。减掉块的左侧可选择左命令,当前块选中部分左侧的内容将被删除;减掉块的右侧可选择右命令,当前块选中部分右侧的内容将被删除;减掉块的两例可选择外部命令,当前块选中部分两侧的内容将被删除。需要注意的是,整齐块命令只影响当前的选中块。

在项目窗口中，也可以减少整个音轨内容。可在选择相应的音轨后，用起始和结尾标记设置新块的尺寸，然后在编辑菜单中选择修整音轨子菜单。减掉的块左侧可选择左命令，当前音轨起始标记左侧的内容将被删除；减掉块的右侧可选择右命令，当前音轨结尾标记右侧的内容将被删除；减掉块的两侧可选择外部命令。与整齐块命令不同，整齐音轨命令将影响选定音轨的所有音频数据。

调整一个块的尺寸，可在选择相应音轨后，用起始和结尾标记设置新块的尺寸，然后将鼠标置于块控制区，在其右键菜单中选择缩放尺寸命令（如图 2－10）。选择同步选项可保证改变块的尺寸后，块和其他音轨的相对位置保持不变；选择异步选项则可保证改变块的尺寸后，块的起始位置保持不变。需要注意的是，这些选项只在缩放一个块的开始处才起作用。

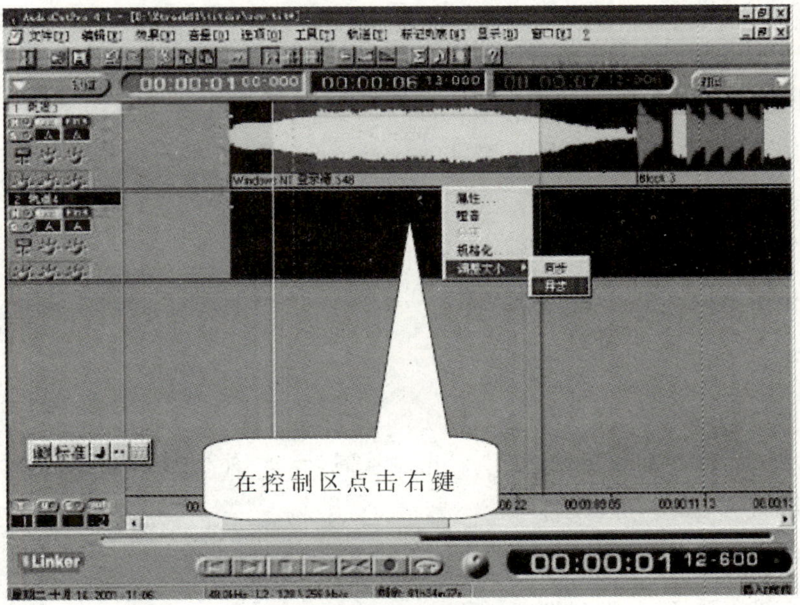

图 2－10　调整块的尺寸

(5)剪切块间静音：如果两个块之间有静音，可以首先选择这两个块，然后在编辑菜单中选择删除文件块之间的静音。

(6)反向一个块：可以首先选择相应的音轨，然后选择要反向的块，在控制区的右键菜单的效果中选择反转。这样，新块中所包含的将是原始音频文件的反向数据。

2.2.2　声音信号的效果处理

AUDIOCUT PRO POWER 可以对声音信号进行各种效果处理，也支持第三方 DirectX 效果插件。在项目窗口中，可以使用的效果分为两部分，一部分是 AUDIOCUT PRO POW-

ER自带的效果，包括三段数字均衡（EQ）、平衡调节（Balance Adjustment）、全景调节（Panoramic Adjustment）、合成（Merge）、压扩（Stretch）、变调（Pitch Shifting）、反转（Reverse）和噪声门（降噪，Noise Gate）。另一部分是外部效果，包括四段均衡（Digigram EQ Filter）、改变采样率（Digigram Frequency Change Filter）、降噪（Digigram Noise Reduction Filter）、频谱分析（Spectralizer）、多段图形化EQ（EQ Graphic）、多段参数化EQ（EQ Parametric）、混响（Reverb）和动态（Dynamics）。其中，前三个是AUDIOCUT PRO POWER的外部效果，其他是第三方DirectX效果插件。

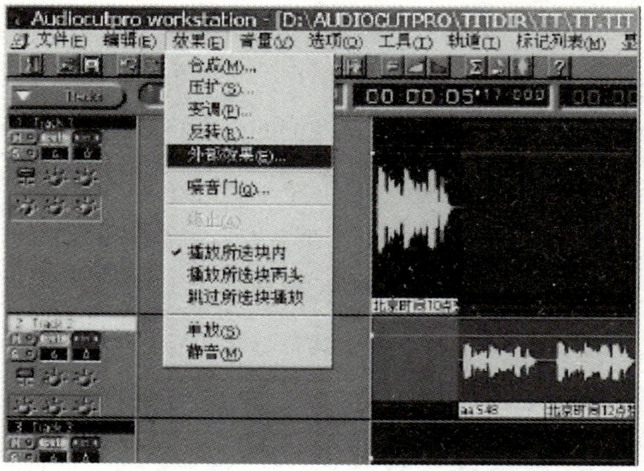

图2—11 选择使用外部效果

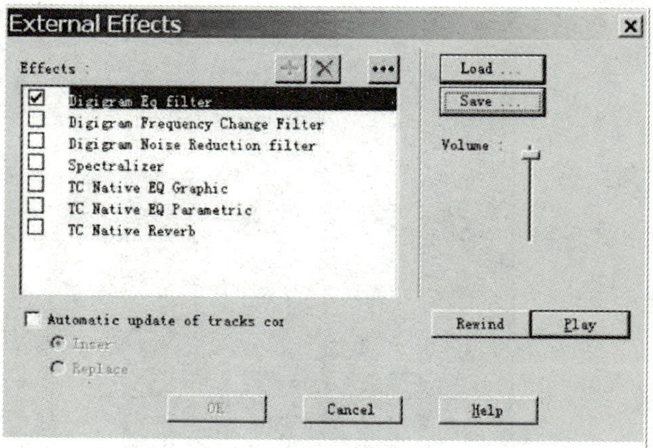

图2—12 外部效果设置窗口

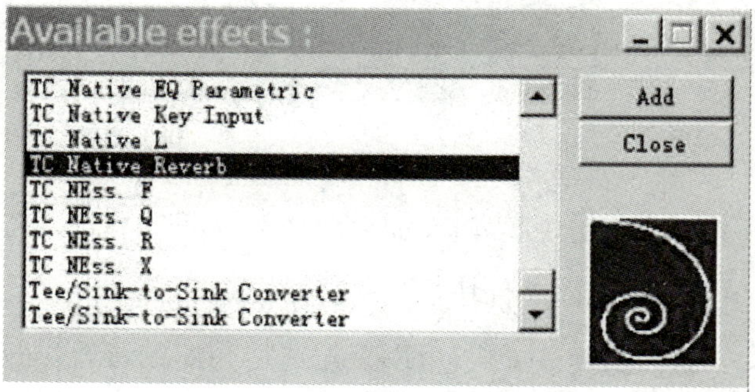

图2—13 效果器添加窗口

使用外部效果之前，应首先安装Windows DirectX Play驱动。可按照说明，安装第三方效果插件。使用外部效果时，可在效果菜单中选择“外部效果(E)…”(如图2—11)。

选择“外部效果(E)…”后，系统会打开外部效果设置窗口(如图2—12)。窗口中列出了当前可以使用的所有效果，上方三个图标按钮分别为添加效果器、删除效果器和设置效果器，可在选择相应的效果后使用。窗口中的其他功能分别介绍如下：

(1)“Load…”和“Save…”：分别用于载入和保存左边的效果器列表清单，点击“add…”按钮即可打开效果器添加窗口(如图2—13)。

(2)Rewind:回到选择块的开始处。

(3)Play:预听效果处理后的声音。

(4)Automatic update of track contents:自动更新轨道内容。如果不选择该选项,处理后的效果内容将会保存在剪贴板中。点击工具栏中的剪贴按钮,可将其导入到当前磁头。

(5)Insert/Replace:选择 Insert,经外部效果处理后的内容将会插入到当前磁头或标志点的位置;选择 Replace,经外部效果处理后的内容将会替代当前选择的内容。

在实际应用中,使用 AUDIOCUT PRO POWER 自带的效果器对声音信号进行处理时,应首先选择要处理的音频块,然后在效果菜单中选择相应的效果。不过,三段数字均衡(EQ)、平衡调节(Balance Adjustment)和全景调节(Panoramic Adjustment)并不在效果菜单中,而是通过主界面左边轨道上的五个旋钮实现,并且影响整个音轨。使用外部效果器对声音信号进行处理时,应首先调用相应的外部效果轨道,选择需要处理的音频块,然后在效果菜单中选择外部效果命令。系统会弹出外部效果设置窗口,用户可根据需要选择所需效果,调整相应参数。

▶▶ 2.3 LINK2000 的系统接口

2.3.1 接口的配置

编辑安装目录下的 AUDIOCUTPROPOWER. ini 文件后,AUDIOCUT PRO POWER 上的声音节目便可以通过 LINK2000 播出系统发送到服务器,经过编排后播出。具体方法如下:

(1)在安装光盘上找到 AUDITCUT PRO POWER 发行目录,把 AudioCut. ini、SetDatabase. exe、AudioCutPro. dll、SYSDB. mdb 和 TitDir、Wave 文件夹拷贝到 AU-

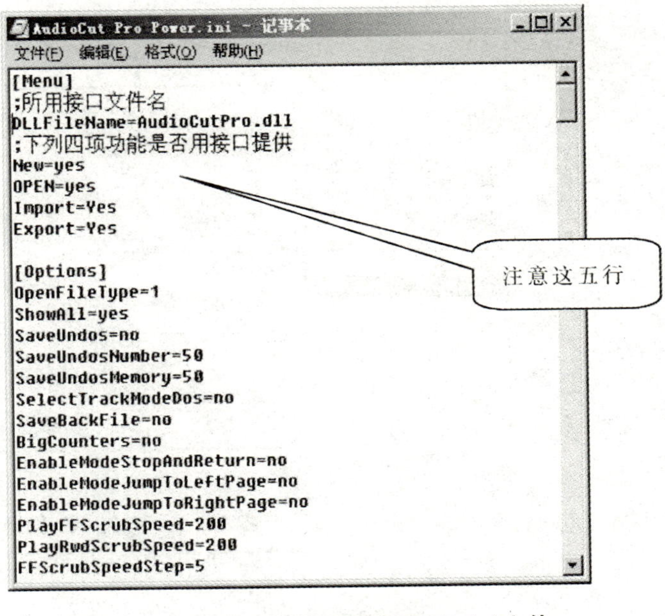
AudioCut Pro Power.ini - 记事本
文件(F) 编辑(E) 格式(O) 帮助(H)
[Menu]
;所用接口文件名
DLLFileName=AudioCutPro.dll
;下列四项功能是否用接口提供
New=yes
OPEN=yes
Import=Yes
Export=Yes
[Options]
OpenFileType=1
ShowAll=yes
SaveUndos=no
SaveUndosNumber=50
SaveUndosMemory=50
SelectTrackModeDos=no
SaveBackFile=no
BigCounters=no
EnableModeStopAndReturn=no
EnableModeJumpToLeftPage=no
EnableModeJumpToRightPage=no
PlayFFScrubSpeed=200
PlayRwdScrubSpeed=200
FFScrubSpeedStep=5
注意这五行

图 2—14 AUDIOCUTPROPOWER. ini 文件

DIOCUT PRO POWER 安装目录下。

(2)修改文件 AudioCut. ini 中的 SqlServerName 项(ODBC 数据库连接名称),一般为 midi。

[Option]

SqlServerName=midi

(3)修改 AUDIOCUTPROPOWER. ini 文件(如图 2—14),在开头加入下列行:

[Menu]

DLLFileName=AudioCutPro. dll

New=yes

Open=yes

Import=yes

Export=yes

(4)在 AUDIOCUTPROPOWER 目录下运行 SetDatabase. exe 文件,将会出现 AudioCutPro 数据库配置工具窗口(如图 2—15)。

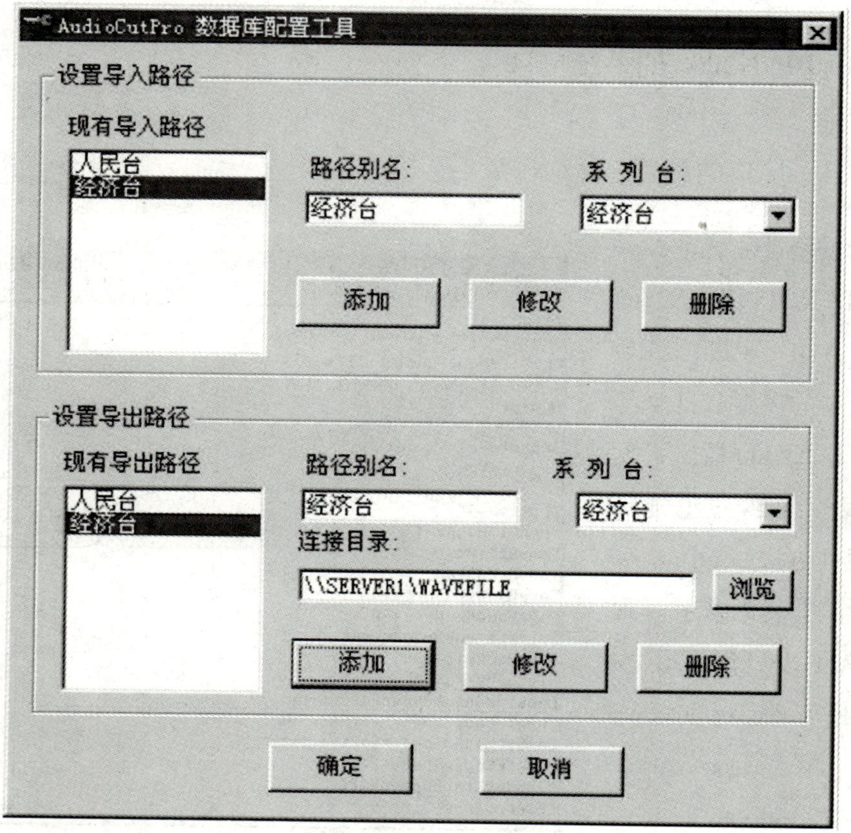

图 2—15 AudioCutPro 数据库配置工具窗口

AudioCutPro 数据库配置工具窗口用于设置导入和导出路径，每个系列台都要设置路径。连接目录是服务器的语音文件存放目录。需要注意的是，进行上述设置以后，AUDIOCUT PRO POWER 文件菜单中的新建项目、打开项目、加入声音和输出声音等项内容会和以前有所不同，更接近于语录站的情况。

2.3.2　项目的新建

AUDIOCUT PRO POWER 连接 LINK2000 后，在文件菜单中选择新建，将会出现新建项目窗口(如图 2—16)。在窗口中，可以输入节目名称、代码、创作者、演播者、关键字和备注信息，还可以选择节目所属系列台、节目类别，设定自动删除时间。“检测节目”用于检测是否已有相同的节目存在，“检测本地磁盘空间”用于检测是否有栏目所需的磁盘空间。在新建项目窗口中进行设置、确认后，弹出的标题设置窗口与连接之前完全相同。

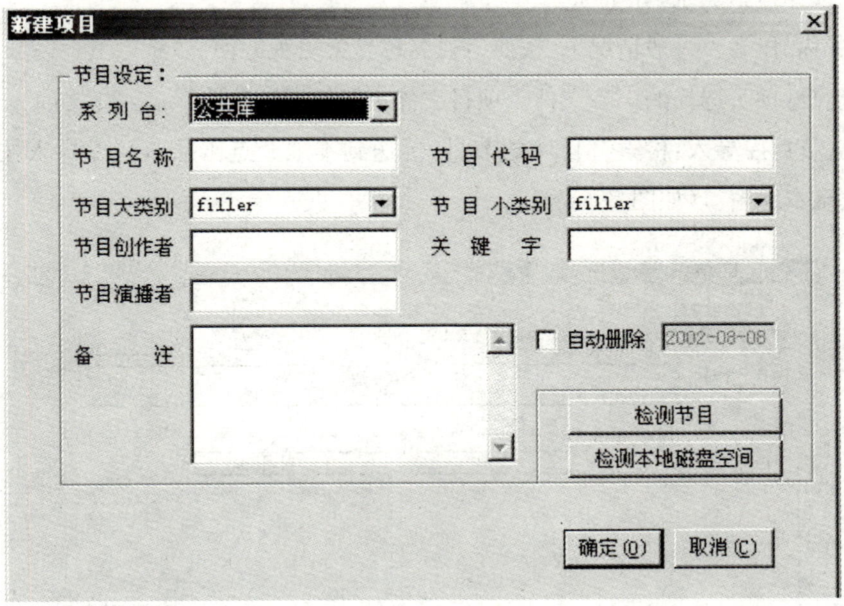

图 2—16　新建项目窗口

2.3.3　项目的打开

AUDIOCUT PRO POWER 连接 LINK2000 后，在文件菜单中选择打开，将会出现打开项目窗口(如图 2—17)。窗口中显示了本地库中的节目，有项目文件和声音文件。其中，项目文件是通过新建项目入库，而节目文件主要是通过服务器的资料库回传入本地库。不同的文件以不同的图标区别，红色图标表示声音文件，灰色图标表示项目文件。窗口底部的音频格式区域显示的是所选节目的音频格式。例如，如果在窗口中选择了项目文件，则显示为“项目文件”。

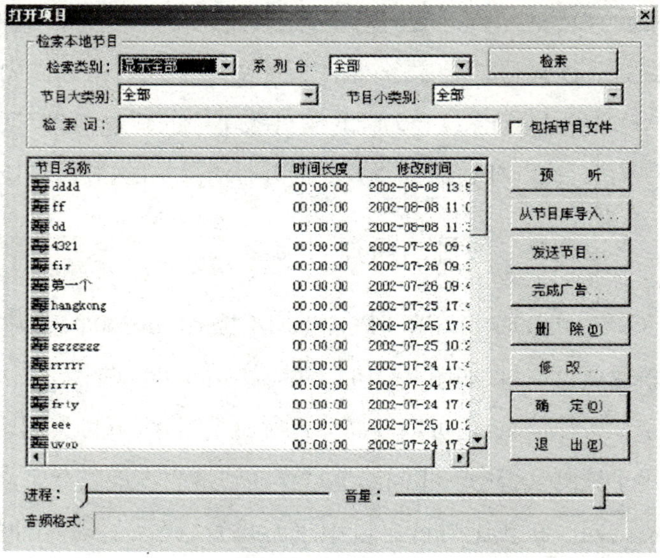

图 2－17 打开项目窗口

打开项目窗口中的其他具体功能分别介绍如下：

(1)检索：使用窗口中的检索功能时，可以按照通常的方式首先选择检索类别，如全部、节目名称、作者。一般情况下，按照节目名称检索更为方便。

(2)预听：预听选择的声音文件。项目文件不能使用该功能。

(3)从节目库导入：检索节目库的节目，传送到本地。点击从节目库导入按钮，将会出现传送至本地窗口(如图 2－18)。

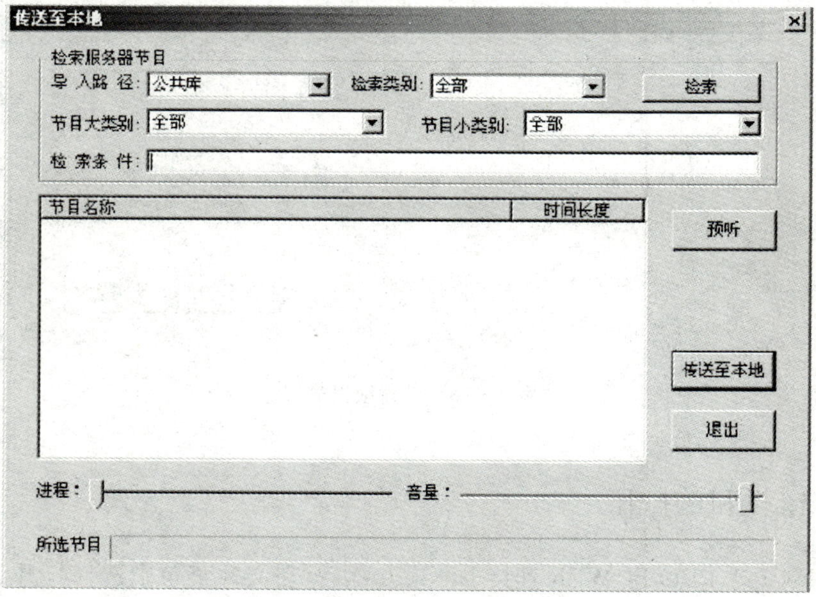

图 2－18 传送至本地窗口

(4)发送节目:将选择的节目发送到节目库中。

(5)完成广告:发送节目,完成广告录制。

(6)删除:删除当前所选节目或项目。

(7)修改:在弹出的窗口中,重新设置节目属性。

2.3.4 声音的加入

在文件菜单中选择加入声音,系统会要求选择加入声音的来源,分别为文件导入、节目库导入和本地库导入(如图2—19)。

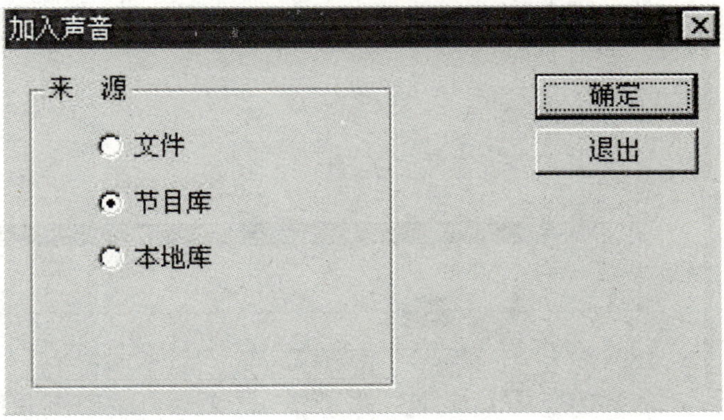

图2—19 加入声音的来源选择窗口

如果选择从文件导入声音,系统会弹出图2—20所示的窗口。在窗口中,可以显示所选声音文件的基本信息,并可对选择的文件进行预听。

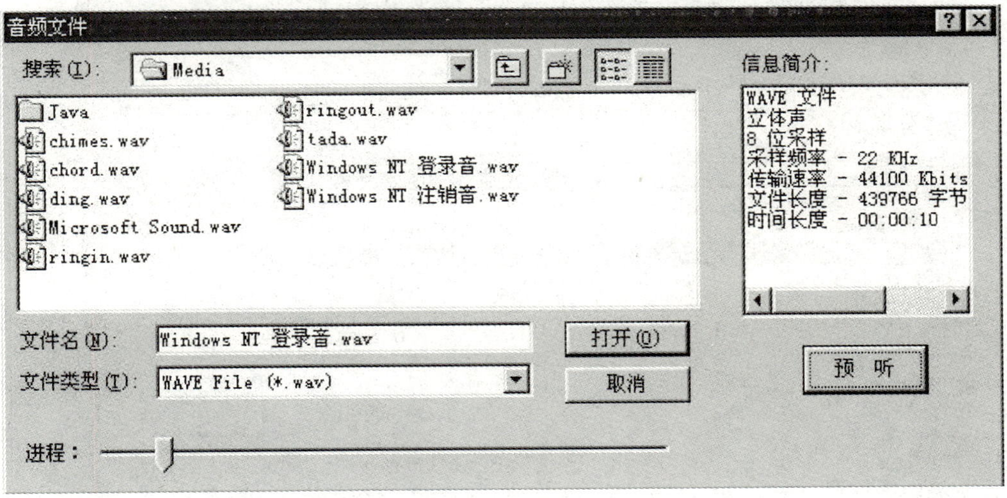

图2—20 从文件导入声音窗口

如果选择从节目库导入声音,系统会弹出图2—21所示的窗口。在窗口中,可以通过导入路径、检索类别等对声音文件进行检索,并可对选择的文件进行预听。从本地库导入声音类似于从节目库导入声音,操作方法基本一致(如图2—22)。

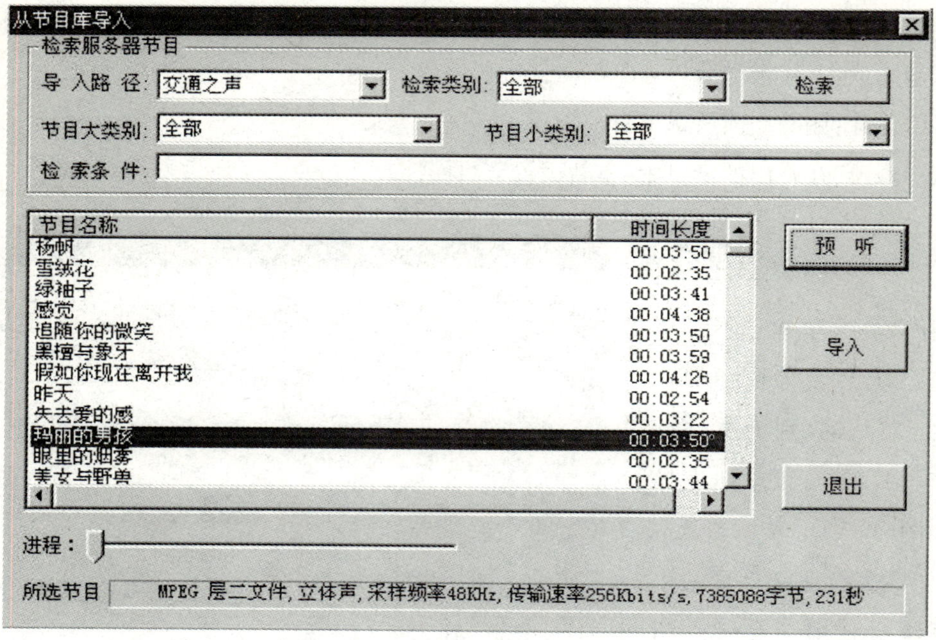

图 2—21　从节目库导入声音窗口

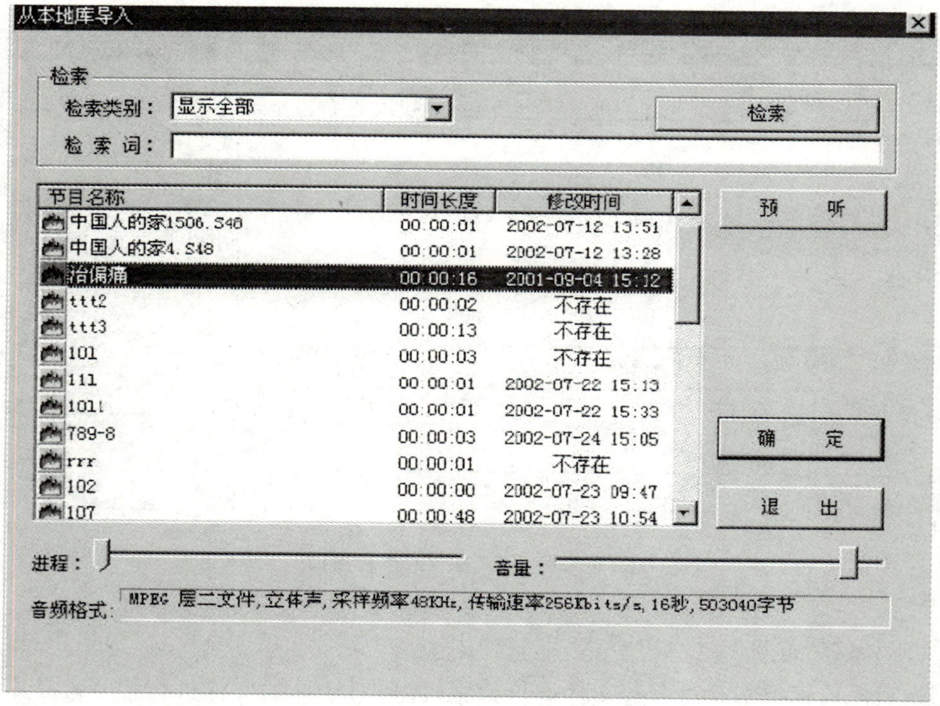

图 2—22　从本地库导入声音窗口

2.3.5 声音的输出

在文件菜单中选择输出声音，系统会要求选择输出声音的目的，分别为文件、节目库、广告和本地库。选择导出到节目库时，应在相应的导出窗口输入节目类别、系列台、节目名称等，便于节目保存到服务器后的编排和播出。选择导出为广告时，应在任务列表框中选择要完成的广告任务。点击确定按钮后，就完成了广告的录制工作。同时，广告站也能对传送的广告进行审定和编排。

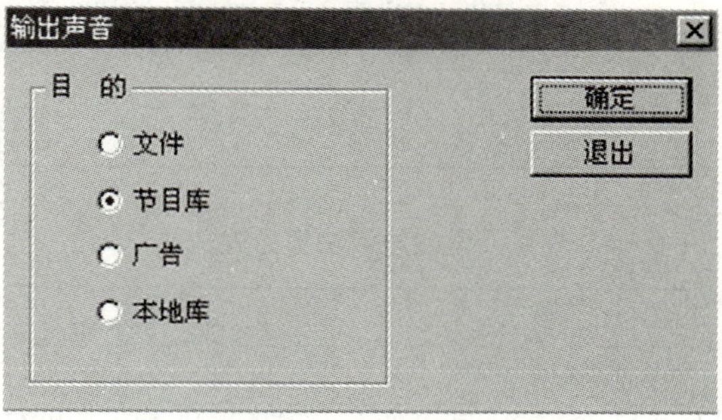

图 2—23 输出声音的目的选择窗口

▶▶ 2.4 AUDIOCUT PRO POWER 的其他说明

2.4.1 快捷方式

在项目窗口对声音节目进行编辑时，使用系统提供的快捷方式，将会大大提高实际工作效率。AUDIOCUT PRO POWER 在传输、音频编辑、音量编辑和显示方面缺省设置的快捷方式，详见表 2—1、表 2—2、表 2—3 和表 2—4。

表 2—1 缺省设置的传输快捷方式

命令	快捷方式	命令	快捷方式
录音	R	播放	P
播放/停止	回车	Cue	空格键
停止	S	到结尾	End
返回起点	Home	循环	L
正向/反向播放	B		

表 2—2 缺省设置的音频编辑快捷方式

命令	快捷方式
选择一个整块	Alt＋鼠标单击
选中更多整块	Ctrl＋Alt＋鼠标单击

表 2—3 缺省设置的音量编辑快捷方式

命令	快捷方式
显示主音量调节器	F
切换音量点调节模式	D
插入音量点	I

表 2—4 缺省设置的显示快捷方式

命令	快捷方式
显示前一页	Page Up
显示下一页	Page Down
显示左页	Ctrl＋光标左键
显示右页	Ctrl＋光标右键

2.4.2 标记说明

AUDIOCUT PRO POWER 提供四个灵活使用的标记，分别是：

(1)绿色的虚线标记(头标记)：代表当前的头位置。

(2)左边的黄色标记(起始标记)：代表当前选中部分的起始位置。

(3)右边的红色标记(结尾标记)：代表当前选中部分的结束位置。

(4)白色的标记(插入标记)：代表当前的插入点，可选择是否显示。

2.4.3 AUDIOCUT PRO POWER 产生的文件

AUDIOCUT PRO POWER 在运行过程中，会产生各种不同的文件，其文件扩展名和具体说明见表 2—5。产生音频数据文件的操作包括录音、输入、输出、合成、时间伸展和音调调节，其文件扩展名的第一个字母表示文件类型，另外两个数字表示采样频率。

表 2—5 系统产生的文件

文件扩展名	说明
Tit	项目文件，包含非破坏性编辑信息
Edl	Edl 文件
Wav	标准微软音频文件
M44	压缩，单声道，44.1kHz 音频文件
S44	压缩，立体声，44.1kHz 音频文件
M48	压缩，单声道，48kHz 音频文件
S48	压缩，立体声，48kHz 音频文件

续表

文件扩展名	说明
XL1	单声道能量(波形)层 1 音频文件
XL2	单声道能量(波形)层 2 音频文件
YL1	立体声能量(波形)层 1 音频文件
YL2	立体声能量(波形)层 2 音频文件
L44	RAW 线性,Intel 格式,单声道,44. 1kHz 音频文件
E44	RAW 线性,Intel 格式,立体声,44. 1kHz 音频文件
K44	RAW 线性,Motorola 格式,单声道,44. 1kHz 音频文件
D44	RAW 线性,Motorola 格式,立体声,44. 1kHz 音频文件
Lst	主目录索引文件
Cat	个人目录索引文件
Mcf	预听器使用的多声道文件
Liv	预听器使用的播放文件

Part 3

第3章

广播节目的编排

学习要点

★编排工作站的基本原理

★节目单的编排操作

★模板的编排操作

▶▶3.1　编排工作站简介

广播节目的编排是由自动化播出系统中的编排工作站完成。编排工作站可以按照日期或者模板编排节目单,对节目单进行查询、试听和审定,还可以对直播模板进行编排等操作。编排工作站由高性能电脑、音频卡、节目编排功能软件等组成,使广播节目的自动播出成为可能,其系统结构如图 3—1 所示。

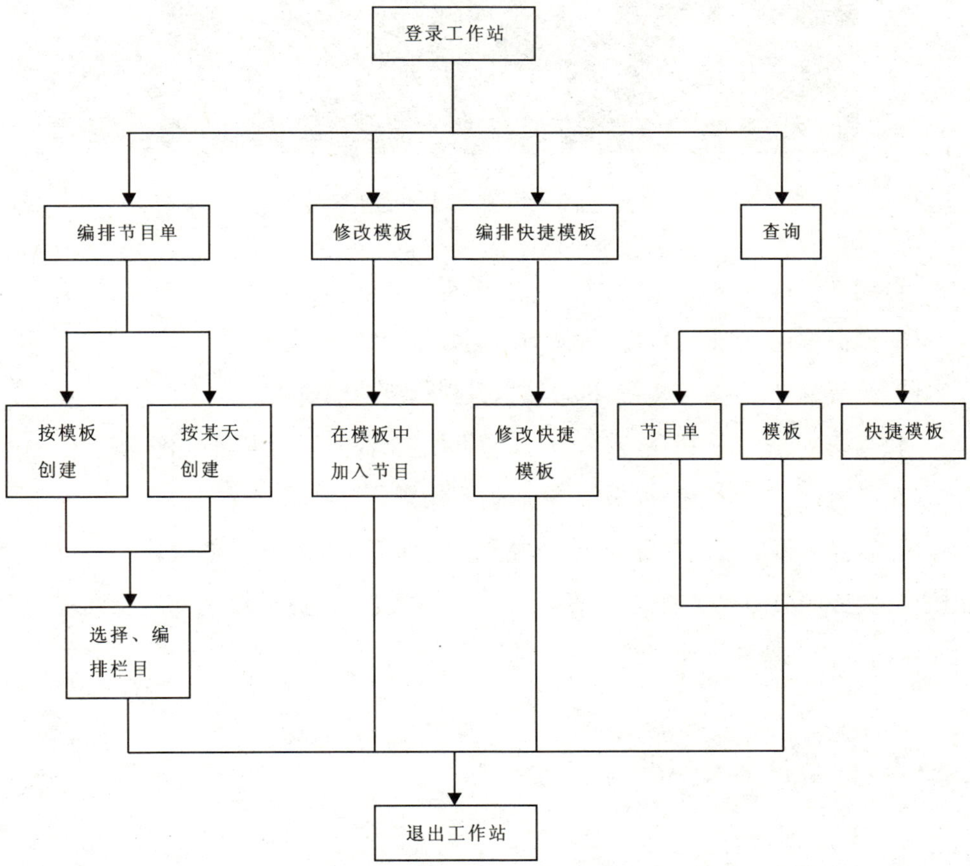

图 3—1　编排工作站系统结构

登录编排工作站时，首先需要验证用户身份。输入正确的用户代码和密码后，即可进入编排工作站。也可以在登录窗口选择“登录后立即修改密码”，设置完新的密码后进入编排工作站主界面(如图 3—2)。编排工作站主界面包含五个功能按钮，分别是：

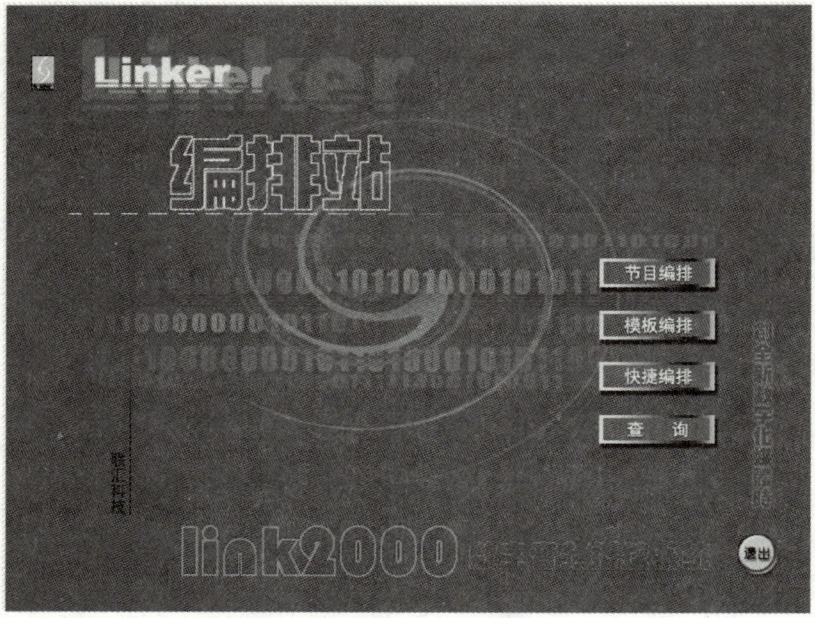

图 3—2 编排工作站主界面

(1)编排节目：点击该按钮，进入节目单编排功能模块。

(2)模板编排：点击该按钮，进入节目模板修改功能模块。

(3)快捷编排：点击该按钮，进入快捷模板修改功能模块。

(4)查询：点击该按钮，进入节目单、节目模板、快捷模板查询功能模块。

(5)退出：点击该按钮，退出编排站，退到操作系统界面。

可以看出，编排站一共分为四个功能模块，即节目单编排功能模块、节目模板修改功能模块、快捷模板修改功能模块和节目单、节目模板、快捷模板查询功能模块。下面，分别对这四个功能模块进行介绍。

3.2 节目单的编排

3.2.1 节目单的创建

在进行节目单编排之前，应首先创建节目单。在编排工作站主界面中点击“节目编排”按钮，进入栏目选择窗口（如图3—3)。窗口左边的列表是节目单的日期选择，显示范围由上方的日期设置决定。窗口右上方是所选日期内所有栏目的节目单，右下方是所选栏目内的节目。可以使用窗口左下方的创建部件创建新栏目，包括按模板创建和按某天创建两种方式。

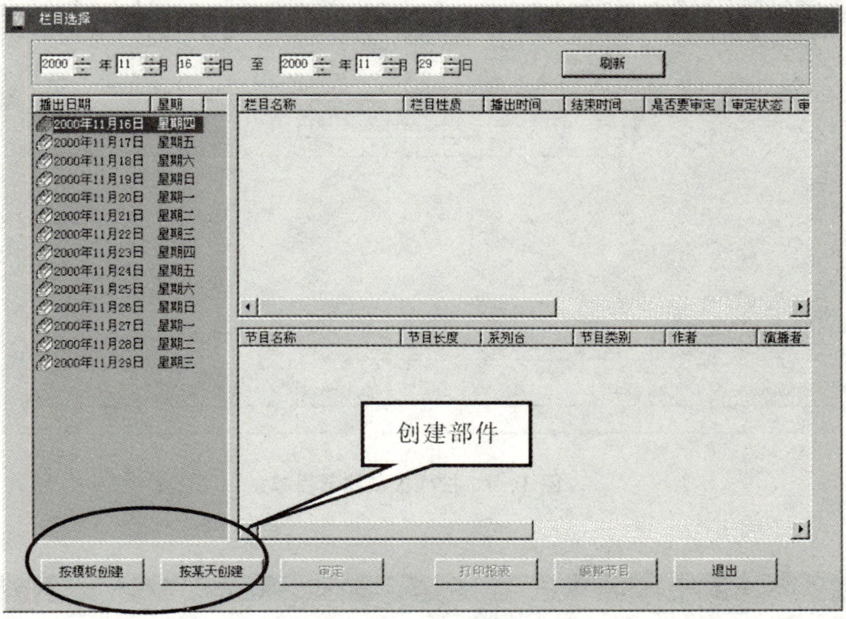

图3—3　栏目选择窗口

按模板创建是指按固定的栏目顺序创建节目单，这里固定的栏目顺序就是指模板（模板由系统管理员设定，其设定可参阅管理的相关章节)。具体操作方法如下：

(1)在左侧的日期列表中，选择所创建节目单的日期。

(2)点击“按模板创建”按钮，系统将会弹出操作完毕的提示窗口。

(3)点击提示窗口中的“确定”按钮，在栏目选择窗口中创建节目单（如图3—4)。节目单日期前面的图标将由白色变为红色，表示已经创建节目单。

按模板编排是创建节目单的主要方式，它使用固定格式创建节目单，但不对节目单内的栏目进行编排。

按某天创建节目单的方式主要用于全天重播，或者两天节目单编排基本一致的情况，可以避免重复的编排工作。具体操作方法如下：

(1)在左侧的日期列表中，选择所创建节目单的日期。

(2)点击“按某天创建”按钮，系统将会弹出栏目查询窗口（如图3—5)。

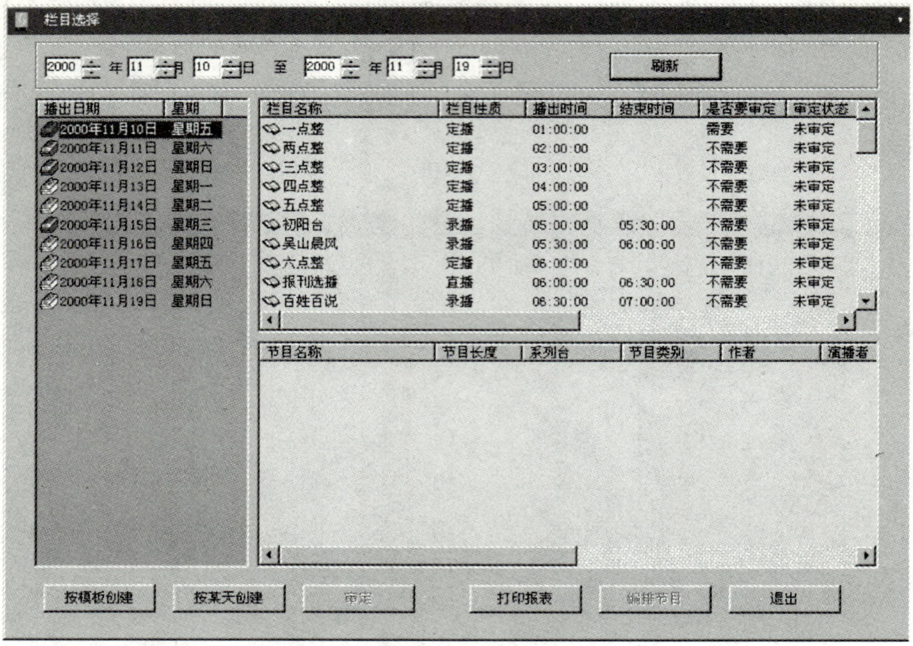

图 3—4 按模板创建节目单

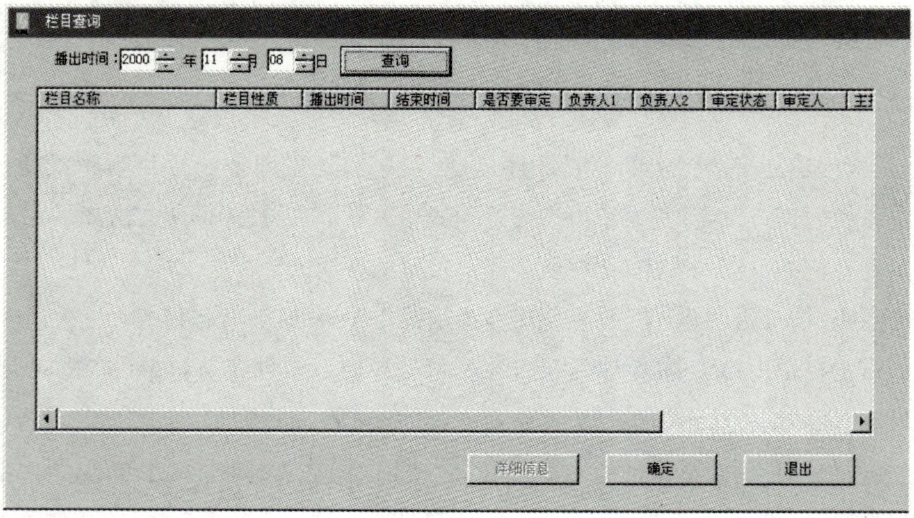

图 3—5 按某天创建节目单的栏目查询窗口

(3)在窗口上方选择按哪天创建，然后单击“查询”按钮，此时窗口内将会显示所选日期的节目单(如图 3—6)。

(4)查阅列出的节目单，点击“确定”按钮，然后在弹出的确认窗口中再次点击“确定”按钮。

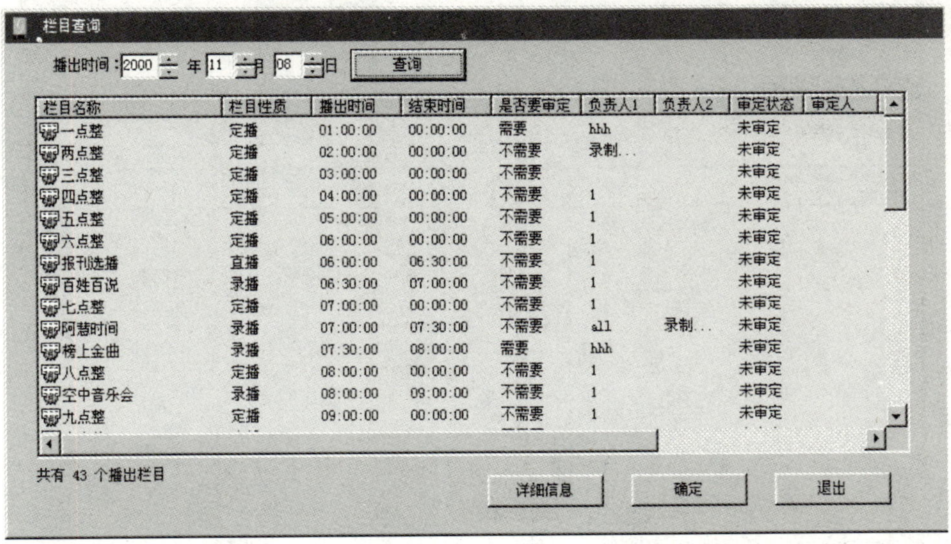

图 3—6　按所选时间查询的节目单

3.2.2　栏目的编排

在新创建的节目单内，各栏目都没有具体的节目。因此，接下来的工作就是将节目编排到栏目中，即栏目的编排工作。栏目编排由各个栏目的主持人或者负责人进行，其他人员无权进行。栏目编排的结果会在播出站中直接体现，播出站可自动调用相应日期的节目单进行播出。

栏目编排工作是基于创建的节目单进行的，以按模板创建的节目单为例，在进行栏目编辑之前，应首先在左侧列表中选择所要编排栏目的日期，然后在右侧显示的节目单中选择要编排的栏目(如图 3—4)。选择时应仔细核对所选栏目的属性，包括栏目性质、播出时间、结束时间、是否需要审定、栏目负责人和栏目主持人。再点击“节目内容”按钮，或者双击要编排的栏目即可进入栏目编排窗口(如图 3—7)。如果用户不是该栏目的主持人或者负责人，则无法对该栏目进行编排。

栏目编排窗口由四个主要部分组成，用户可使用查询部件在节目库中查询节目，并将查询到的节目编排到栏目中。四个主要部分分别为：

(1)栏目属性状态栏：位于窗口顶部，显示当前所编排栏目的日期、编排者的用户号、节目单日期、栏目名称和栏目的起止时间。

(2)节目查询部件：从节目库中查询编排工作所需的节目，包括节目名称、录制时间、节目类别和节目性质。按照节目名称查询时，用户可输入要查询节目的具体名称，或者使用模糊查询功能输入其中一部分；按照录制时间查询时，用户可输入要查询节目的录制

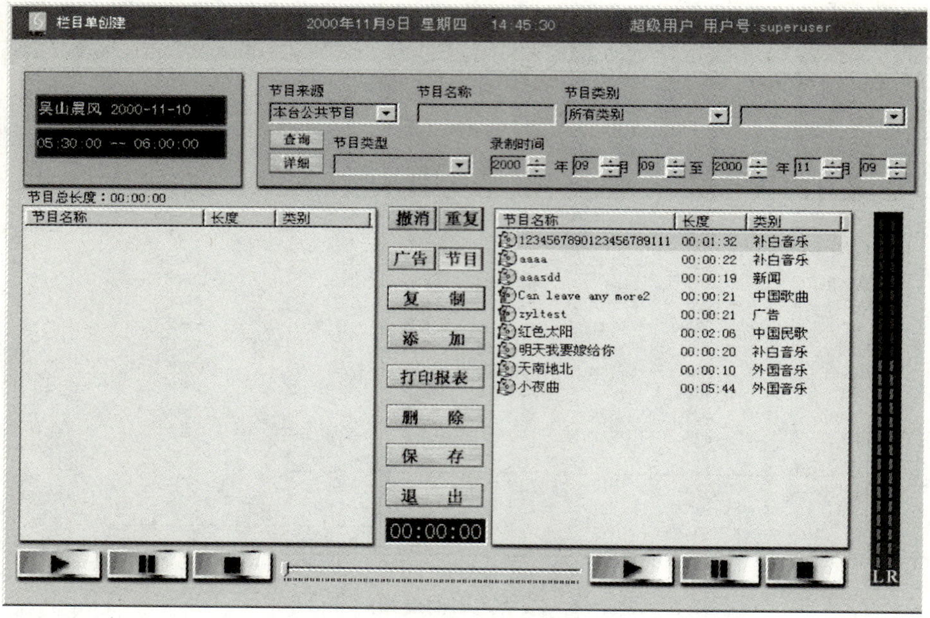

图 3—7 栏目编排窗口

时间,将查询到该时间段内所有录制的节目;按照节目类别查询分为按照节目大类别查询和按照节目小类别查询两种,将查询到类别目录下的所有节目;按照节目性质查询分为按照素材查询和按照播出节目查询两种,播出节目指制作播出用的节目。

在进行节目查询时,用户还应首先选择节目来源,包括公共库、系列台库和栏目私有节目,然后在上述的节目查询部件中输入相应的查询条件。上述各项并不是所有的都必须输入,用户可根据情况进行选择。如果要查询的节目比较难找,可以点击节目查询部件中的"详细"按钮,进入节目详细查询窗口(如图 3—8)。在窗口中,可输入更多的查询条件,准确、快捷地查询所需节目。

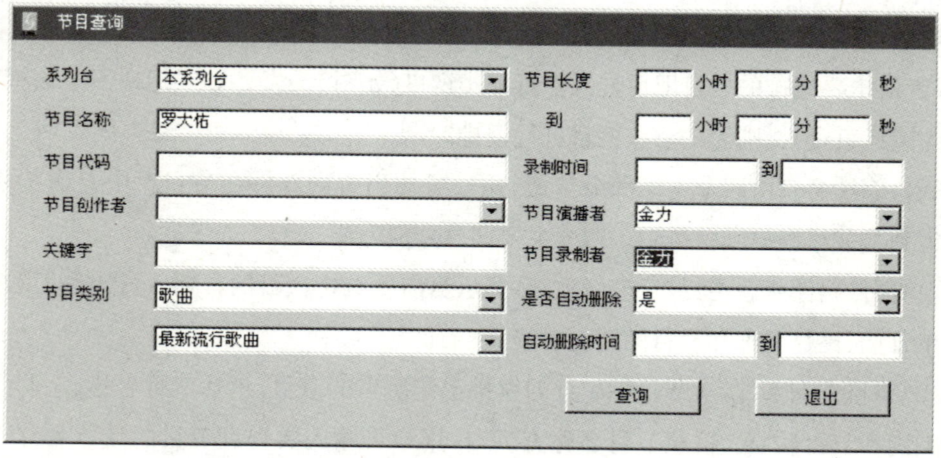

图 3—8 节目详细查询窗口

(3)节目显示框：分为两部分，一部分是图3－7所示的左半部分，用于显示节目库中查询到的节目，另一部分是图3－7所示的右半部分，用于显示编排到栏目中的节目。

(4)编排部件：位于节目显示框的中间，其中“广告”和“节目”按钮用于切换广告编排和节目编排(如图3－9)。选择“广告”后，用户可将广告编入节目单中进行自动播出。但是广告内容由广告管理站设定，编排人员不能更改内容。具体说明如下：

(1)撤销、重复：撤销操作和取消撤销。

(2)广告、节目：切换对广告和节目的编排。

(3)复制：复制某天某栏目的编排情况。

(4)添加：将查询出的节目添加到栏目中。

(5)打印报表：打印栏目编排情况的报表。

(6)删除：删除编排到栏目中的节目。

(7)保存：保存栏目编排情况。

(8)退出：退出编排栏目界面。

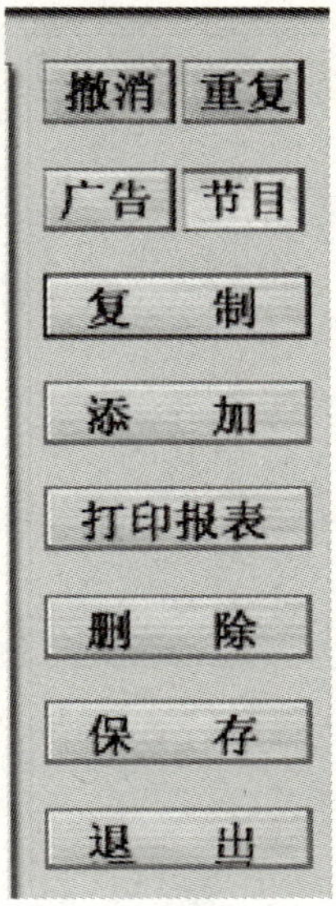

图3—9　栏目编排部件

在已经查询出所需节目的情况下，编排这些查询出的节目将会频繁用到这些按钮。具体步骤如下：

(1)选择节目库中查询出的节目，点击下方的“预听”按钮确认选择的正确性。

(2)点击“添加”按钮，或者直接双击要添加的节目，将节目添加到左边的节目显示框。

(3)如果添加节目出现错误，可以在左边的显示框中选择编错的节目，然后点击“删除”按钮将其从栏目中删除。

(4)重复上述操作，添加多条节目直到编排完毕。

(5)通过拖拽方式，调整所添加节目在栏目中的位置。

(6)在所添加节目的右键菜单中，查看、修改节目播放的状态。节目播放状态有三种，选择“正常”时，节目图标显示为蓝色小箭头，表示节目自动顺序播放；选择“暂停”时，节目图标显示为红色等号，表示播放到该条节目停止；选择“跳过”时，节目图标显示为黄色叉号，表示播放时跳过该条节目(如图3－10)。

图3－10　节目播放状态菜单

右键菜单的最下面是节目的属性选项，选择后会打开相应节目的属性窗口(如图3－11)。在窗口中，用户可查看节目的相关属性。

(7)在栏目编排窗口的上方查看节目总时长，根据节目总时长决定栏目的编排情况。如果编排的节目总时长超出栏目总时长，系统将会自动提示。

(8)确定节目编排没有问题后，点击“保存”按钮。当系统出现“编排结果保存完毕”的

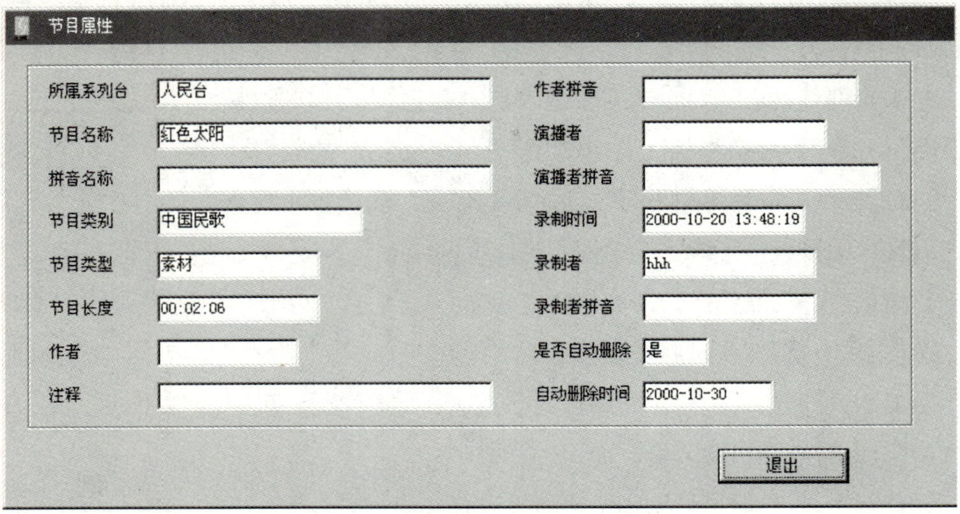

图 3—11　节目属性窗口

提示窗口，表明节目编排已经完成，播出机房的工作站将会严格按照用户的编排播出节目。

(9)点击“退出”按钮，系统将退出栏目编排窗口。此时栏目的图标颜色将会变为蓝色，表示该栏目编排完成。

在所编排栏目内容和以前编过的栏目内容相同或者类似的情况下，用户也可以使用“复制”按钮，对栏目编排内容进行复制。具体操作步骤如下：

(1)点击“复制”按钮，系统将会打开栏目复制窗口(如图 3—12)。

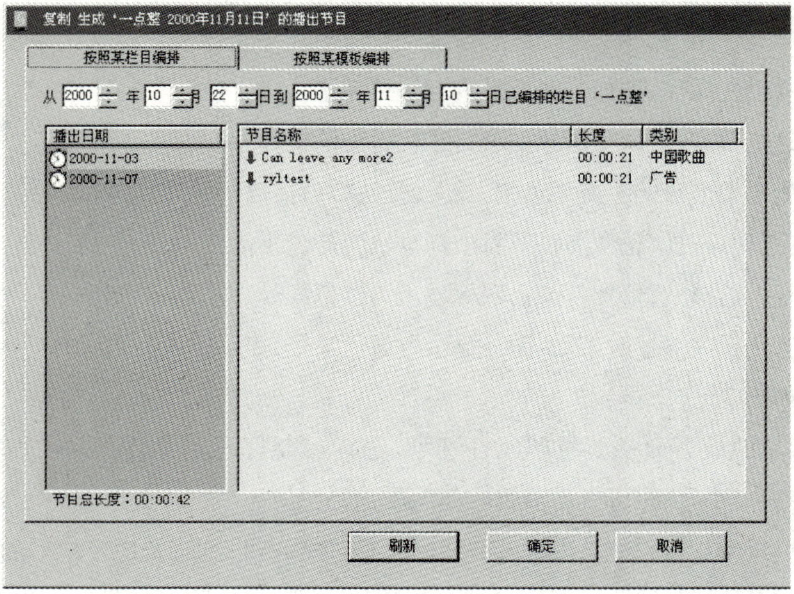

图 3—12　栏目复制窗口

(2)在窗口中选择“按照某栏目编排”，窗口的左侧将会显示栏目的播出日期，右侧会显示所选日期内该栏目中的节目编排内容。

(3)使用窗口上方的时间设置组件确定播出时间的范围，点击“刷新”按钮重新显示栏目播出时间。

(4)选择栏目播出时间，点击“确定”按钮完成复制工作。

也可以选择“按照某模板编排”，系统将从模板中的栏目导入编排内容(如图 3—13)。在窗口中，可以选择模板名称，查阅节目编排内容。同样，点击“确定”按钮可完成栏目复制工作。

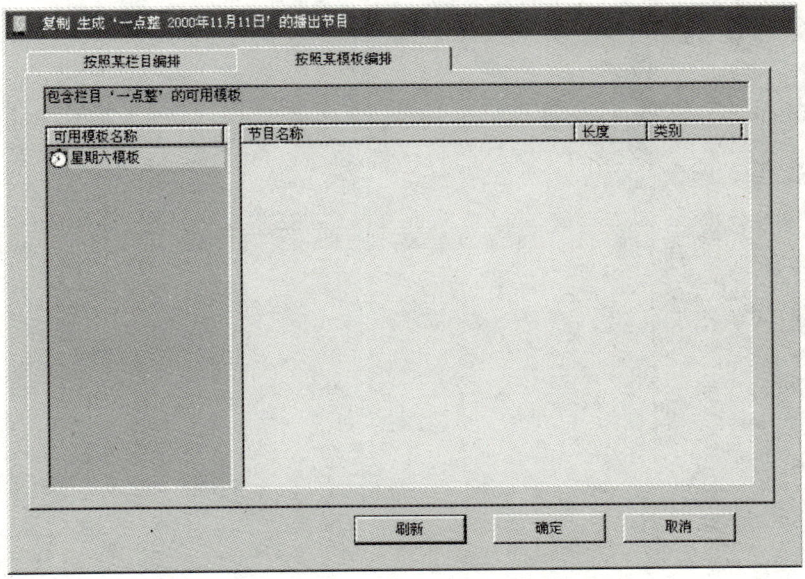

图 3—13　按照模板编排复制

3.3　模板的编排

模板是指一个栏目的固定播出顺序，即节目播出单。在管理站编排的模板中，各栏目是空的，没有任何节目，具体的节目单编排是通过编排站实现的。通常情况下，一个栏目往往会有部分节目是相对固定的，即栏目每天都会有一样的节目，例如开始曲、结束语、片头、片尾等。模板编排的目的，就是为了避免这些重复的编排工作。用户可将这类节目编入到模板中，这样每次创建节目单时，这些节目也就跟着模板编入到栏目中，从而有效提高了节目编排工作的效率。

3.3.1 模板的选择

在编排站主界面中，点击“模板编排”按钮，即可进入模板选择窗口(如图3—14)。窗口左上方显示了可供选择的模板名称，根据需要选择后，窗口右上方将会显示节目单，窗口右下方将会显示所选栏目中的节目内容。

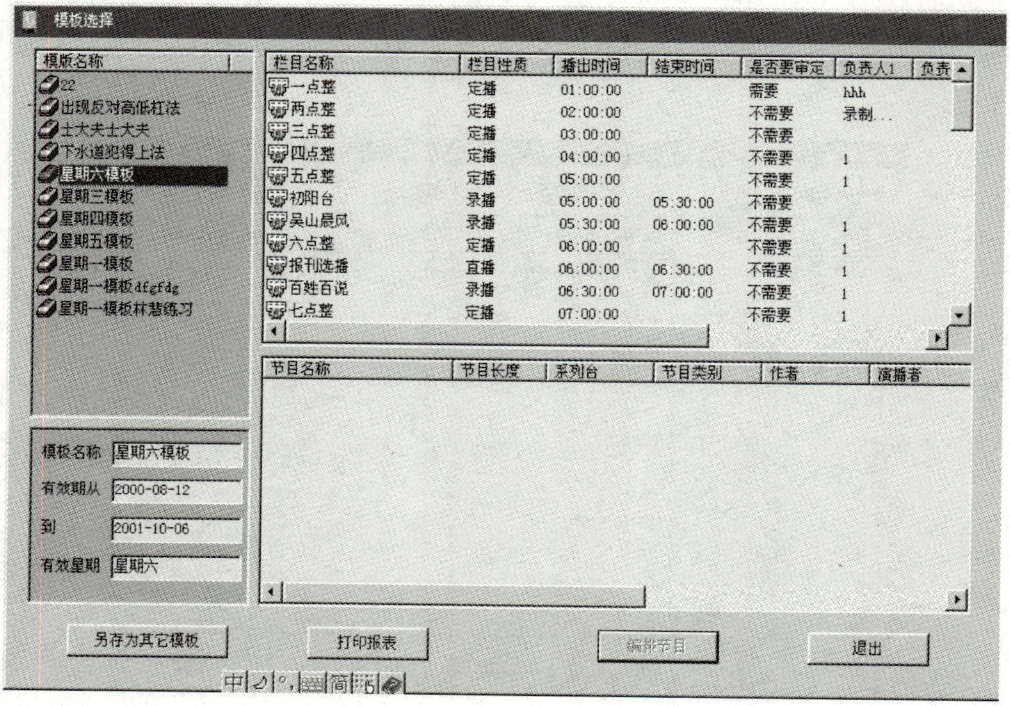

图3—14 模板选择窗口

模板选择窗口还有一些其他按钮，具体作用说明如下：

(1)另存为其他模板：将选中的模板复制为另一个模板。

(2)打印报表：打印该模板的节目单。

(3)编排节目：编排所选栏目中的节目内容。

(4)退出：退出模板选择窗口。

3.3.2 模板的另存

另存模板用于新建模板和已有模板完全相同或者基本一致的情况，操作方法如下：

(1)选择要另存的模板，然后点击“另存为其他模板”按钮，系统将会弹出模板复制窗口(如图3—15)。

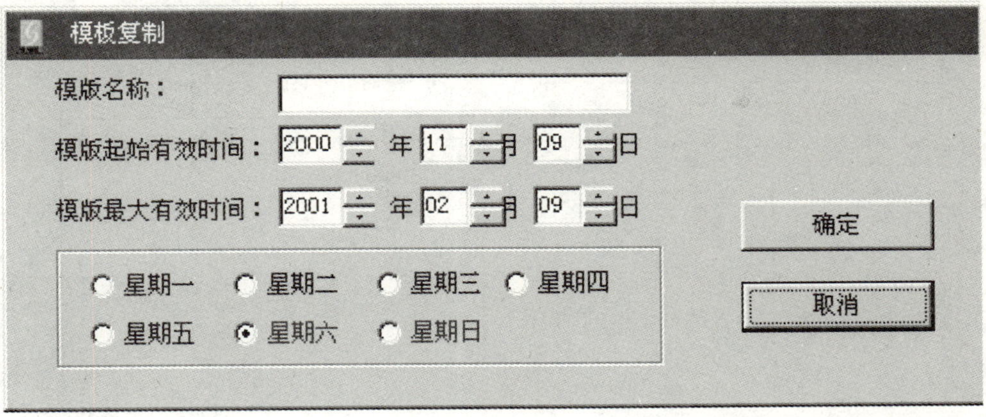

图3－15 模板复制窗口

(2)输入模板名称、模板有效期和使用的星期。

(3)点击“确定”按钮，然后在“操作完毕”的提示窗口再次确认后，完成模板另存的工作。

3.3.3 模板的编排

进行模板编排工作时，应首先在模板选择窗口中选择需要修改的模板，此时窗口左下角会显示模板相关信息，包括模板的有效期、有效星期和模板名称。然后，在右边的栏目列表中选择要编排的栏目，点击“节目内容”按钮进入模板栏目编排窗口(如图3－16)。

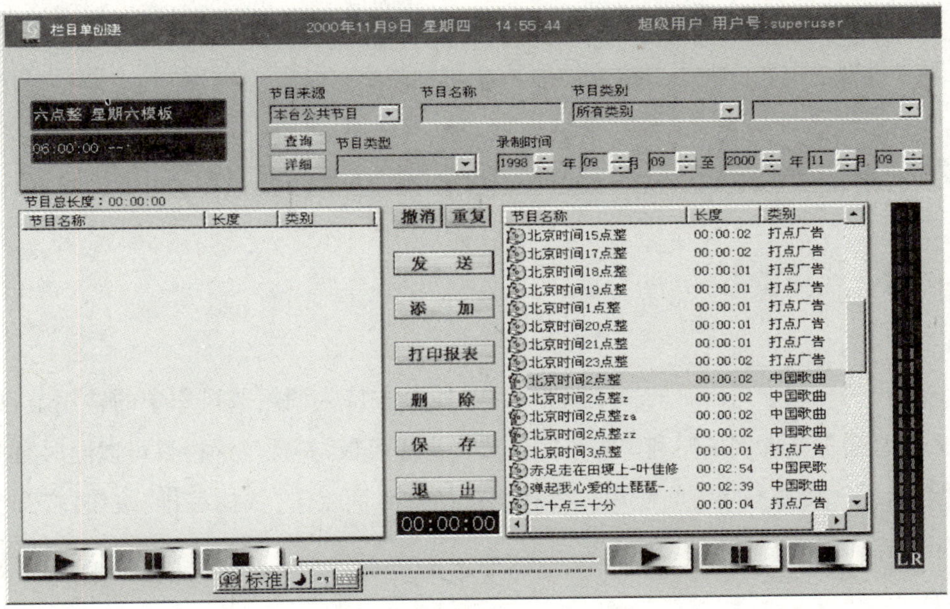

图3－16 模板栏目编排窗口

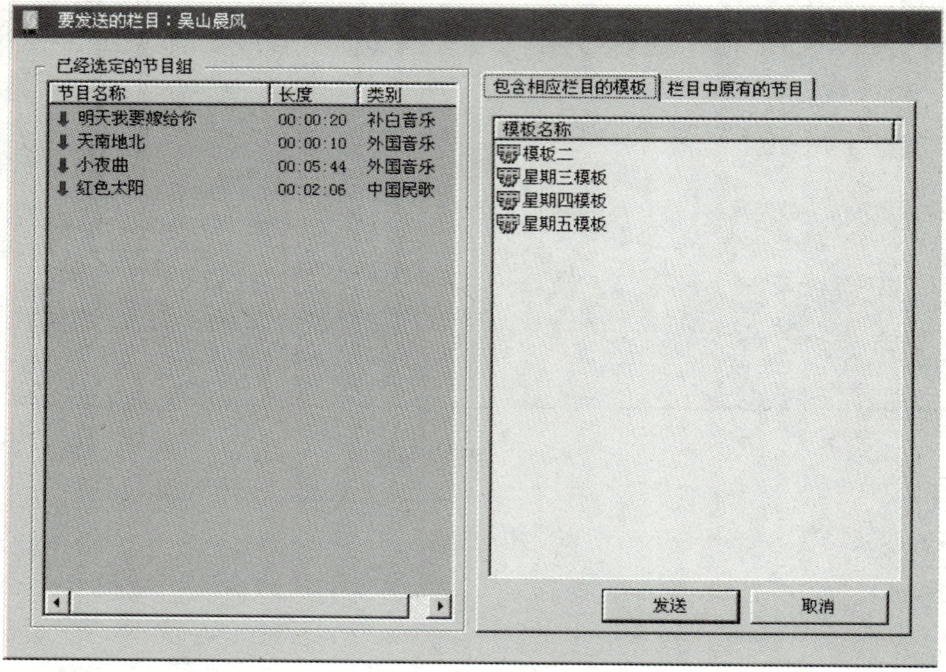

图 3—17 栏目发送窗口

模板栏目编排窗口与前述的栏目编排窗口基本一致，操作方法也大致相同。不同之处在于，模板栏目编排窗口多了“发送”按钮，该按钮的功能是将当前栏目的编排情况发送到其他模板的栏目。这样，在进行栏目的编排、保存后，点击“发送”按钮就会出现栏目发送窗口(如图3—17)。可以在窗口右侧选择发送的目标模板，并能查阅模板中该栏目以前的节目编排情况。如果要覆盖原有的编排内容，可点击“发送”按钮。此时，可在模板栏目编排窗口点击“退出”按钮退出模板栏目编排窗口，该栏目的图标颜色将变为红色，表示该栏目已经编排有节目。以后调用该模板时，这些节目就无需再编排。

3.4 快捷模板

快捷模板是用于播出站的一个直播模板，便于主持人调用节目库中的常用节目，为主持人的直播工作提供了便利。每个栏目都有快捷模板，并且每个栏目可以同时有多个快捷模板，供栏目在不同时间使用。可在编排站主界面点击“快捷编排”按钮，打开快捷模板编排窗口(如图 3—18)。

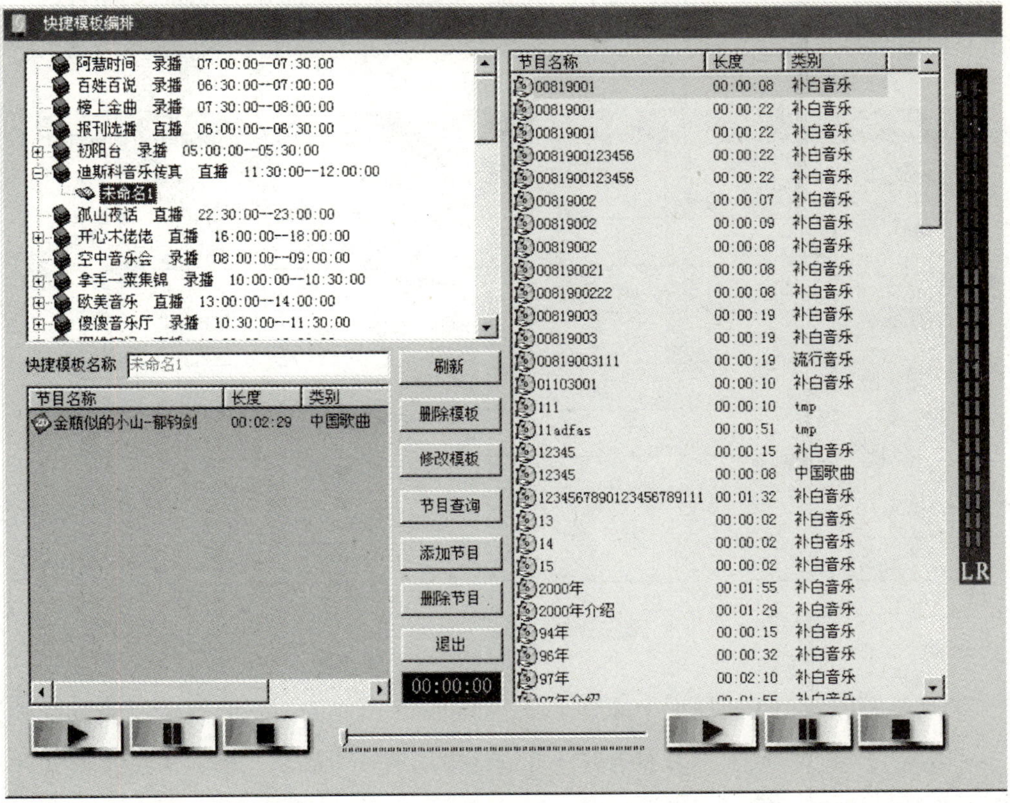

图3—18　快捷模板编排窗口

快捷模板编排窗口主要由四部分组成，包括快捷模板选择框、节目库节目显示框、快捷模板节目显示框和编排部件。使用快捷模板编排窗口，可以实现所有的编排工作。具体操作步骤如下：

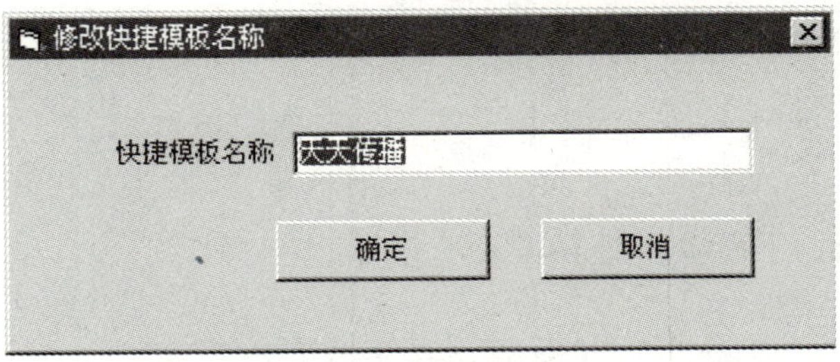

图3—19　修改快捷模板名称

(1)在快捷模板选择框中选择栏目，然后在该栏目下选择要编排的快捷模板。如果栏目下没有模板，则编排时会自动生成一个快捷模板。用户可以在编排部件中点击“修改模板”按钮，重新命名快捷模板(如图3—19)。另外，用户也可以点击“删除模板”按钮删除选择的模板。

(2)查询要编排到快捷模板的节目。查询方法有两种，一种是通过上下滚动条直接查找节目，另一种是点击“节目查询”按钮进行详细查询，这将打开节目查询窗口(如图

3—20)。为了更快捷地查询所需要的节目,查询时应尽可能输入更多的查询条件。右边的节目库节目显示框会显示查询出的节目,使用下方的预听部件可进行预听。

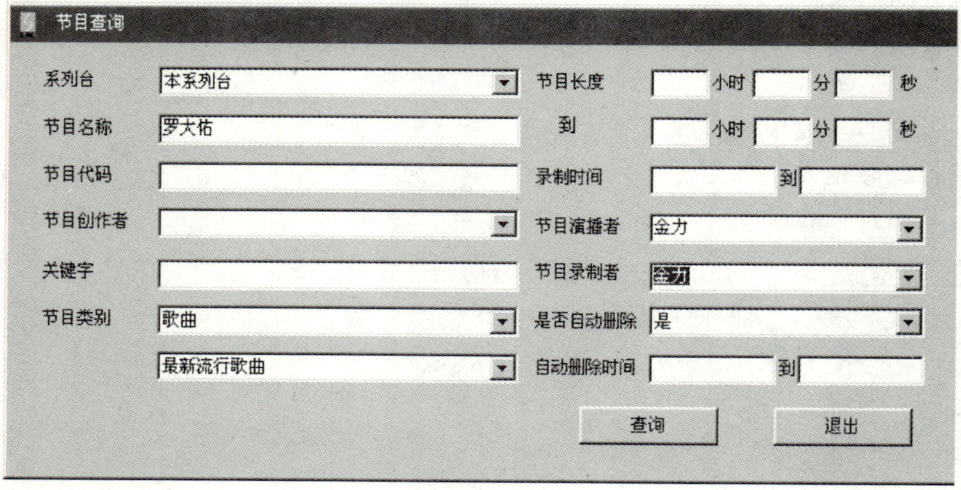

图 3—20 节目查询窗口

(3)选择要添加到快捷模板中的节目,然后点击“添加节目”按钮,快捷模板节目显示框会显示该条节目,使用下方的预听部件可进行最后的预听确认。删除快捷模板节目显示框内的节目,可在选择后点击“删除节目”按钮。

(4)编排完毕后点击“退出”按钮,退出快捷模板编排窗口,系统将自动保存编排结果。此时,播出站就能够调用编排的快捷模板。有关快捷模板的使用,将在播出的章节予以介绍。

3.5 编排站的查询

编排站的查询包括当天节目单查询、当天可用模板查询和播出站快捷模板查询三种,下面将分别予以介绍。

3.5.1 当天节目单的查询

使用编排站的查询功能,应首先在主界面中点击“查询”按钮,系统将打开查询功能窗口。缺省设置下,系统显示当天节目单查询窗口(如图 3—21)。

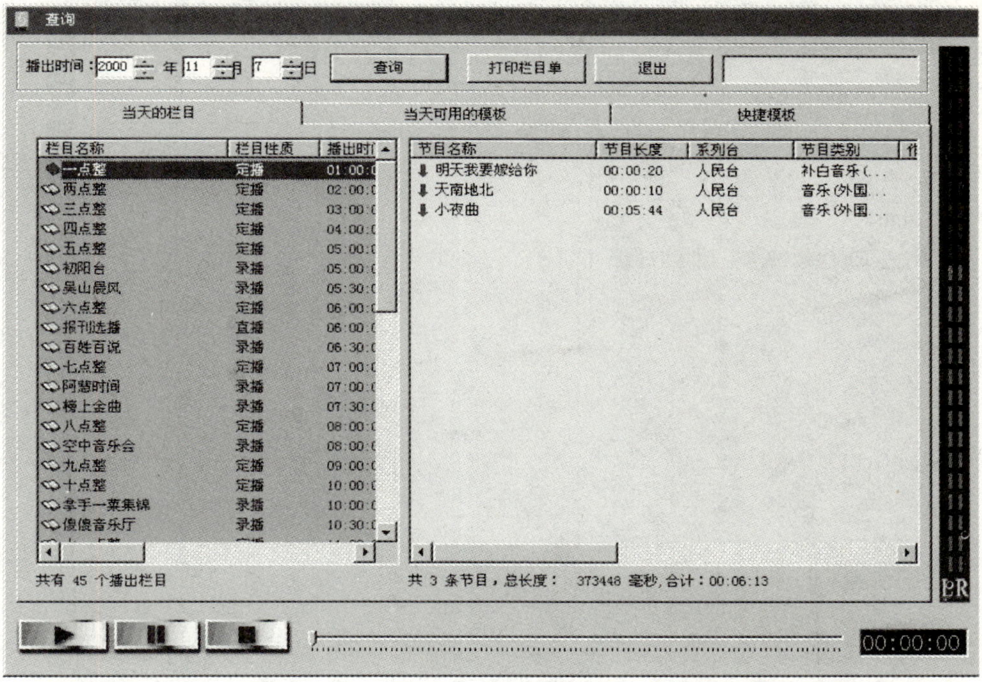

图 3—21 当天节目单查询窗口

窗口左上方显示当天节目单的播出时间，缺省设置下显示当天的日期。使用旁边的上下按钮，可以根据需要调整所要查询的日期。确定所要查询的日期后，点击"查询"按钮，左边的显示框中会显示当天节目单，其下方显示当天的栏目总数。显示框中的栏目按时间顺序排列，使用旁边的滚动条可浏览当天的全部栏目。

显示框中显示了每个栏目的详细信息，包括栏目名称、栏目性质、播出时间、结束时间、栏目负责人和主持人等。选择后，右边的显示框显示该栏目的编排内容，下方显示节目数量和节目总时长，单位精确到毫秒。用户可使用窗口中的预听部件对查询出的节目进行监听，对节目的播放时间和播放电平进行监测。

另外，查询窗口提供了打印功能，点击"打印栏目单"按钮，可打印查询结果。完成查询工作后，点击"退出"按钮，系统退回到编排站主界面。

3.5.2 当天可用模板的查询

当天可用模板查询是为了便于编排者在编排前查询当天可套用的模板。查询时可在编排站主界面点击"查询"按钮，然后在当天可用模板查询窗口中选择"当天可用模板"标签(如图 3—22)。

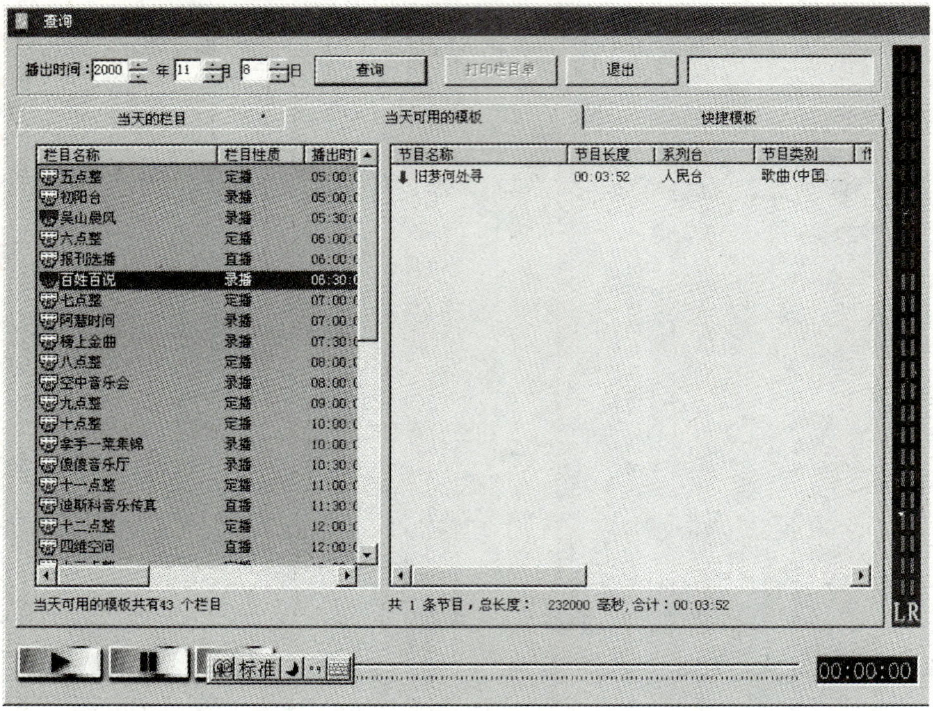

图 3－22 当天可用模板查询窗口

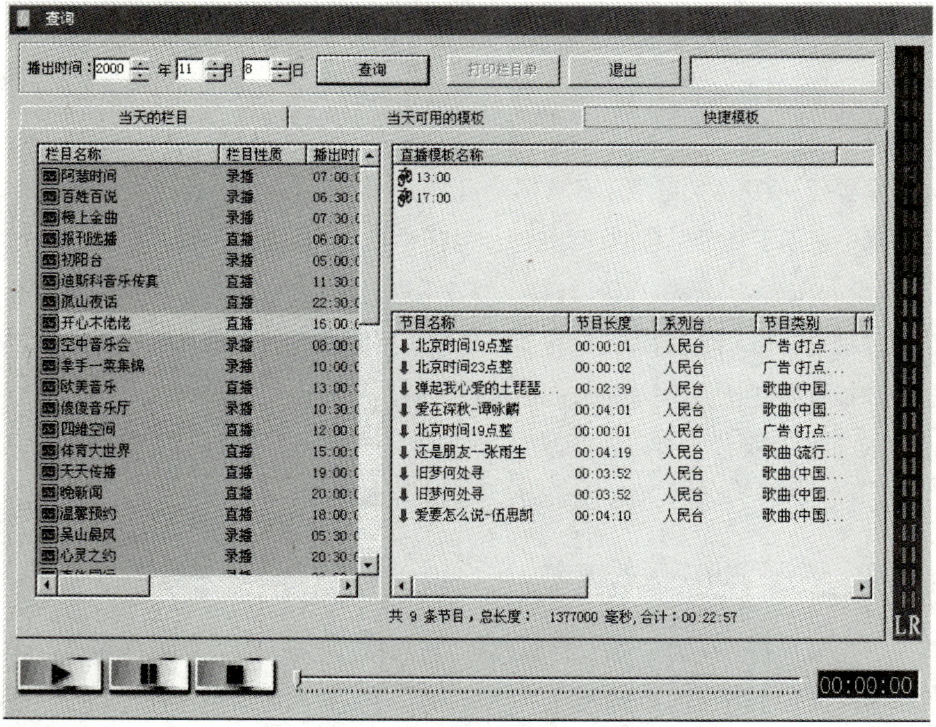

图 3－23 播出站快捷模板查询窗口

当天可用模板查询窗口与上述当天节目单查询窗口基本一致，使用方法也大致相同。不同之处在于，当天可用模板查询窗口左边显示框内显示的是所选日期内可用的模板，左边显示框内显示的是相应的编排内容。

3.5.3 播出站快捷模板的查询

播出站快捷模板查询是为了便于主持人在进直播室前对播出站的快捷模板进行查询、确认，以便在需要时及时编排更正。查询时可在编排站主界面点击“查询”按钮，然后在播出站快捷模板查询窗口中选择“快捷模板”标签(如图 3－23)。

播出站快捷模板查询窗口有三个主要显示区域。左边的显示框显示所有可供查询的栏目，选择后，右上方的显示框将会显示该栏目中所有的快捷模板。在图 3－23 所示的窗口中，所选栏目内共有两个快捷模板。选择要查询的快捷模板后，右下方的显示框将会显示编排内容。

Part 4

第4章

广播节目的自动化播出

学习要点

★播出工作站的基本操作

★导播提示工作站的基本应用

广播节目的自动化播出主要是由系统中的播出工作站实现的。用户只要将每天所要播出的节目、广告通过编排站和广告管理站编排成节目单和广告单，播出工作站就会根据当天所编排的节目单和广告单自动进行播出。图 4—1 所示为播出工作站的工作流程，它能够适应直播、录播、定时播出等各种情况，同时又具有插播功能，能满足临时改动节目播出的需要，从而极大提高了广播电台的工作效率和播出质量。

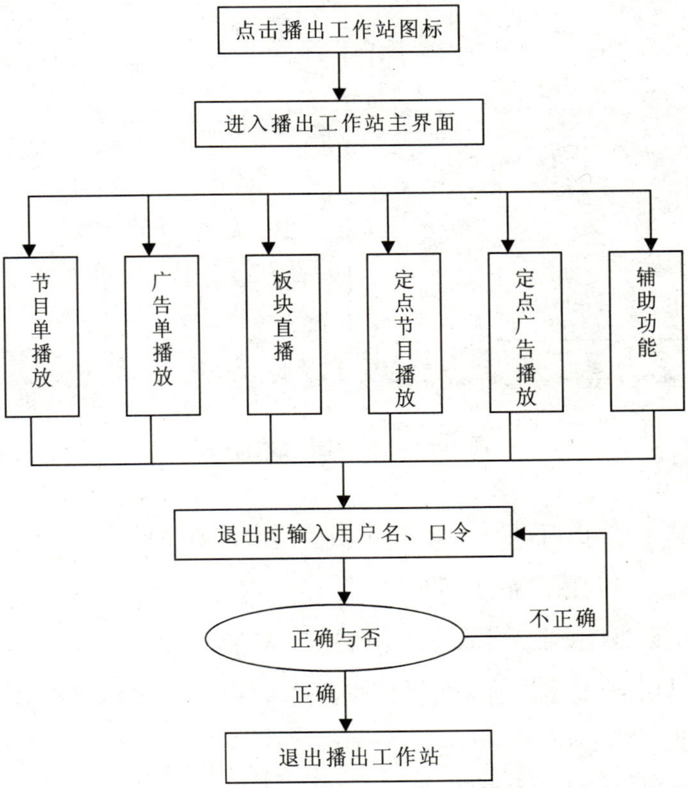

图 4—1　播出工作站主要工作流程

▶▶4.1　播出工作站简介

登录播出工作站和其他工作站有所不同，可以点击图标直接登录，无需输入用户名和口令。但是，在退出播出工作站时需要验证用户身份。这样设计的主要原因是，播出工作站运行后通常不能随意退出，除非是停机检修。图 4－2 所示为有两个播放通道的播出工作站主界面，如果只有一个播放通道，则右边第二通道的播放组件会自动隐藏。下面，分别对播出工作站主界面的各部分功能予以介绍：

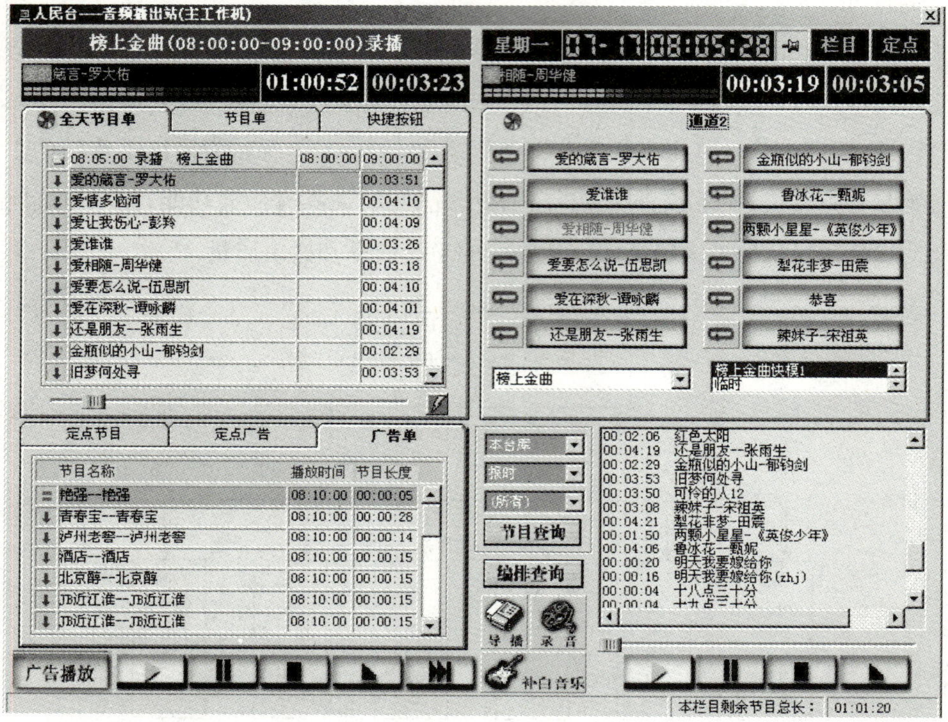

图 4－2 播出工作站主界面

（1）播出站状态：位于窗口最上端，显示当前播出站所属的系列台及其状态，图 4－2 所示为“人民台——音频播出站（主工作机）”。

（2）时间显示栏：显示播出当前节目单的星期、日期和时间。

（3）当前栏目显示：显示当前播出栏目的名称、起止时间和性质（直播、录播），图 4－2 所示为“榜上金曲（08：00：00—09：00：00）录播”。

（4）节目状态栏：显示当前播出节目的播放状态，包括节目名称、节目播放进度、节目声音电平、栏目剩余时间和节目已经播放（剩余）时间。其中，栏目剩余时间是指连续处于正常播放状态的节目时间，而节目已经播放时间是指当前正在播出的节目时间。点击该图标，显示会切换为当前正在播出节目的剩余时间，再次点击恢复为原来的显示。

另外，播出工作站主界面右下角也会显示本栏目剩余节目总长。有时，本栏目剩余节目总长会比上面显示的时间要长，因为它包括节目状态为暂停的节目（不包括跳过的节目）。

（5）节目播放状态：由节目列表最左侧的小图标显示。修改节目播放状态，可直接用鼠标点击图标。“向下箭头”的图标表示节目处于正常的播放状态，该节目可以自动播放；“等号”的图标表示节目处于暂停的播放状态，该节目不能自动播放，需要用户手动点击播放键播出；“叉号”的图标表示节目处于跳过的播放状态，系统播放到该节目时会自动跳过播放下一条节目。

（6）播放组件：播出工作站主界面有两个通道的播放组件。第一通道的播放组件用于控制普通节目和普通广告的播出状态，依次为普通广告播放键（只能控制普通广告播放），普通节目播放键、暂停键、停止键、淡出键和跳放键；第二通道的播放组件用于监听节目库（节目单）中的节目等，依次为播放键、暂停键、停止键和淡出键。

（7）节目播放进度：位于左上角节目单列表的下方，显示当前节目（不包括广告）播出进度。按住[Ctrl]键后，拖拽鼠标可调整节目播放进度。

（8）栏目状态设置：位于左上角，点击相应的图标可调整栏目状态设置，主要用于因特殊原因需要延长栏目时间。“栏目”图标和“定点”图标全为红色时，表示栏目处于全锁定状态。此时系统将一直播放栏目中的节目，不会播出任何定点节目和广告，直到再次点击图标解锁为止。解除锁定后，系统会根据解除锁定的时间自动选择进入相应时间的栏目。而全锁定时被挤占的下一栏目的定点节目和广告到达定点时间后，也不会播出。“栏目”图标为红色，“定点”图标为绿色时，表示栏目处于锁定状态而定点处于不锁定状态，这时栏目锁定期间的定点节目和广告仍会继续播出。

（9）当前播出指示器：图标为彩色“光盘”，所在位置即为当前播出的栏目。图4－2中，当前指示器位于全天栏目单上，说明当前节目正在该栏上播出。

（10）查找当前节目键：位于节目播放进度的右侧，可查找当前正在播出的节目的位置。

（11）普通未播广告提示：提示广告单中还有未播出的广告及其时间总长，便于实际工作中控制播出时间。

（12）导播提示：提示、查看导播提示工作站发过来的导播信息。如果有导播信息发过来，则相应图标将会闪烁，点击闪烁的图标即可查看导播信息。具体操作详见导播提示站有关介绍。

（13）自动补白：图标为“补白音乐”，仅用于录播栏目，不能用于直播栏目。在录播栏目中，如果在一定时间内（自动补白的最小时间可根据需要设定）无节目播出，补白音乐就会自动播出，以避免出现停播现象。播放补白音乐时，其图标会变为绿色，点击此图标即可停止播放。

(14)录音:录制正在播出的节目,分为三种状态:没有录音、等待录音和正在录音。在节目播放状态下,点击“录音”图标后会出现录制节目信息窗口(如图 4—3)。

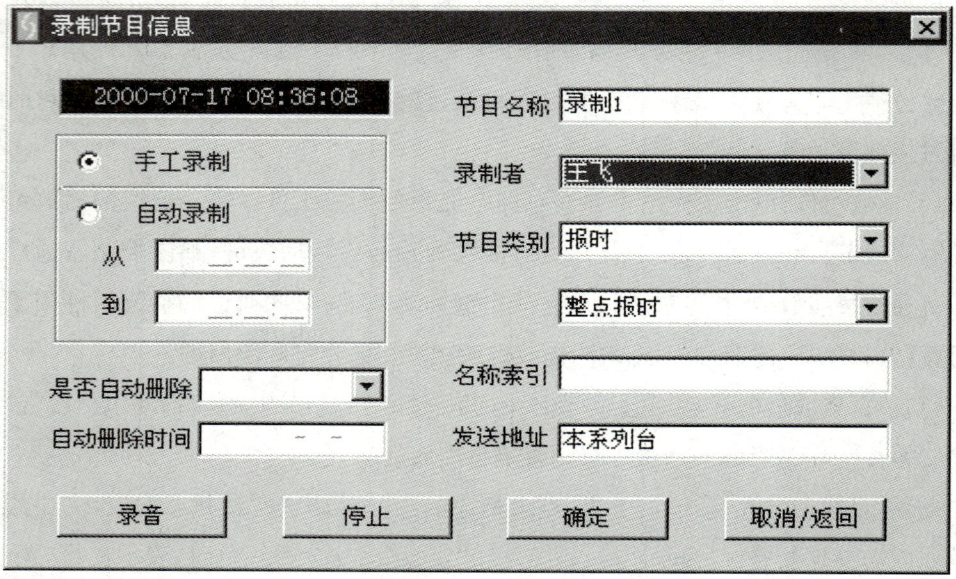

图 4—3 录制节目信息窗口

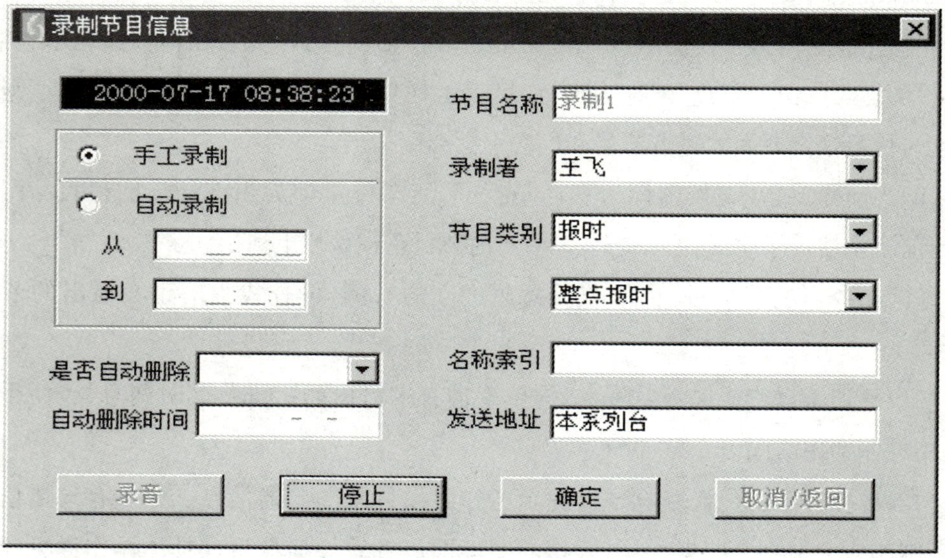

图 4—4 在录音状态下的录制节目信息窗口

录制分为两种情况,一种是手工录制,另一种是自动录制。选择手工录制时,用户应首先输入、选择声音文件的各项属性,然后点击“录音”按钮,系统会出现图 4—4 所示的窗口。如果要停止录音返回播出工作站主界面时,可直接在窗口中点击“停止”按钮。如果要连续录音，但又不希望录制窗口影响播出工作站主界面，可以点击“确定”按钮关闭相应的录制窗口。此时，播出工作站主界面上的“录音”图标将会变成“正在录音”的状态。如果要停止目前的录音状态，可直接按快捷键[S]，其图标也会恢复为原先的“录音”状态。

选择手工录制时，也可以在录制节目信息窗口中直接点击“确定”按钮，此时播出工作站主界面上的“录音”图标将会变成“等待录音”的状态。在需要录音的时候，用户可以直接使用快捷键[R]使之进入录音状态，其图标也会变成“正在录音”的状态。同样，在需要停止录音时，可以直接按快捷键[S]。

如果在录制节目信息窗口中选择“自动录音”，在输入、选择声音文件各项属性的同时，还要输入具体的录制时间，然后点击“确定”按钮返回播出工作站主界面。这样，当到达设置的开始录音时间后，系统会自动开始录音，其相应的图标也会从“录音”变成“正在录音”状态。到达设置的停止录音时间后，系统会自动停止录音，其相应的图标也恢复为原先的“录音”状态。

(15)循环播放：点击快捷按钮栏中的循环播放按钮，相应的图标会从蓝色变为粉色，再次点击可循环播放该按钮上的节目，直到手动点击播放组件中的停止按钮。

(16)编排查询：查询当天和次天的栏目(节目)编排，便于随时掌握播出情况。查询时，可在播出工作站主界面面中点击“编排查询”按钮，打开编排查询窗口(如图 4—5)。窗口中显示了当天和次天编排的栏目，以及各栏目中的节目编排情况。

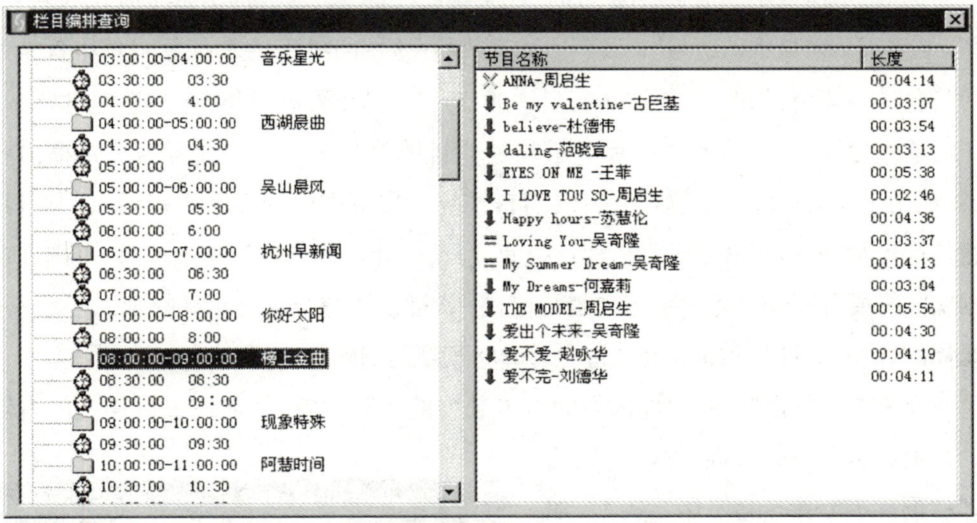

图 4—5　栏目编排查询窗口

4.2 播出工作站的播出操作

4.2.1 全天栏目单

打开播出工作站时，系统默认播出的是全天栏目单中的节目（如图 4－6）。全天栏目单显示当天所有已经编排好的栏目以及各栏目中的节目，节目所处状态由其背景颜色表示。其中，正在播放的节目背景色为土褐色，如图 4－6 所示窗口中的节目“EYES ON ME－王菲”；已经播放过的节目背景色为淡粉色，如图 4－6 所示窗口中的节目“ANNA－周启生”等；待（未）播放的节目背景色为淡青色，如图 4－6 所示窗口中的节目“I LOVE YOU SO－周启生”等；在全天栏目单中选定的节目背景色为浅蓝色，如图 4－6 所示窗口中的节目“HAPPY HOURS－苏慧伦”。

图 4－6 全天栏目单窗口

由前述可知，节目前的小图标显示的是节目播放状态。节目设置为正常播出状态时，一般用于无人值守的情况，如录播栏目，系统会按编排好的顺序进行播出；节目设置为暂停播出状态时，一般用于直播栏目中的节目，或者普通广告等其他节目，主持人可以根据实际需要合理安排播出顺序和播出时间；节目设置为跳过播出状态时，一般用于不需要播出，或者节目时间总长度超过栏目时间长度而删除的节目。

在全天栏目单窗口中，用鼠标右键点击其中的节目，会打开与该节目相关的右键菜单。其中，“预听”和“属性”选项可以使用，但“删除”选项不能使用。例如，如果在节目“Happy hours－苏慧伦”的右键菜单中选择“预听”，系统会打开该节目的预听窗口（如图 4－7）。点击窗口

图 4－7 选中节目的预听窗口

中的“播放键”，可使用单独的监听系统对节目进行预听；点击“返回主界面”，可返回播出工作站主界面。

如果在上述节目的右键菜单中选择“属性”选项，系统会打开该节目的属性窗口（如图 4－8）。点击“确定”按钮，系统即可返回播出工作站主界面。

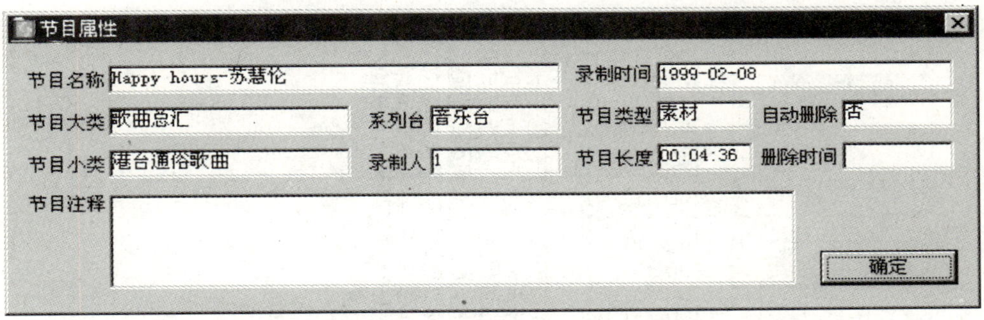

图 4－8　选中节目的节目属性窗口

可以使用播放组件，控制全天栏目单中的节目。对处于暂停播放状态的节目，可点击“播放键”，或者使用键盘右侧的[0/Ins]键对其进行播放。对处于正在播放状态的节目，可点击“暂停键”，或者使用键盘右侧的[. /Del]键停止其播放。点击“淡出键”，系统可在设定的淡出时间内逐渐停止节目播放；点击“跳放键”，系统会立即跳至下一条播出状态正常的节目进行播放。

4.2.2　节目单

节目单是指当前栏目编排的所有节目。打开节目单，可在“全天栏目单”的右侧点击“节目单”标签，便于查看栏目中要播放的节目（如图 4－9）。

图 4－9　当前栏目节目单

可根据实际需要，对节目单中的节目进行添加和删除操作。在节目单中添加节目时，首先要用到播出工作站主界面中的查询功能，包括快速查询和节目查询两种。图 4—10 所示为播出工作站主界面中的快速查询模块，其中系列台选择框中选择的是“本台库”，节目大类别选择框中选择的是“报时”，节目小类别选择框中选择的是“所有”（默认），这样右边的节目列表中就会显示符合查询条件的节目。

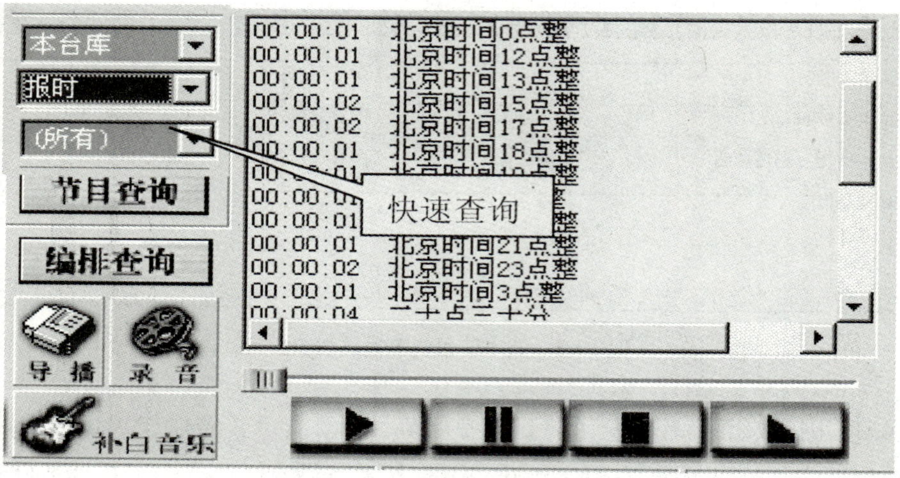

图 4—10 快速查询功能

在播出工作站主界面中使用“节目查询”功能时，可点击快速查询下方的“节目查询”按钮，系统会弹出节目查询窗口（如图 4—11）。如果选择跟上述相同的查询条件，查询结果也会和快捷查询相同。不管采用哪种查询方式，查询出的节目都可以使用节目列表下方的播放组件进行预听。

图 4—11 节目查询窗口

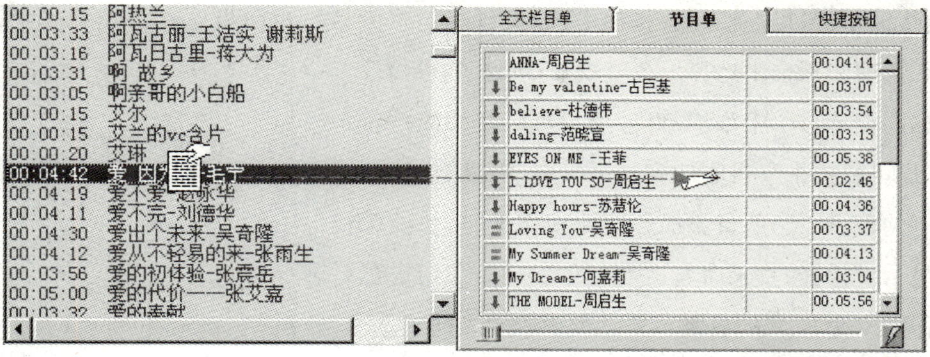

图4—12 在节目单中添加查询的节目

在节目单中添加查询出的节目，可以采用鼠标拖拽的方式。如图4—12所示，在查询的节目列表中选择节目“爱因为你一毛宁”，添加时，只需将该节目拖拽到图4—9所示的节目单中即可。需要注意的是，这里的添加操作并没有将节目添加到节目数据库中，而只是作为临时播放使用。

在节目单中删除选择的节目，可用鼠标右键点击要删除的节目，然后在右键菜单中选择“删除”选项。不过，对于已经播出和正在播出的节目，不能进行删除操作。类似于全天栏目单，节目单内的节目右键菜单中也有“预听”和“属性”两个选项，其功能和操作方式与前述情况完全相同，所以可以参照前面的介绍。

另外，节目单中节目的其他操作和全天栏目单也大致相同，只是播放功能的快捷键有所不同。在节目单中，播放节目的快捷键为键盘右侧的[一]键或[5]键。

4.2.3 快捷按钮

在播出工作站主界面中打开快捷按钮窗口，可在节目单的右侧点击“快捷按钮”标签（如图4—13）。

快捷按钮中的节目可以在编排站中编排好，如图4—14中所示的快捷模板“榜上金曲快模1”，也可以在播出工作站中临时添加。添加节目

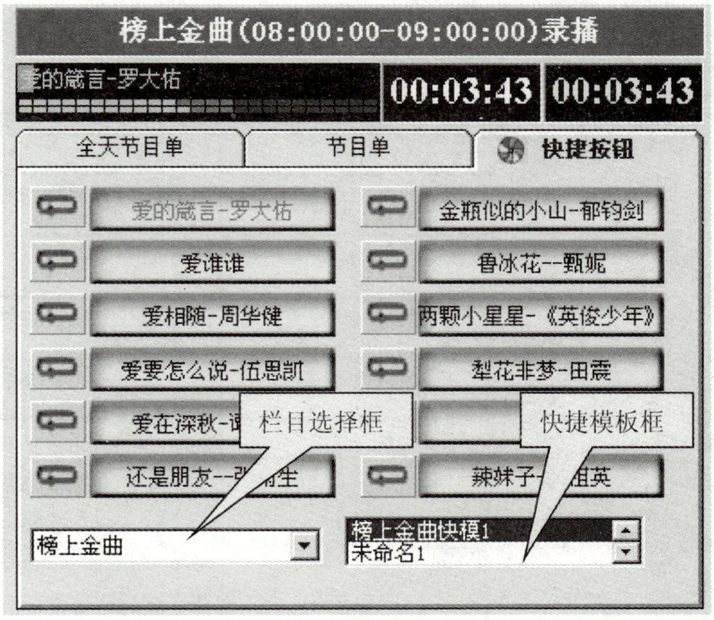

图4—13 快捷按钮窗口

（新建快捷模板）可在栏目选择框中选择当前栏目（默认），也可以选择添加下一个栏目，然后在快捷模板框中选择一个空模板（如图 4－14）。

如同在节目单中添加节目，用户可以在快捷按钮中添加节目，也可直接把节目添加到已经存在节目的快捷按钮上覆盖原有的节目。当节目添加到快捷按钮上时，快捷模板框中就会显示模板名为“未命名 1”（如图 4－13）。用鼠标右键点击，打开“未命名 1”的右键菜单。菜单中包含两个选项，分别是“删除”和“更名”。选择“删除”选项，可删除刚添加的模板。选择“更名”选项，则出现模板改名窗口（如图 4－15）。在窗口中，可以直接输入重新命名的模板名称，点击“确定”按钮，系统返回快捷按钮窗口（如图 4－16）。

图 4－14 在快捷模板框中选择空模板

图 4－15 模板改名窗口

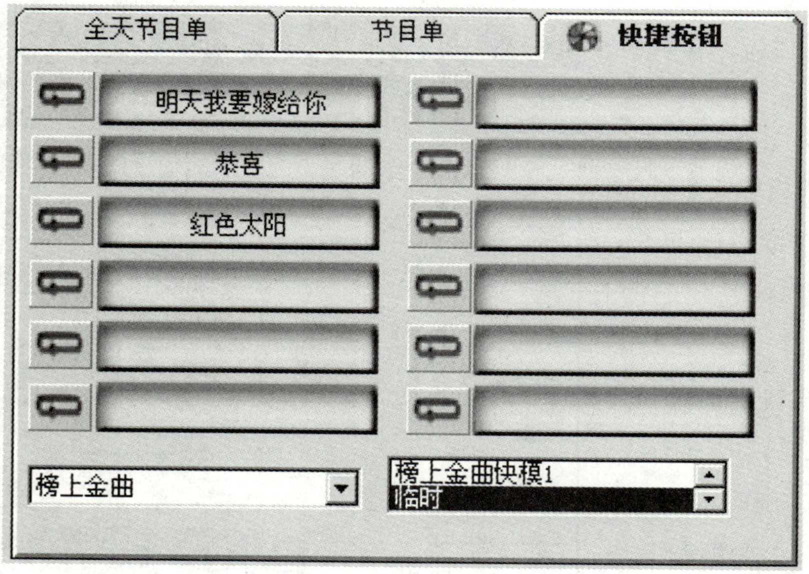

图 4－16 重新命名的快捷模板

添加在快捷按钮上的节目,可通过直接点击的方式进行播放。如果点击快捷按钮前循环键,将会循环播放此按钮代表的节目,直到手动停止播放。需要注意的是,应在相应的节目播出之前点击循环键,否则操作将不起作用。节目播出后,可以点击播放组件中的暂停键、停止键和淡出键对正在播出的节目进行操作。此时,跳放键将不起作用。

4.2.4　定点节目

定点节目是指对节目播放时间进行了预设的节目,预设的时间一般为整点或半点。图 4—17 所示窗口中,节目"北京时间 8 点整"预设为 08∶00∶00 播出。

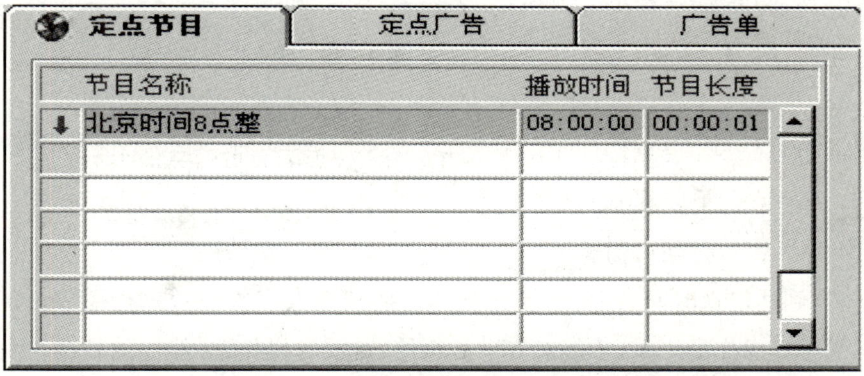

图 4—17　定点节目显示窗口

在播出定点节目前,系统都会在当前播放栏目显示框中进行闪烁提示(如图 4—18)。提示时间可由用户设置,当到达定点时间后,系统就会自动切换到定点节目(栏)进行播放。

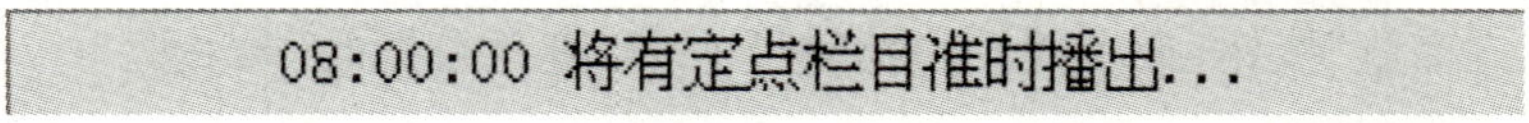

图 4—18　定点节目播放提示

需要注意的是,定点节目拥有最高的播出优先级。在同一时间内,定点节目可以打断任何当前正在播出的节目和广告,而且不受手动操作的影响,完全自动播出和结束。也就是说,如果某个栏目中正在播出的节目遇到定点节目,播放组件中的暂停键将被自动按下。在直播栏目中,定点节目播完后,原来播出的节目将仍处于暂停状态,需点击播放组件中的暂停键才能继续播出。而在录播栏目中,定点节目播完后,系统会自动恢复原来节目的播出。

4.2.5 定点广告单

定点广告是指对广告播出时间进行了预设的广告，分为定点前和定点后两种。系统会根据定点广告的时间总长自动设置适当的播放时间，而无需人工计算广告时间。如图 4－19 所示，系统设置定点前广告的播放时间为 08：56：33。

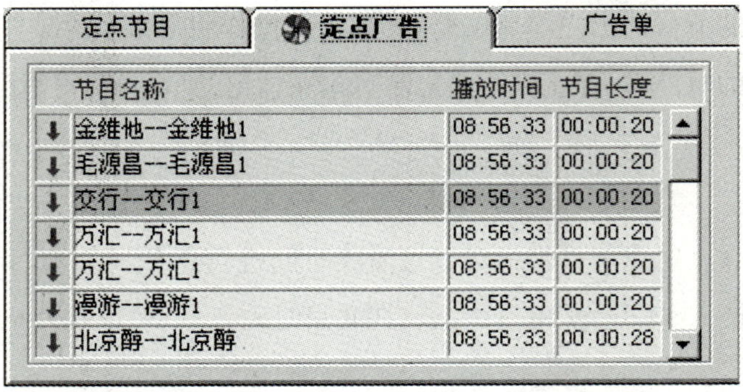

图 4－19　定点广告显示窗口

图 4－20　定点广告播放提示

同定点节目一样，定点广告播出前，系统也会予以提示（如图 4－20）。提示时间可由用户设定，当到达定点时间后，系统就会自动切换到定点广告（栏）进行播放。定点广告的播放不受手动操作的影响，不能对其进行暂停、跳放等操作，一经播放就会一直播放完为止。

4.2.6 广告单

广告单中的广告是指普通广告，在播出工作站主界面点击“广告单”标签，可打开广告单显示窗口（如图 4－21）。窗口中显示的广告需要手动操作才能进行播放，可点击窗口下方的“广告播放”按钮，或者使用快捷键[F12]和键盘右侧的[＋]键。

广告单中的广告播放后，不能中途停止或者暂停。如果需要播出其他节目而停止广告播出，应首先将下一条广告设置为暂停播出状态。这样，当前广告播放完毕后，到达设置为暂停状态的广告时才能停止广告播放。对于未播出的广告，系统会自动予以监视，并在播放组件的下方进行提示（如图 4－21）。

广告的播出优先级要高于普通节目，即在普通节目播放过程中，只要点击“广告播放”按钮就可播放广告。

4.2.7 第二通道的快捷按钮

在上述介绍的播出工作站的主要功能中，除了部分节目的预听功能要使用第二通道（第二块声卡），其他操作均是使用第一通道（第一块声卡）。第二通道显示窗口位于播出

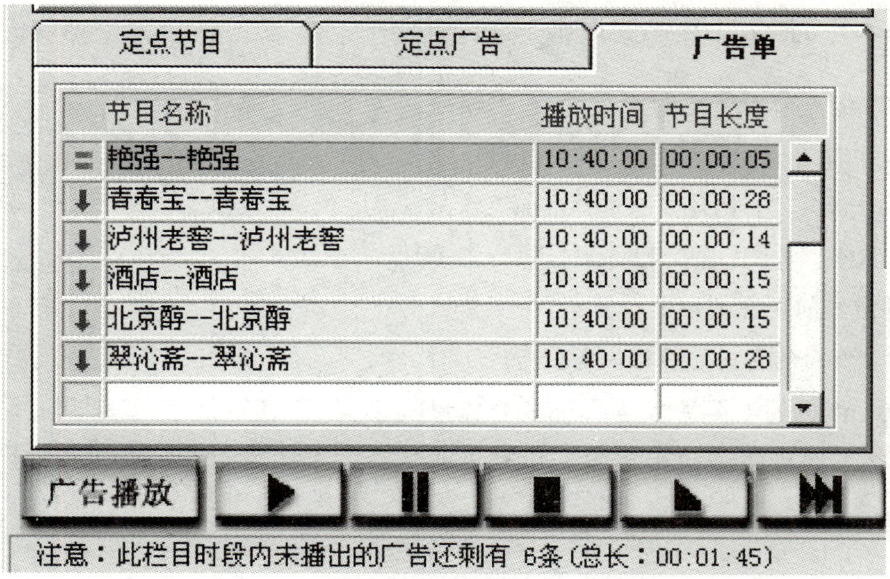

图 4—21　广告单显示窗口

工作站主界面的右上角(如图 4—22)。第二通道的快捷按钮和前述的快捷按钮功能完全相同,对第二通道快捷按钮的修改也会影响前述快捷按钮,反之亦然。如果播出工作站只使用一块声卡,则第二通道快捷按钮将和前述快捷按钮使用同一播放组件进行播放控制。如果播出工作站使用两块声卡,则第二通道使用其下方的播放组件进行播放控制。

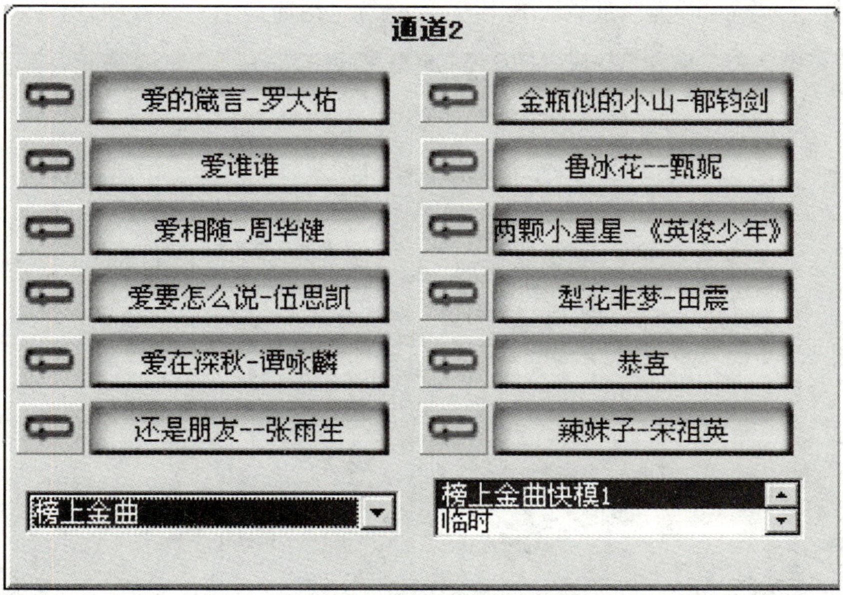

图 4—22　第二通道显示窗口

4.2.8 播出工作站的退出

为了保证节目播出的安全性，在退出播出工作站时需要验证用户名称和用户口令(如图 4—23)。另外，还要求选择当前工作站的工作状态，即主工作机和备工作机。主工作机是指当前正在使用的计算机，备工作机是指主工作机的备份计算机。备工作机实时检测主工作机的工作状态，如果主工作机停播，则备工作机将自动接替主工作机进行播出。

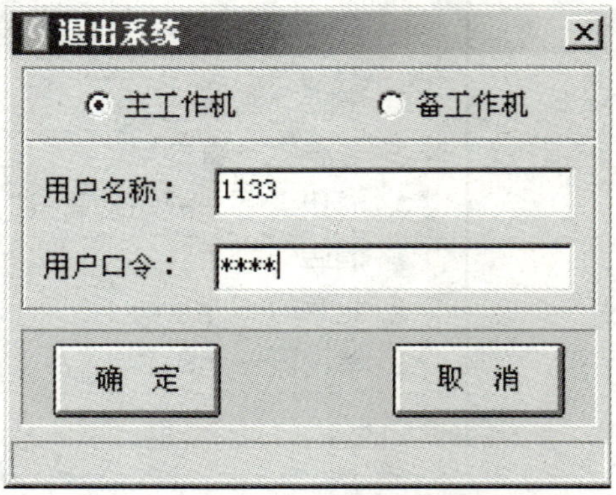

图 4—23 播出工作站退出窗口

4.3 导播提示站

导播提示站主要用于向播出工作站提供辅助信息。通常，用于提示主持人的导播信息包括热线电话、天气预报、交通信息和导播与主持人之间的交流信息。导播提示站的路径必须设置为导播提示站发送信息的目的播出站的路径。点击导播提示站的图标后，可进入导播提示站主界面。缺省设置下，显示热线电话窗口中的内容(如图 4—24)。

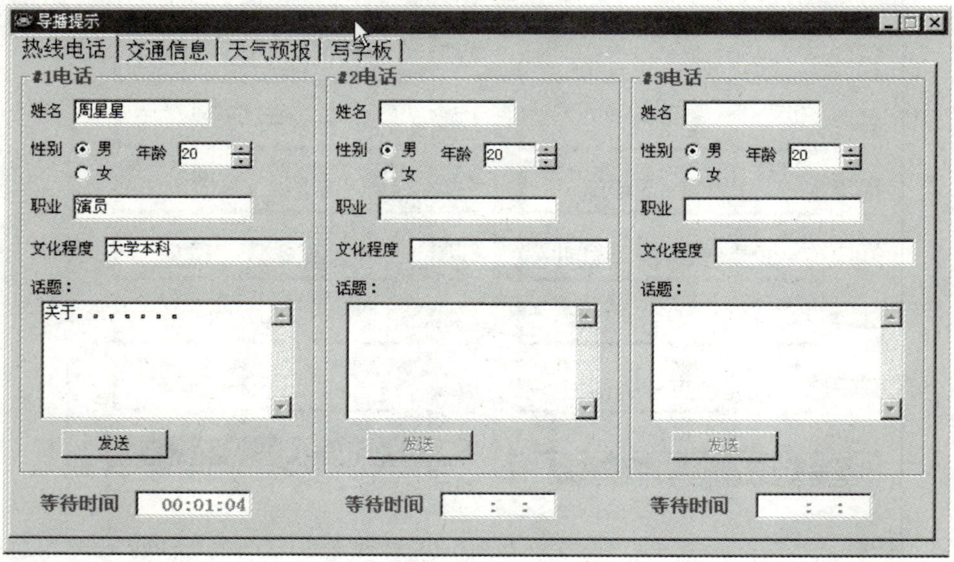

图 4—24 导播提示站主界面

热线电话多用于某些听众参与的直播栏目。导播接听到听众的热线电话后，可以在热线电话窗口中输入热线听众的资料，然后点击“发送”按钮将其发送到相应的播出工作站。此时，播出工作站的导播提示开始闪烁。主持人点击闪烁的图标，就会打开导播发送的导播信息窗口（如图 4—25）。这样，主持人便可从信息中了解热线听众的相关资料，对热线参与者有大致了解。

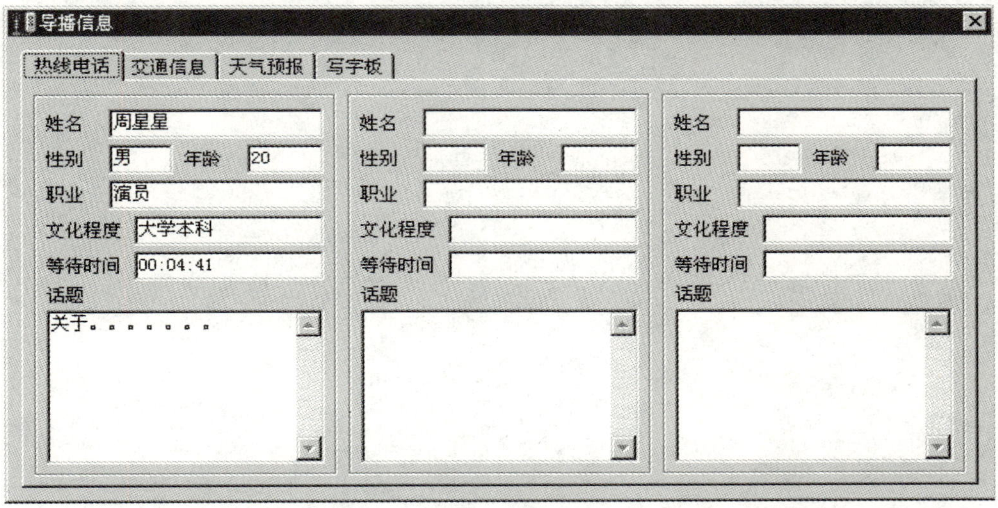

图 4—25　导播信息窗口

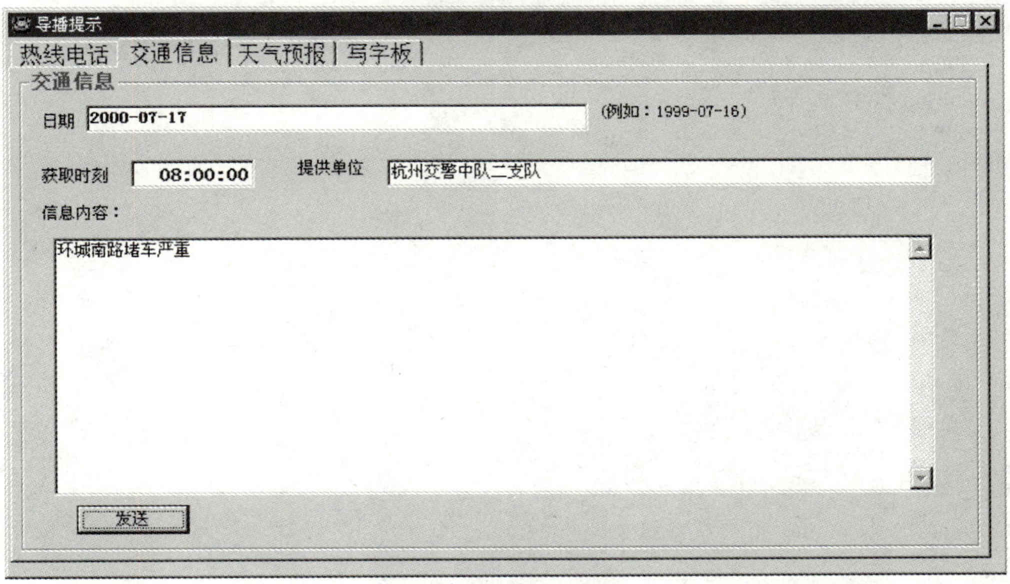

图 4—26　交通信息窗口

交通信息和天气预报也是广播节目经常要发布的信息。以交通信息为例，导播在接收到各种途径发送过来的交通信息后，便可以在导播提示站主界面点击“交通信息”标签，打开交通信息窗口（如图 4—26）。在交通信息窗口中，导播填写信息的日期、获取时刻、提供单位和信息内容以后，点击“发送”按钮将其发送到播出工作站。这样，主持人便可以用上述方法查看信息，并根据节目播出情况实时播放交通信息。

导播提示站的另一个窗口就是写字板。写字板主要用于主持人和导播之间的信息交流，以便主持人能够实时了解导播意图。其操作方法与上述的热线电话等完全一致，此处不再予以介绍。

Part 5

第5章

自动化播出系统的管理

学习要点

- ★管理工作站上的用户管理
- ★管理工作站上的栏目管理
- ★总管理工作站上的基本功能

▶▶5.1　管理工作站简介

管理工作站是自动化播出系统正常运行的重要保证，其主要功能是完成系统中节目设置、栏目设置、栏目单编排、模板设置、人员设置和系统管理的工作，其主要工作流程如图 5—1 所示。

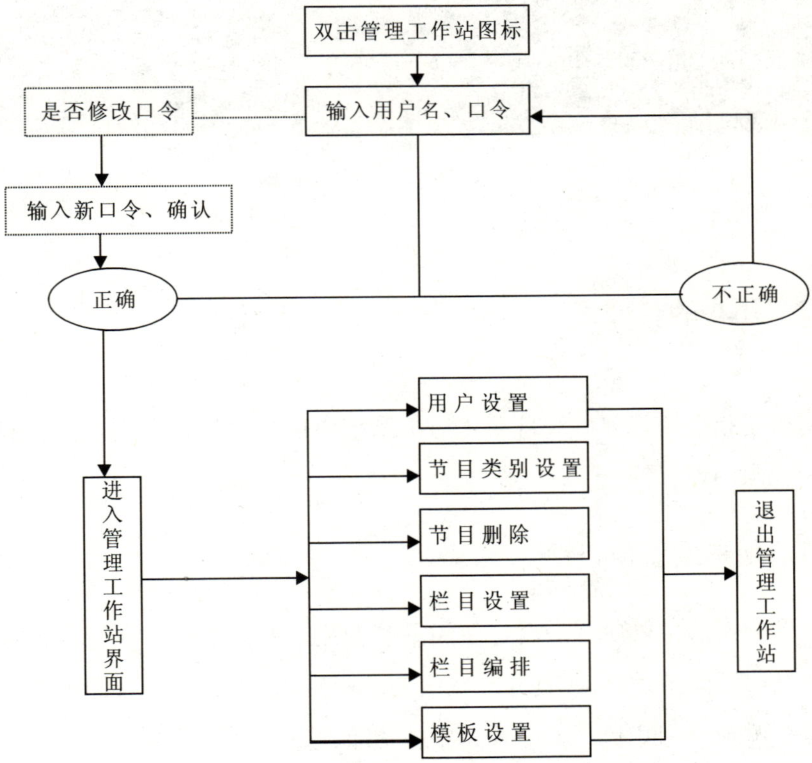

图 5—1　管理工作站主要工作流程

登录管理工作站，可直接点击管理工作站的图标，然后进行用户身份验证。系统通过用户的身份验证后，打开管理工作站主界面(如图 5—2)。主界面核心内容是右侧的菜单栏，其中包含了管理工作站所有的功能菜单。这些菜单是管理工作站的一级菜单，点击这些菜单后，系统会打开其相应的二级菜单。

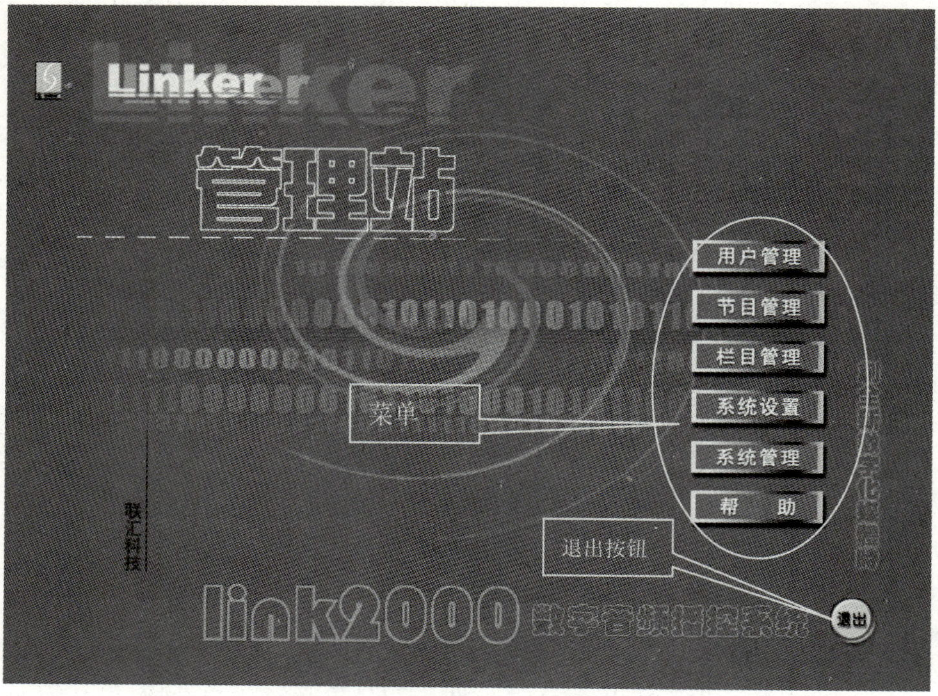

图 5—2 管理工作站主界面

▶▶ 5.2 用户的管理

用户管理是指系统管理员对自动化播出系统中的用户进行管理，包括用户的添加、删除和用户权限的设置等。

5.2.1 用户设置窗口

用户设置窗口的主要功能是设定使用系统的用户及其权限。在管理工作站主界面中点击“用户管理”菜单，然后在打开的二级菜单中点击“用户设置”，即可打开普通用户设置与权限分配窗口（如图 5—3）。窗口中各功能、选项说明如下：

(1)新用户：增加新用户，但不能增加已经存在的用户。

(2)保存：保存增加的新用户信息，如果不保存则增加无效。

(3)删除：删除不需要的用户。

(4)新建组：新建权限组，在权限组下可以添加各种权限。

(5)修改组：修改已经存在的权限组的各种权限。

(6)删除组：删除不需要的权限组。

(7)用户代码:是指系统管理员指定给新增用户的代码,可用于登录系统内的各种工作站。通常,为了便于用户登录工作站,代码一般使用数字。

(8)用户描述:是指对用户的描述性文字,一般设置为用户姓名,便于在用户登录时核对代码与使用者的一致性。

(9)隶属:是指系统管理员为用户规定的所属系列台,也就是用户在哪个系列台具有权限。

(10)拥有的权限:是指系统管理员给予用户的系统操作权力,一个用户在不同的系列台中可以拥有不同的权限。

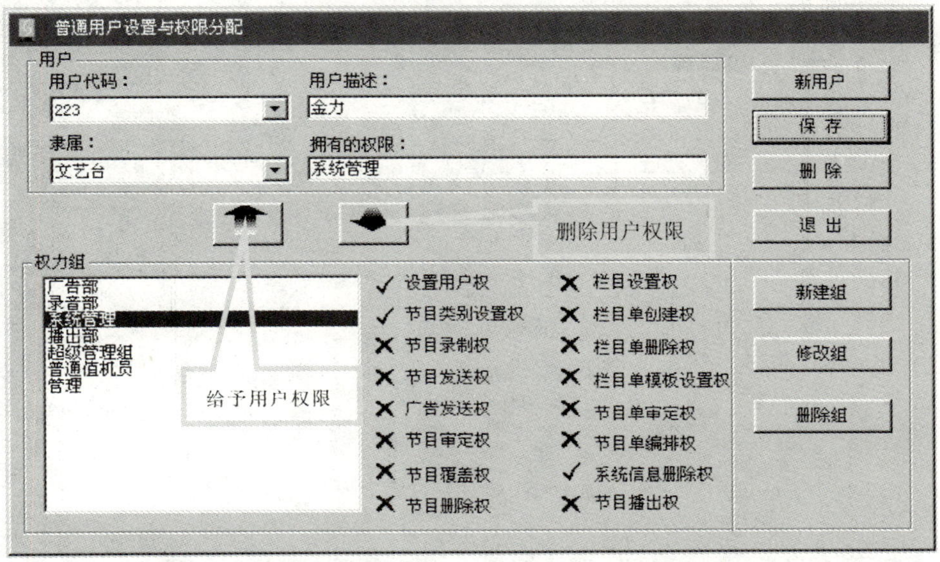

图 5—3　普通用户设置与权限分配窗口

5.2.2　用户的添加与删除

在系统中添加新用户时,可在普通用户设置与权限分配窗口中点击“新用户”,打开新用户添加窗口(如图 5—4)。

图 5—4　新用户添加窗口

在新用户添加窗口中输入用户代码,点击“确定”按钮,系统即可返回新用户设置窗口(如图 5—5)。可在用户描述文本框中输入用户姓名,在隶属选择框中选择用户所属的系列台。需要注意的是,如果用户描述文本框中没有信息输入,窗口中的“保存”按钮将为灰色，处于不能使用的状态。

为添加的用户分配权限时，可在窗口左下侧的“权力组”中进行选择，例如选择“管理”。这样“拥有的权限”框中就会显示“管理”，表明新增的用户在系统中拥有管理组的权限。此时，新用户设置窗口中的“键 A”和“键 B”将由灰色变为黑色，表明该功能键已经被激活，点击“保存”按钮即可完成添加用户的工作。如果希望添加的用户也能够登录其他系列台，可以重复上述操作步骤并保存。

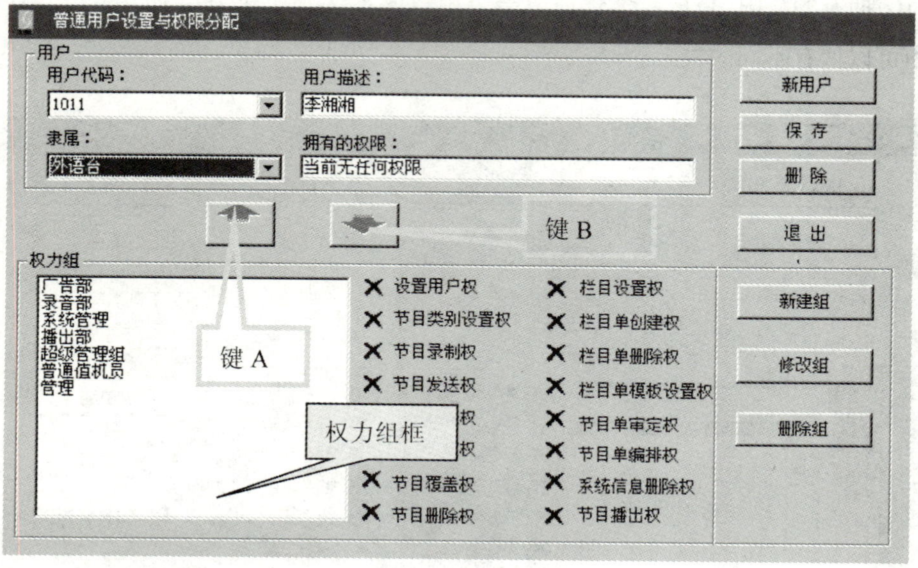

图 5—5 新用户设置窗口

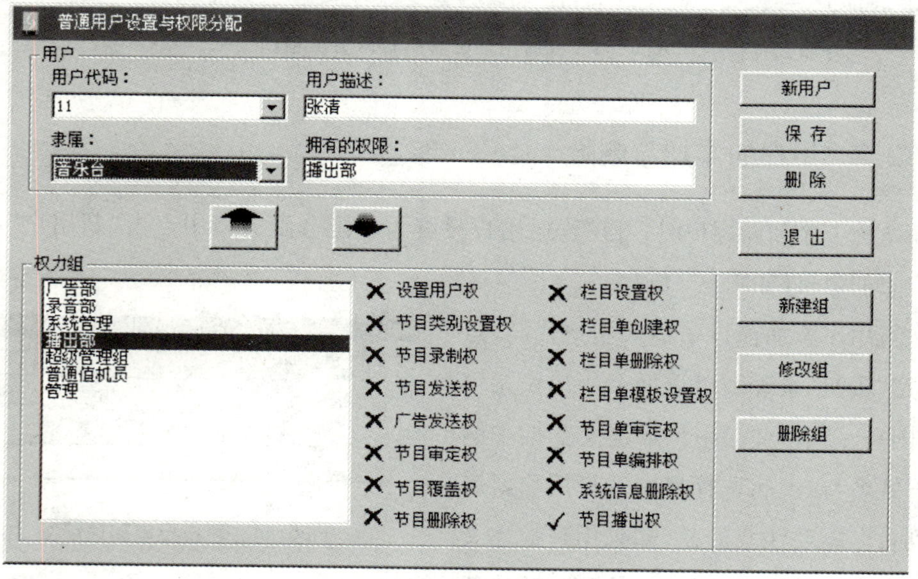

图 5—6 删除用户的系列台权限

删除用户分为两种，一种是删除用户在某个系列台的权限，另一种是删除整个的用户代码。选择删除用户在某个系列台的权限时，可首先在上述的普通用户设置与权限分配窗口选择要删除的用户，即在“用户代码”框中选择要删除的用户代码。如图 5－6 所示，选择的用户代码为“11”。然后，在“隶属”选项框中选择要删除权限的系列台。如图 5－6所示，选择的系列台为“音乐台”。选择后点击“键 B”即可删除用户在音乐台的权限，再点击“保存”按钮即可完成整个的权限删除工作。但是，如果除了音乐台外，用户还拥有其他系列台中的权限，则在其他系列台中的权限仍然有效。

选择删除整个的用户代码，也就是在系统中删除该用户。可以按照上述方法选择要删除的用户代码，经过确认后，直接点击窗口中的“删除”按钮，系统将会弹出删除用户的确认窗口（如图 5－7）。点击“是(Y)”即可把选择的用户在整个自动化播出系统中删除，用户也不能登录任何一个系列台。

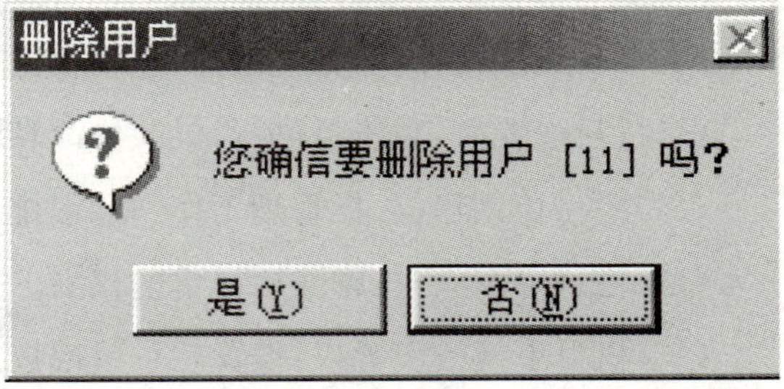

图 5－7　删除用户的确认窗口

5.2.3　权力组的设置

在普通用户设置与权限分配窗口中，可以根据实际需要设置权力组，包括权力组的添加、修改和删除。添加新的权力组时，可在窗口的右侧点击“新建组”按钮，系统将会出现添加权力组的授权窗口（如图 5－8）。窗口中的“权力组描述”文本框用于输入所添加权力组的名称，通常为具有权力代表性的名称，如审定组、录制组、编排组等，如图 5－8 所示窗口中输入的为“审听组”。窗口中的“授权”部分用于给添加的权力组分配权限。例如，给添加的审定组分配节目审定权、节目单审定权和节目单编排权时，可分别在相应权限前的小方框内打“√”，然后点击“确定”按钮完成添加审听组的工作。“授权”部分中的各种权限分别描述如下：

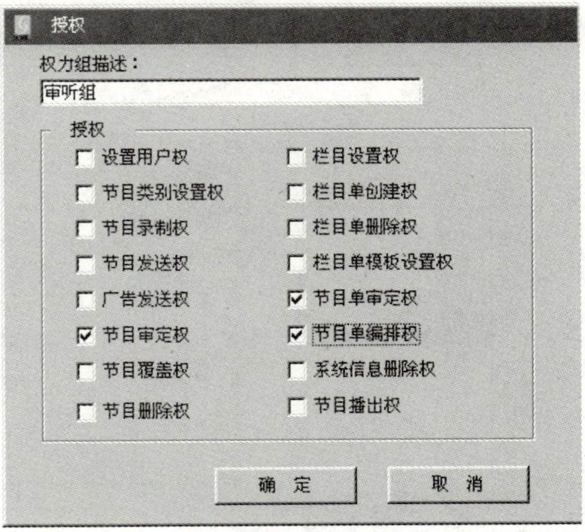

图 5－8　权力组授权窗口

(1)设置用户权:管理、设置用户的权限。

(2)节目类别设置权:设置节目类别的权限。

(3)节目录制权:登录录制工作站进行节目制作的权限。

(4)节目发送权:在录制工作站向所属系列台发送节目的权限。

(5)广告发送权:在录制工作站向所属系列台发送广告的权限。

(6)节目审定权:在审听工作站审定临时素材,在录制工作站直接向素材库发送节目的权限。

(7)节目覆盖权:覆盖其他人员,包括自己录制的节目的权限。

(8)节目删除权:删除其他人员,包括自己录制的节目的权限。

(9)栏目设置权:对栏目进行添加、修改和删除操作的权限。

(10)栏目单创建权:在管理工作站和编排工作站创建栏目单的权限。

(11)栏目单删除权:删除栏目单的权限。

(12)栏目单模板设置权:设置栏目单模板的权限。

(13)节目单审定权:对需要审定的节目单进行审定的权限。

(14)节目单编排权:编排节目单的权限。

(15)系统信息删除权:在管理工作站删除系统信息的权限。

(16)节目播出权:在播出站进行正常退出操作的权限。

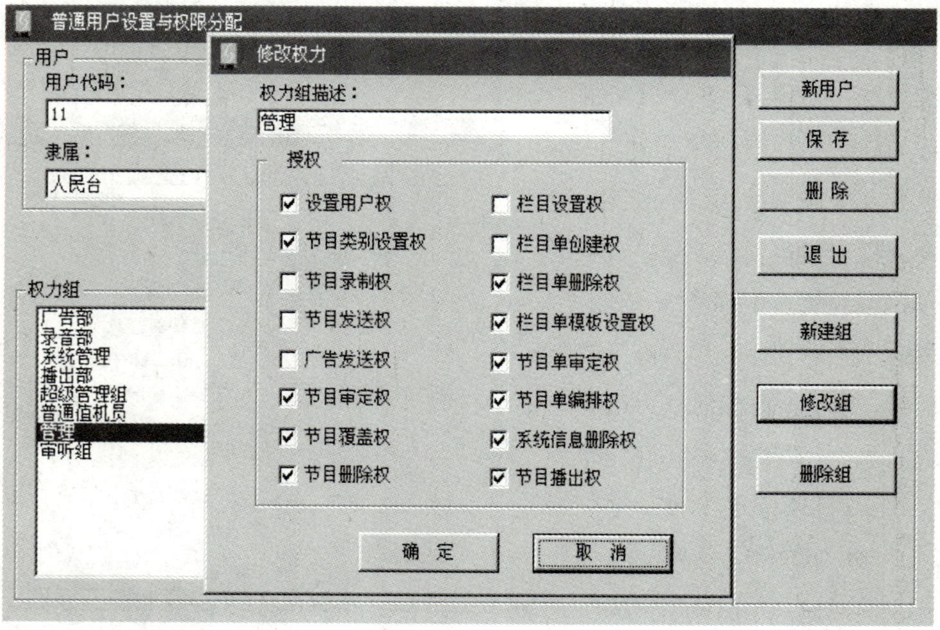

图 5—9 权力组权限修改窗口

系统设置的权力组的权限并不是固定不变的，可根据需要修改权力组的权限。修改权力组的权限时，可在“权力组”框中选择要修改的权力组，然后点击窗口右侧的“修改组”按钮，系统将打开权力组权限修改窗口（如图5—9）。该窗口类似于权力组授权窗口，可用上述同样的方法为权力组增加权限。删除权力组已经具有的权限时，可取消相应权限前的“√”，点击“确定”按钮即可完成权力组的权限修改工作。

也可以根据需要，删除系统设置的权力组。可在“权力组”框中选择要删除的权力组，然后点击“删除组”按钮，系统将会打开删除权力组的确认窗口，点击“是(Y)”按钮即可完成删除权力组的工作（如图5—10）。需要注意的是，如果删除的权力组有其他用户正在使用，则删除权力组的操作将使这些用户失去相应的权限。因此，对于删除权力组的操作应当慎重使用。

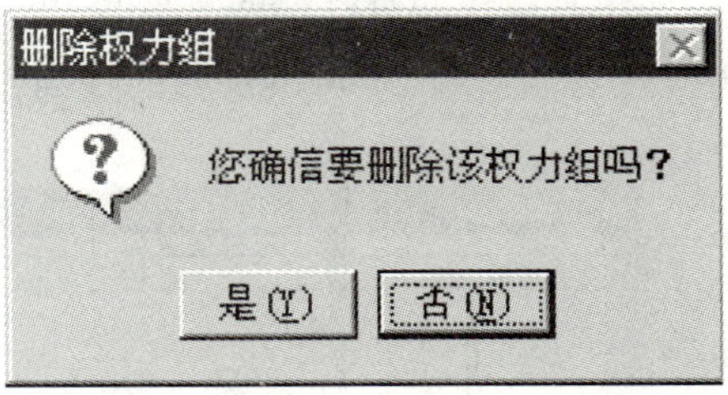

图5—10　删除权力组的确认窗口

5.2.4　重新登录

重新登录是指管理员在不退出管理工作站的情况下，更换用户名重新登录。可在用户管理菜单中点击“重新登录”，然后在出现的登录窗口中进行身份验证（如图5—11）。需要注意的是，在重新登录时，用户不能进行修改登录密码的操作。

图5—11　重新登录窗口

5.3　节目的管理

节目管理是对节目进行直接、有效的管理，以便更好地对节目库进行维护，具体包括节目查询、节目删除和节目修改。

5.3.1 节目的查询

打开节目查询窗口，可在管理工作站主界面中点击“节目管理”按钮，然后在菜单中选择“节目查询”选项（如图 5—12）。在节目查询窗口中，可以查询本台及其他公共系列台的所有节目。节目查询窗口提供了多种查询方式供用户选择，同时也支持模糊查询。

在节目查询窗口查询节目时，可点击其中的“查询”按钮，打开节目查询输入窗口（如图 5—13）。窗口中可供选择的查询方式有十二种，包括按节目库（系列台的节目库）、节

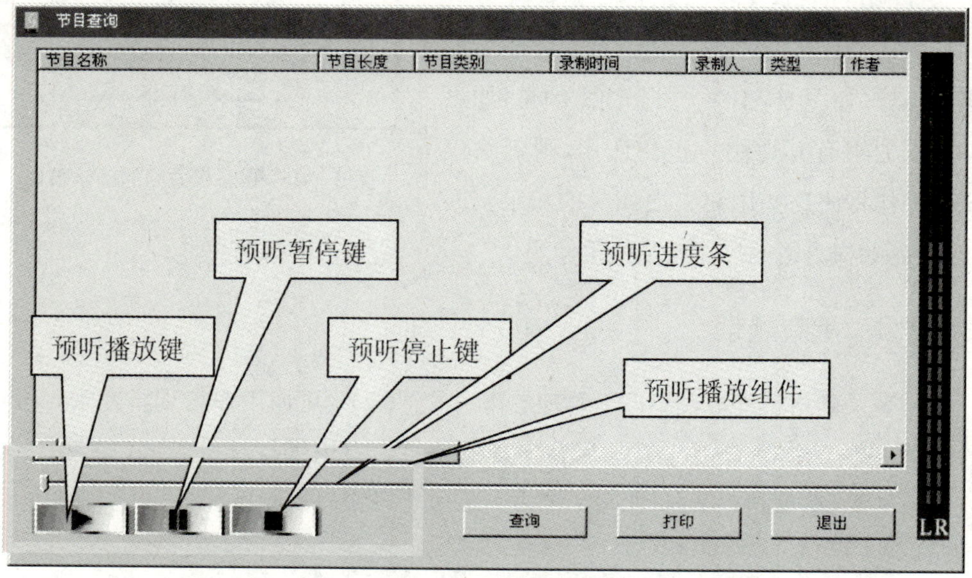

图 5—12 节目查询窗口

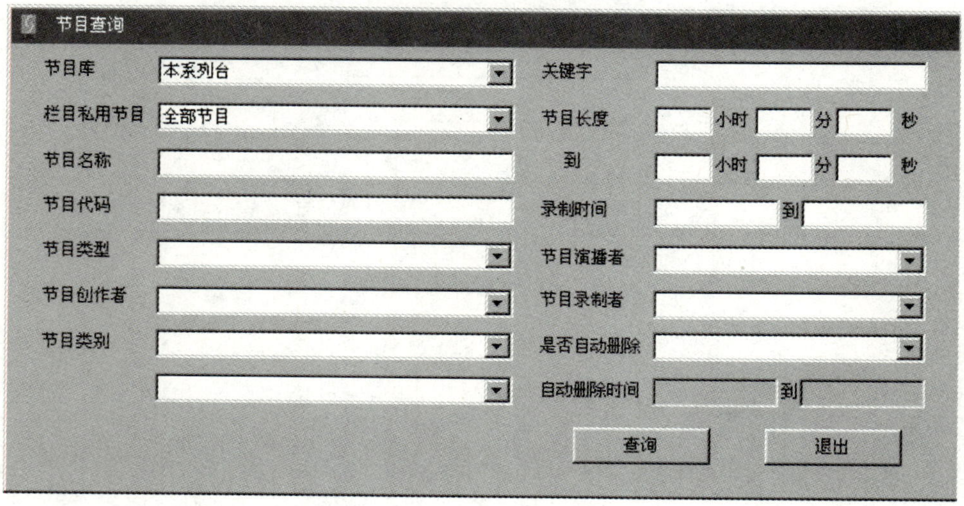

图 5—13 节目查询输入窗口

目名称、节目代码、节目类型、节目创作者、关键字、节目类别(包括节目大类和小类)、节目长度(节目的长度范围)、录制时间、节目演播者、节目录制者和自动删除时间查询。

例如,在节目库中输入"本系列台一音乐台",在节目类型中输入"素材",在节目类别(大类)中输入"歌曲总汇",在节目类别(小类)中输入"中国歌曲",在节目长度中输入"00 小时 03 分 00 秒"到"00 小时 05 分 00 秒",点击"查询"按钮后,节目查询窗口中就会显示按照查询条件查询出的节目(如图 5—14)。可以使用窗口下方的播放组件预听查询出的节目,并显示节目播放进程。需要注意的是,如果在点击"查询"按钮前没有输入任何查询条件,则将查询出节目库中的所有节目。

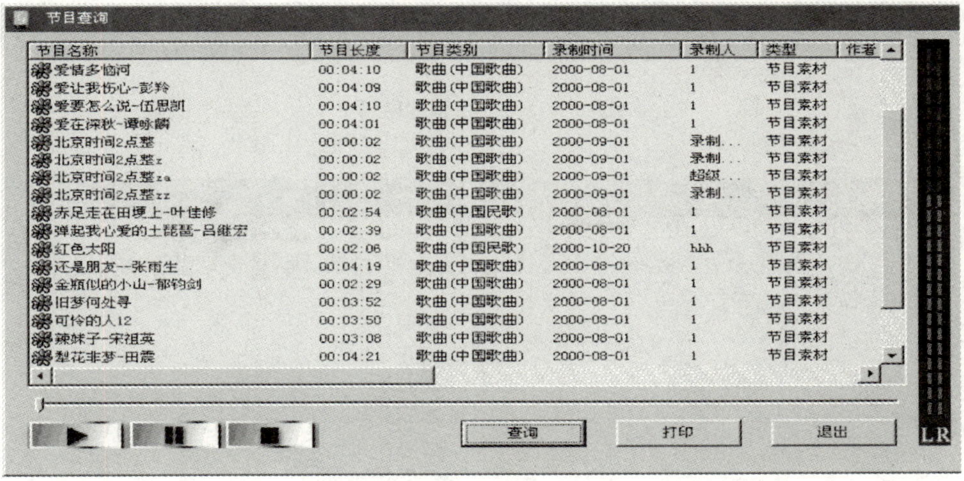

图 5—14　按照查询条件查询出的节目列表

5.3.2　节目的删除

管理工作站中的节目删除功能是为了删除过时或者不再使用的节目,以节省系统硬盘的存储容量。进入节目删除窗口,可在管理工作站主界面点击"节目管理"菜单,然后在出现的菜单中选择"节目删除"选项(如图 5—15)。

在节目删除窗口中删除不需要的节目时,应首先使用上述方法进行节目查询,但此时查询的应是要删除的节目。节目删除的方法有三种,分别为:

(1)选择删除:删除所有被选中的节目。用户可通过[Ctrl]和[Shift]键对要删除的节目进行选择,在窗口中点击"选择删除"按钮,然后在弹出的删除确认窗口点击"是(Y)",即可完成节目删除的操作。点击"否(N)",则会取消节目删除的操作。

(2)自动删除:删除有自动删除标志,并且已经到自动删除时间的节目。用户可在窗

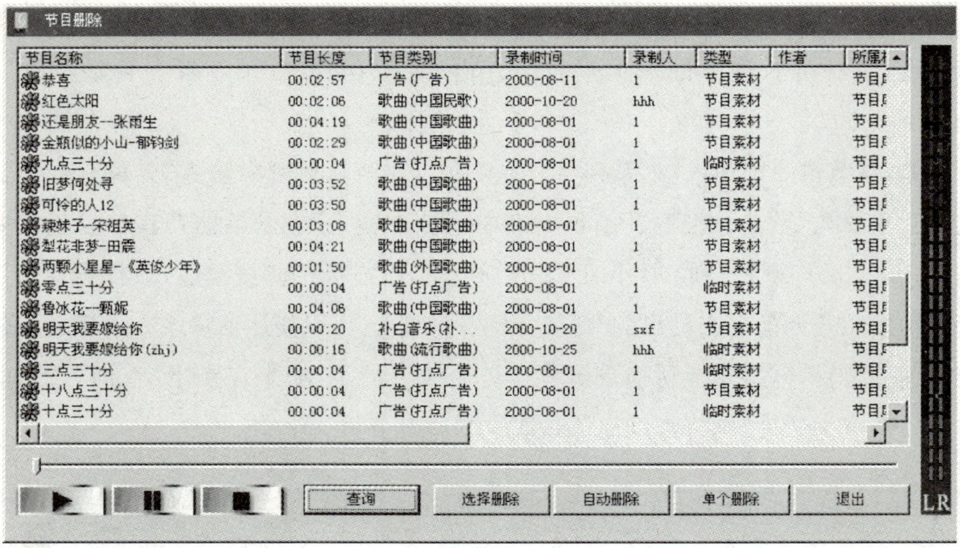

图 5—15　节目删除窗口

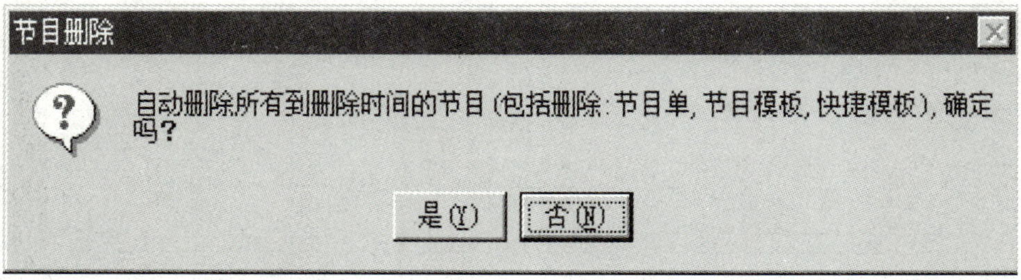

图 5—16　自动删除节目的确认窗口

口中点击“自动删除”按钮,然后在弹出的删除确认窗口中点击“是(Y)”(如图 5—16)。需要注意的是,已经到自动删除时间的节目仍然可以使用,但如果被删除则不能恢复使用。

(3)单个删除:逐个删除被选中的节目。用户可在选择要删除的节目后点击“单个删除”按钮,然后在弹出的删除确认窗口中点击“是(Y)”按钮(如图 5—17)。

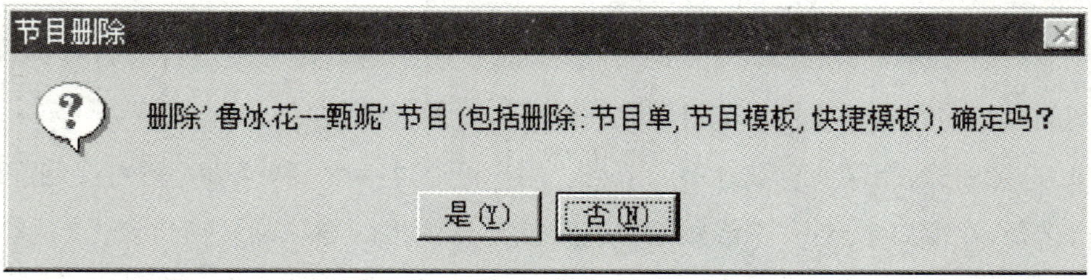

图 5—17　单个删除节目的确认窗口

5.3.3　节目的修改

节目修改功能主要是修改节目的各项属性，包括节目名称、节目代码、节目创建者、节目录制者、节目关键字、节目类别和节目演播者等。打开节目修改窗口，可在管理工作站主界面中点击“节目管理”菜单，然后在出现的菜单中选择“节目修改”选项。节目修改窗口的功能按钮主要有两个，分别是“查询”和“修改”(如图 5—18)。

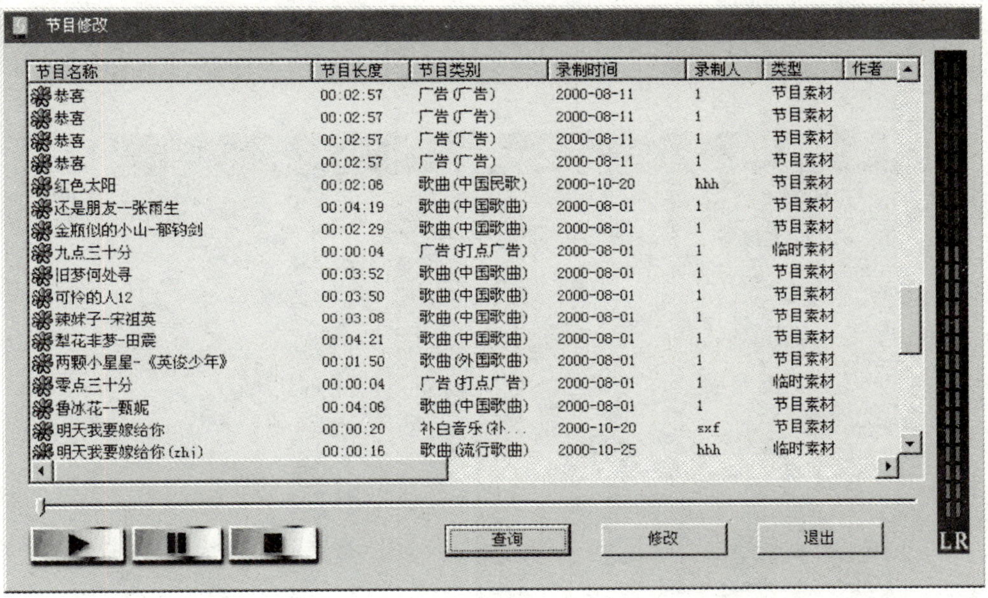

图 5—18　节目修改窗口

用户可用上述方法查询要修改的节目，然后在查询出的节目列表中具体选择要修改的某个节目，选择后点击窗口中的“修改”按钮，即可打开修改节目信息窗口。如图5—19所示，窗口中将节目“还是朋友—张雨生”的节目类别(小类)修改为“流行音乐”。用户也可根据需要选择、修改节目的其他属性，修改完毕后点击“确定”按钮即可完成节目修改工作。

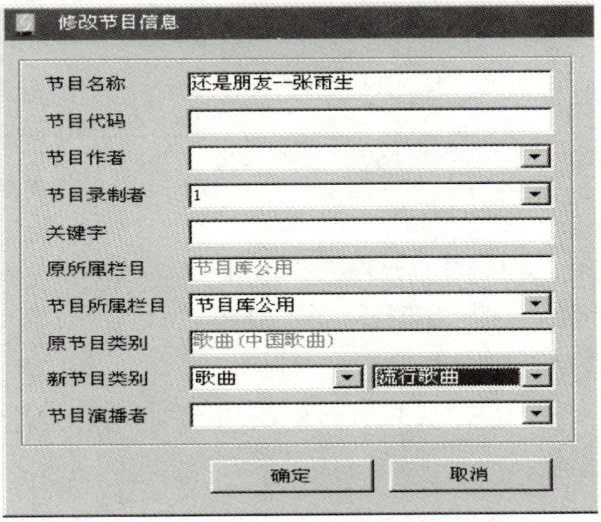

图 5—19　修改节目信息窗口

5.4 栏目的管理

栏目管理功能主要是通过对栏目进行设置、查询等操作，对栏目进行便捷、高效的管理。

5.4.1 栏目的编排

栏目编排是栏目管理的主要内容之一。用户可在管理工作站主界面中选择“栏目管理”，然后在出现的菜单中选择“栏目编排”选项，即可打开栏目编排窗口（如图 5－20）。

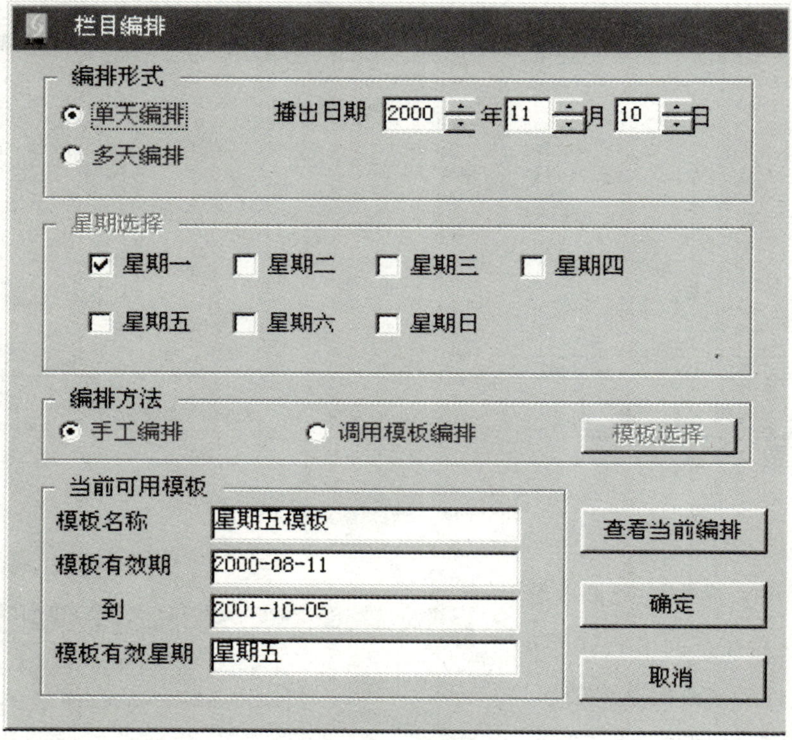

图 5－20 栏目编排窗口

栏目编排的主要功能是编排每天要播放的栏目单，使系统按照编好的栏目单顺序进行播放，多是用于特殊日期的编排（例如各种节假日和重大事件发生时），或者成批量的编排工作。

从编排形式上看，栏目编排有两种形式，分别为单天编排和多天编排。单天编排是指每次编排一天的栏目单，用户可在编排形式框右侧的“播出日期”中输入要编排栏目单的日期，系统默认的播出日期是第二天（如图 5－21）。多天编排是指一次编排多天的栏目，用户可在编排形式框右侧的“播出日期”中输入要编排栏目单的时间范围（如图5—22）。

图 5—21　选择单天编排的栏目编排形式

图 5—22　选择多天编排的栏目编排形式

选择多天编排时，编排形式框下方的星期选择框将被激活（如图 5—23）。在星期选择框中，用户可对上述栏目编排的时间范围进行进一步定义。例如，在星期一、星期二、星期三和星期日前面的选择框中打“√”，表示在上述时间范围内，栏目编排将仅应用于每个星期的这四天。

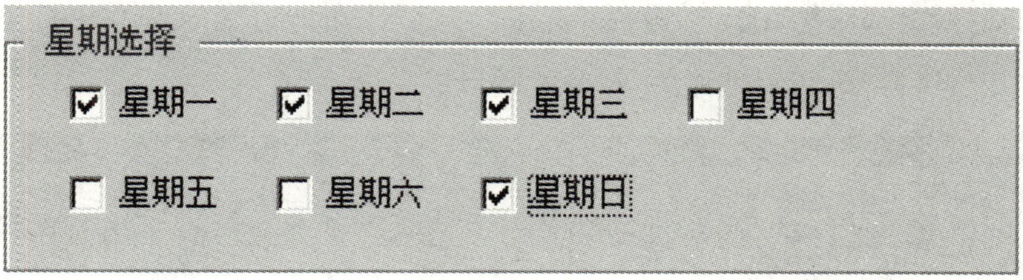

图 5—23　星期选择窗口

从编排方法上看，栏目编排有两种方法，分别为手工编排和调用模板编排。手工编排是指用手工方式把栏目的每项编排到栏目单中，通常用于编排特殊日期的播出栏目单；调用模板编排是指在编排栏目单时选择、套用事先设置好的栏目单模板，可以在一定程度上提高栏目编排的工作效率。

另外，在星期选择窗口的右下角，有一个“查看当前编排”按钮。其功能是查询要编排的日期是否已有编排，或者编排的内容是否符合要求（如图 5—24）。

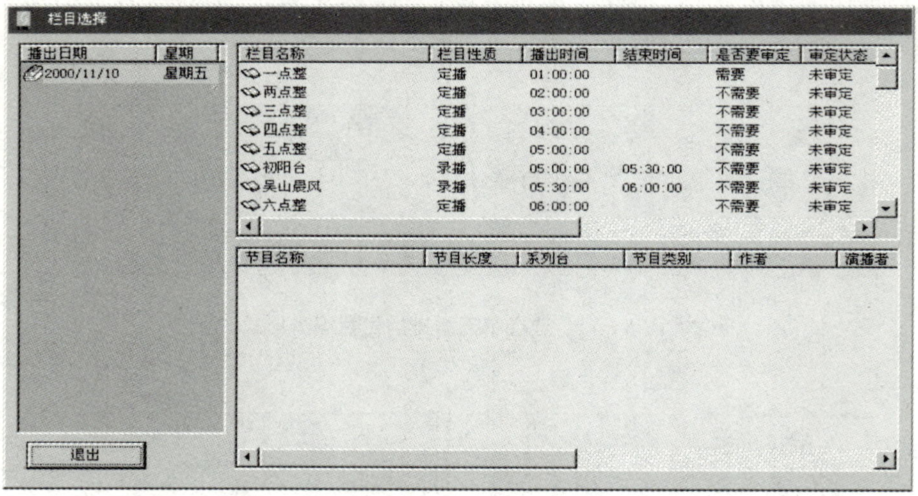

图 5－24 查看当前编排窗口

选择手工编排时，用户可根据需要选择适当的编排形式。两者只是在时间设置上有所不同，其他操作完全一致。以单天编排为例，用户在设置日期后即可点击“确定”按钮，系统将会弹出栏目编排窗口（如图 5－25）。缺省设置下，显示普通栏目单编排窗口。窗口的左侧是栏目库中的栏目列表，右侧是已经编排的栏目，中间是栏目编排的功能按钮。编排栏目时，可首先在栏目库中选择要编排的栏目，然后点击“添加”按钮，将其添加到右边正在编排的栏目单中，点击“删除”按钮，可删除已经编排的栏目。重复上述操作，将一天要播放的栏目全部添加、编排完毕后，点击“确定”按钮即可完成普通栏目单的编排工作。窗口中定点栏目单的编排方法，与普通栏目单完全一致。

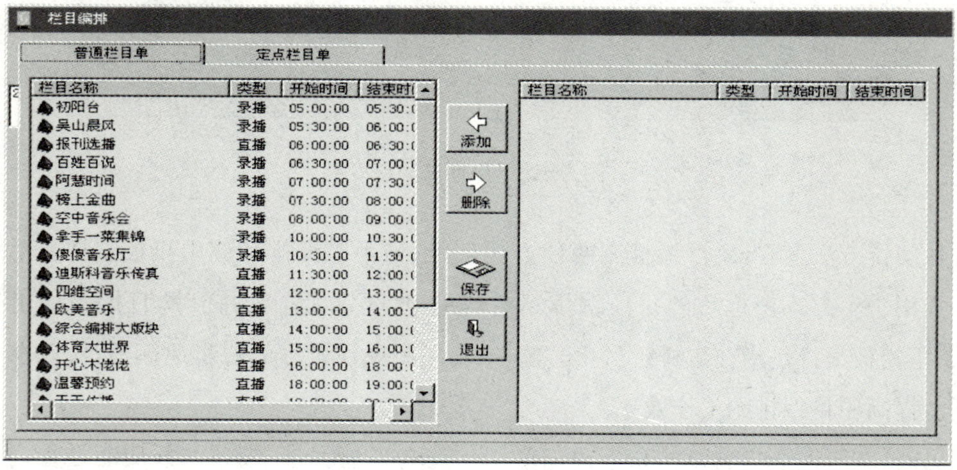

图 5－25 普通栏目单编排窗口

栏目选择调用模板编排时，应首先选择栏目编排使用的模板。为了方便使用，模板选择是根据每周七天划分的。缺省设置下，“当前可用模板”框中显示与播出日期相对应的模板，图 5－20 所示为星期五模板。用户可以直接点击“确定”按钮，使用该模板进行栏目编排。如果需要使用其他模板，可以在“编排方法”的右侧点击“模板选择”按钮，然后在出现的模板选择窗口中选择其他模板(如图 5－26)。与手工编排不同，使用调用模板编排方式打开的编排窗口中，已经编排的栏目列表中会显示模板下编好的栏目(如图 5－27)。用户可以直接使用，也可以在此基础上进行适当的修改。

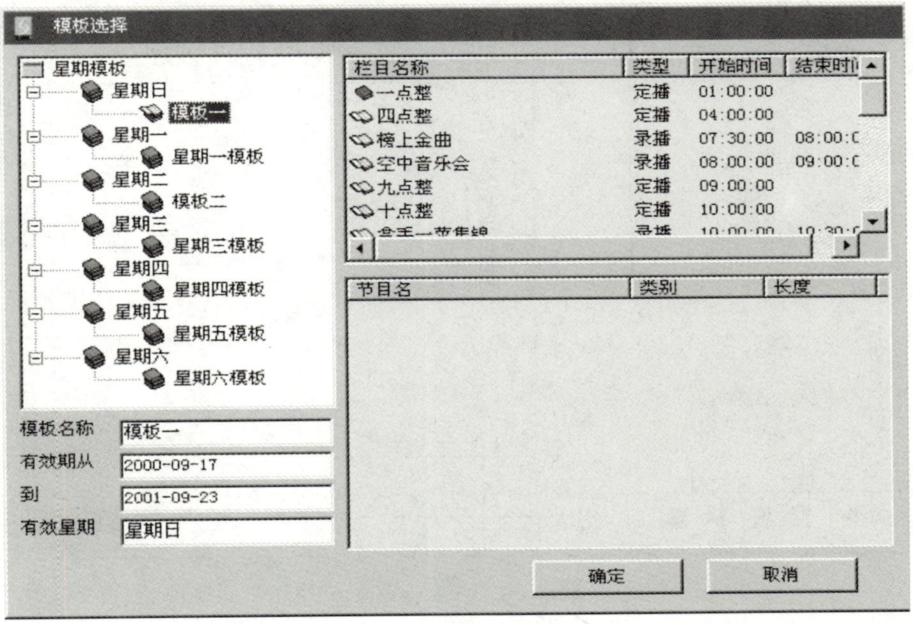

图 5－26 模板选择窗口

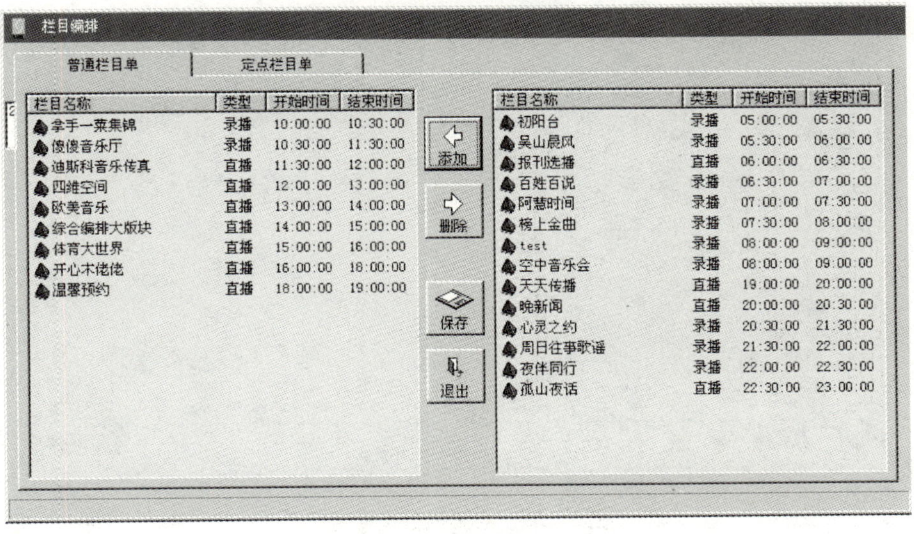

图 5－27 选择模板下的栏目编排窗口

5.4.2 栏目的查询

栏目查询是栏目管理的另一主要内容，其主要功能是查询任意日期的栏目编排、模板使用和快捷模板。打开栏目查询窗口，可在管理工作站主界面中选择“栏目管理”，然后在出现的菜单中选择“栏目查询”选项(如图 5—28)。

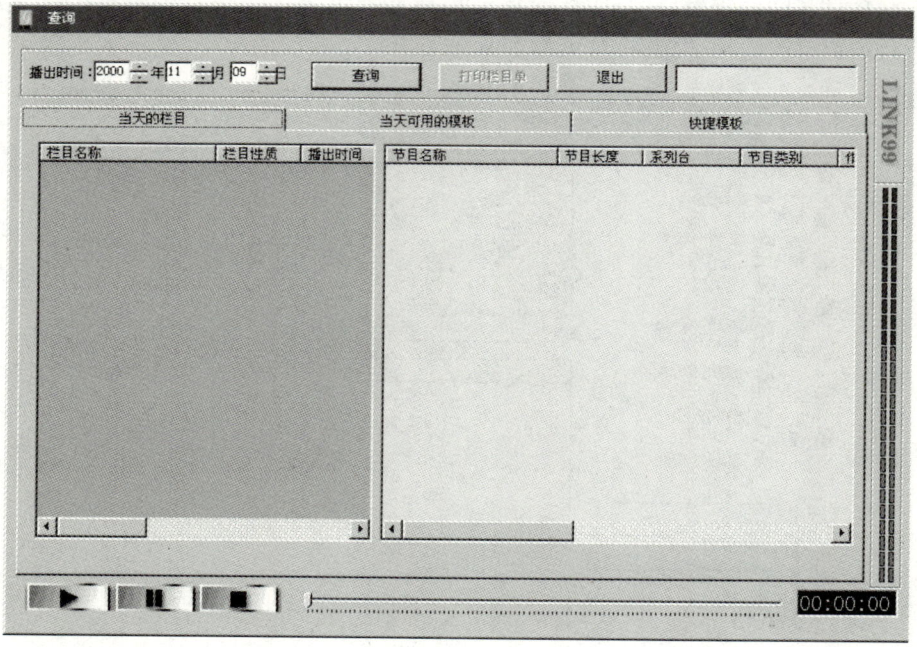

图 5—28　栏目查询窗口

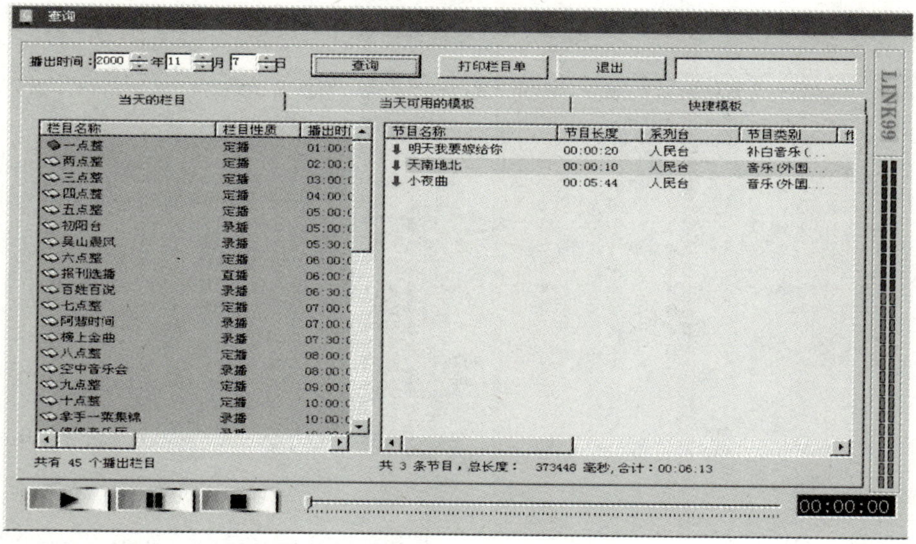

图 5—29　当天栏目查询窗口

栏目查询窗口主要由三部分组成，分别为“当天的栏目”、“当天可用的模板”和“快捷模板”。

(1)当天栏目查询：在“当天的栏目”中查询普通栏目单时，应首先在左上角的“播出时间”中输入要查询的日期，然后点击“查询”按钮(如图 5—29)。在左侧的栏目列表中，如果有具体的节目，则其前方的图标会显示为合起来的红色的书。用鼠标点击该栏目，右边的节目列表中就会显示栏目中已经编排的节目，并且节目列表下方会显示这些节目相应的提示信息，包括条目数和节目时间长度。用户可以使用窗口下方的播放组件对选择的节目进行预听，同时还可以查看节目进度和节目电平。

(2)当天可用模板查询：可在栏目查询窗口中选择“当天可用的模板”标签，选择适当的播出日期，然后点击“查询”按钮(如图 5—30)。如果模板的栏目中有节目编排，选择后窗口右侧的节目列表中就会显示相应的节目。

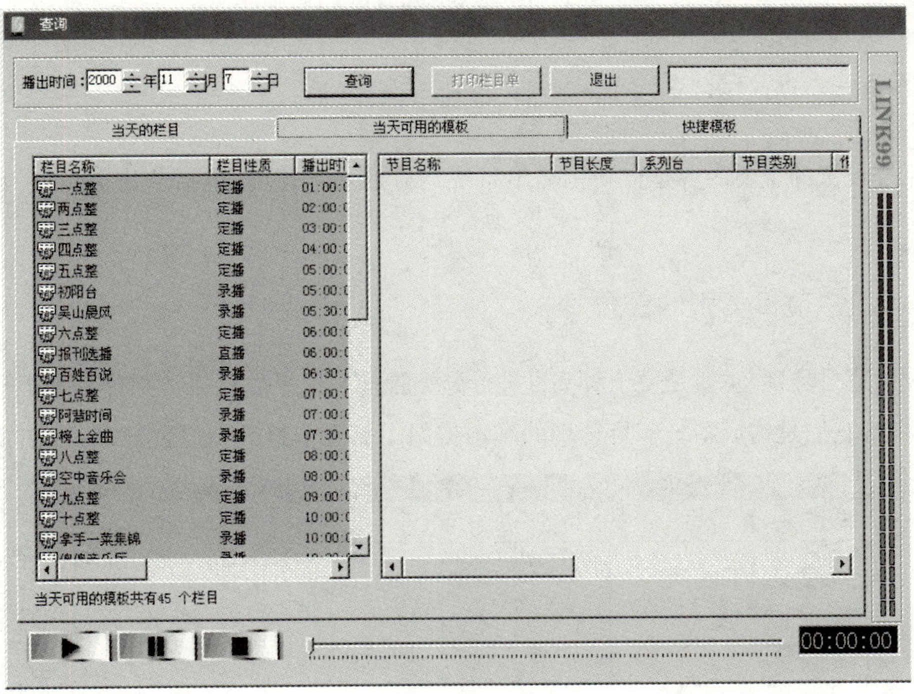

图 5—30　当天可用模板查询窗口

(3)快捷模板查询：可在栏目查询窗口中选择“快捷模板”标签，选择适当的播出日期，然后点击“查询”按钮(如图 5—31)。如果栏目下有快捷模板设置，选择后窗口右上角的列表框中就会显示相应的快捷模板，其下方显示模板中的节目。

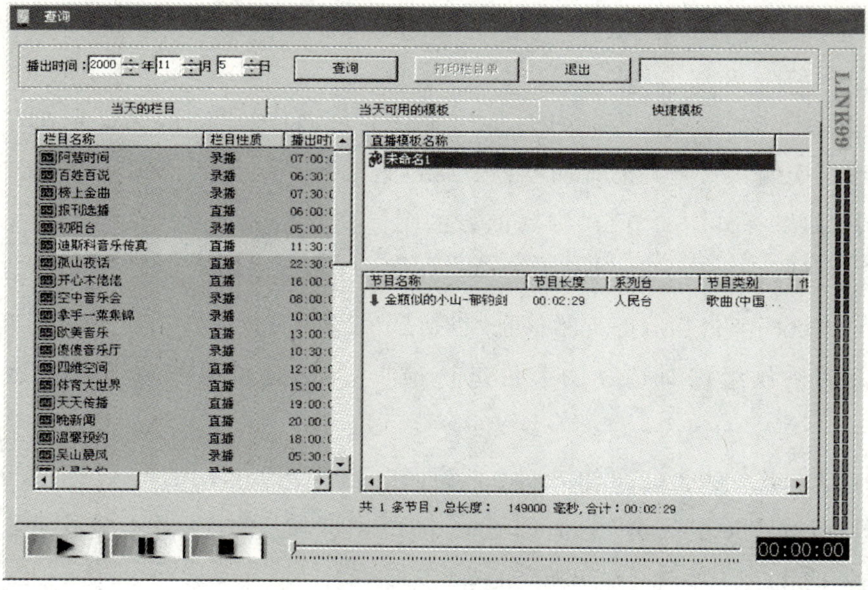

图 5—31　快捷模板查询窗口

5.5 系统的设置

系统设置的主要内容是自动化播出系统运行的基本环境，包括节目类别、栏目和模板设置等。

5.5.1 节目类别的设置

设置节目类别，主要是便于对节目进行分类管理。这里的节目类别分为大类和小类两个层次，它们是构成系统节目管理的基本构架。打开节目类别设置窗口，可在管理工

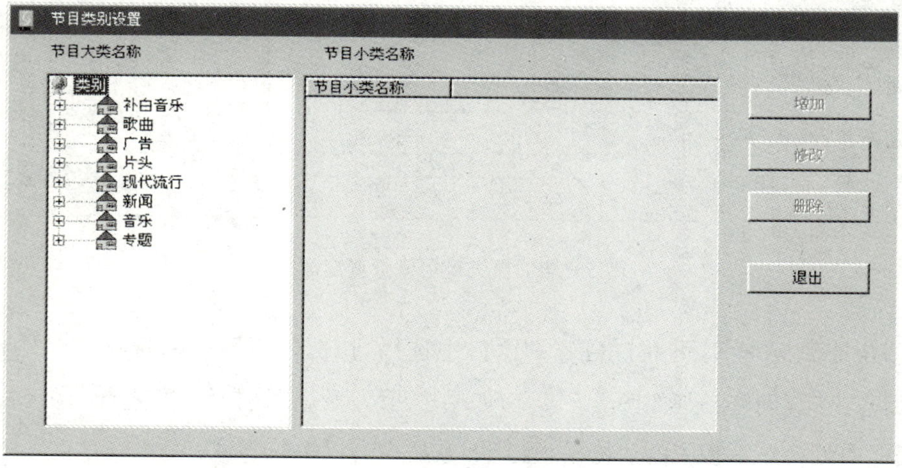

图 5—32　节目类别设置窗口

作站主界面中点击“系统设置”，然后在出现的菜单中选择“节目类别设置”选项。窗口主要由两部分组成，左边为节目大类的目录，右边为节目小类的目录，还有相关的功能按钮，包括增加、修改和删除等（如图 5—32）。

（1）增加节目类别：分为两种，一种是增加大类，另一种是增加小类。增加节目大类时，可在窗口左侧的节目大类框中点击“类别”，右侧的功能按钮将被激活，点击“增加”按钮即可打开增加节目大类窗口（如图 5—33）。在窗口内的文本框中，用户可以直接输入所增加节目大类的名称，例如“相声”，点击“确定”按钮就可将“相声”添加到节目大类中。同时，系统还会在相声大类下自动设置一个同名的节目小类。

增加节目小类时，应首先选择小类所属的大类，然后在大类下选择任意的小类。例如，在节目大类下选择“相声”，然后选择小类的“相声”，点击“增加”按钮会出现增加小类节目窗口（如图5—34）。输入“单口相声”后，点击“确定”按钮即可完成增加节目小类的操作。这样，窗口中“相声”大类下有两个小类，分别为“相声”和“单口相声”（如图 5—35）。

图 5—33　增加节目大类窗口

图 5—34　增加节目小类窗口

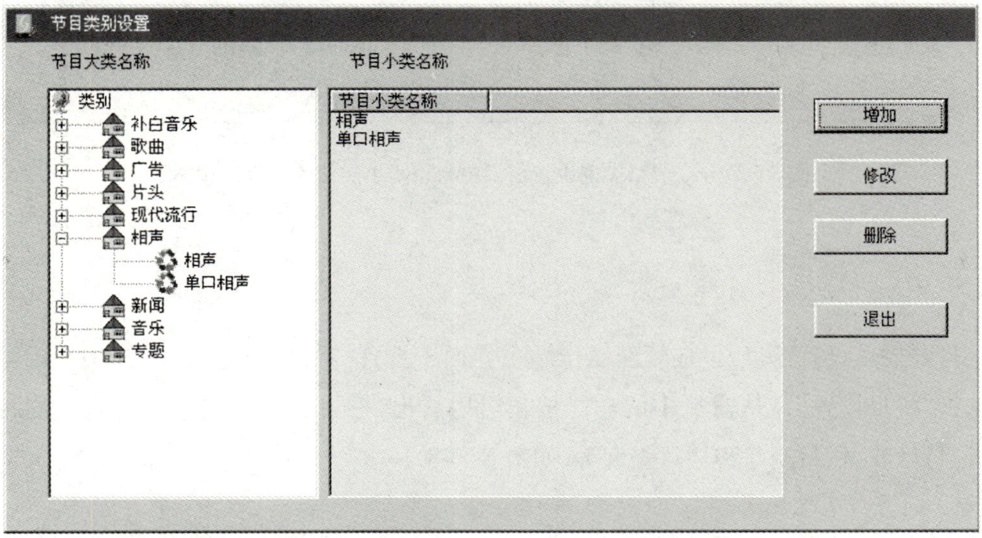

图 5—35　在节目类别设置窗口中增加相声大类和单口相声小类

(2)修改节目类别:可首先选择要修改的节目大类或者节目小类,例如在节目小类中选择“相声”,然后点击“修改”按钮,打开修改节目类别窗口,输入修改后的名称“群口相声”,单击“确定”按钮即可完成修改节目类别的操作(如图 5—36)。这样,窗口中的节目小类名称“相声”被修改为“群口相声”(如图5—37)。

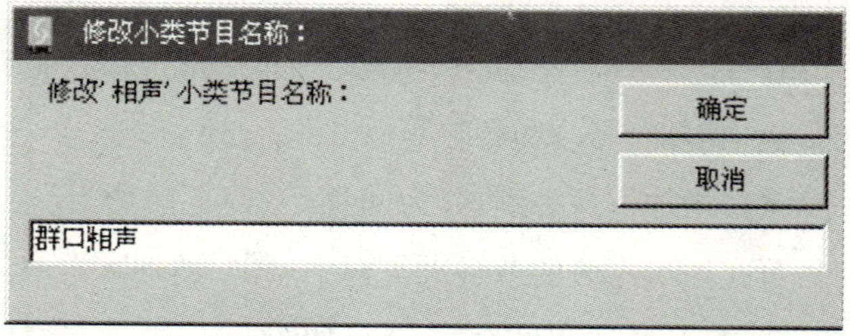

图 5—36 节目类别修改窗口

(3)删除节目类别:删除不需要的节目类别,可首先选择要删除的节目大类或者节目小类,然后点击“确定”按钮,系统将打开删除确认窗口,点击“是(Y)”即可完成删除节目类别的操作。

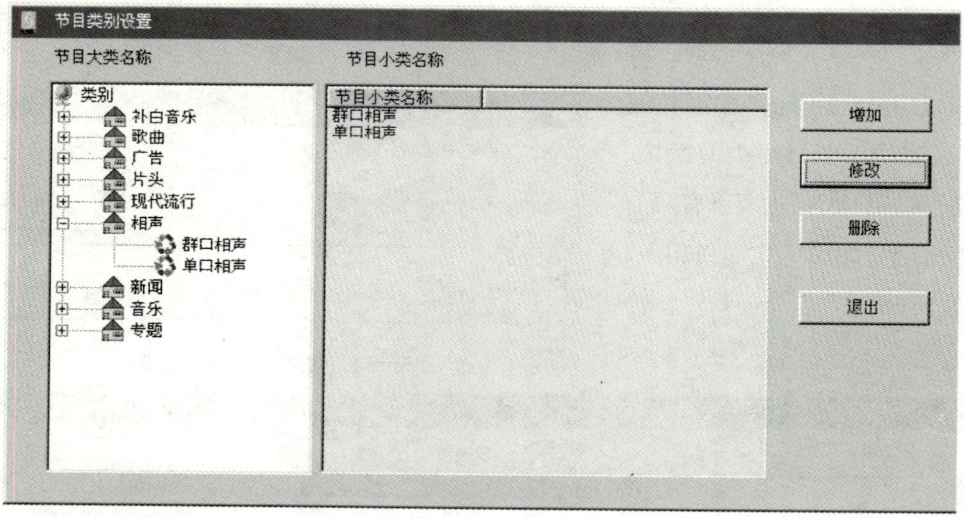

图 5—37 在节目类别设置窗口中将相声小类修改为群口相声

5.5.2 栏目的设置

打开栏目设置窗口,可在管理工作站主界面中选择“系统设置”,然后在出现的菜单中选择“栏目设置”。从窗口中的功能按钮可以看出,栏目设置的主要内容包括栏目增加、栏目修改、栏目删除和栏目查询等(如图 5—38)。

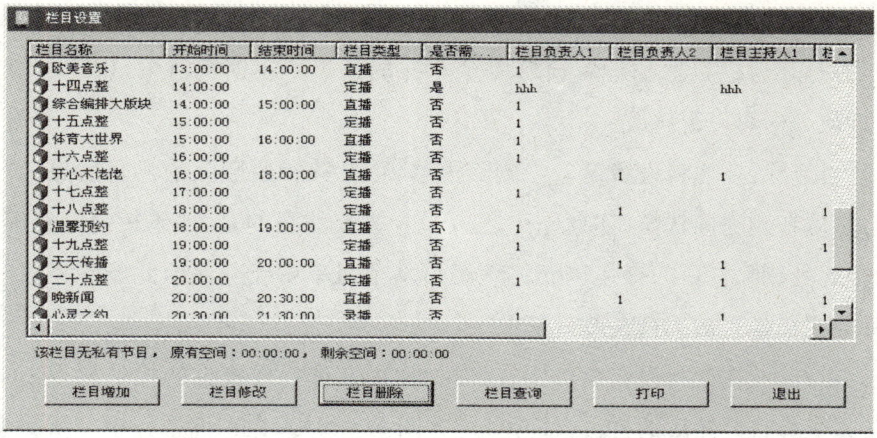

图 5—38　栏目设置窗口

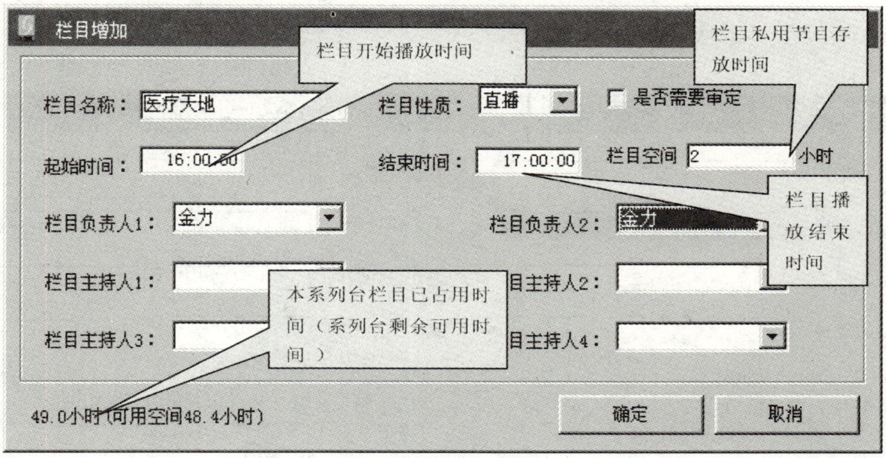

图 5—39　栏目增加设置窗口

(1)栏目增加:在栏目设置窗口中增加栏目,可直接点击“栏目增加”按钮,打开相应的栏目增加设置窗口(如图 5—39)。窗口中的部分选项说明见表 5—1。

表 5—1　栏目增加设置窗口部分选项说明

选项	说明
栏目性质	分为直播、录播和定播三种。直播栏目不能自动补白,录播栏目可以自动补白,定播栏目具有最高的优先级。
起始时间	栏目的开始时间。
结束时间	栏目的结束时间。定播栏目只有开始时间,没有结束时间,其栏目长度由所编排的节目长度决定。
栏目空间	栏目存放私用节目的大小。发送到栏目库中的节目,只有该栏目可以调用。
栏目负责人	可以对栏目进行审定和编排的人,需具有栏目审定权和栏目编排权。
栏目主持人	可以对栏目进行编排的人,需具有栏目编排权。
是否需要审定	如果栏目需要审定,在编排站编排的内容经过审听站的审定后,才能在播出站播出。

(2)栏目修改:在栏目设置窗口中修改栏目,可在选择要修改的栏目后点击“栏目修改”按钮,将打开与栏目增加设置窗口完全一样的窗口。在该窗口中,用户可对栏目名称、栏目性质等内容进行修改。

(3)栏目删除:在栏目设置窗口中删除栏目,可在选择要删除的栏目后点击“栏目删除”按钮,然后在删除确认窗口中点击“是(Y)”。需要注意的是,如果栏目已经编排在节目单中,则此处删除栏目的操作也会将该栏目从节目单中删除。因此删除栏目时,需确认要删除的栏目是否被编排在节目单中。

(4)栏目查询:在栏目设置窗口中查询栏目,可在选择要查询的栏目后点击“栏目查询”按钮,系统将打开相应的栏目查询窗口(如图5—40)。在查询条件中,“所属系列台”为默认设置,即登录用户所属的系列台。例如,用户在人民台下登录,则此处所属系列台中显示人民台。

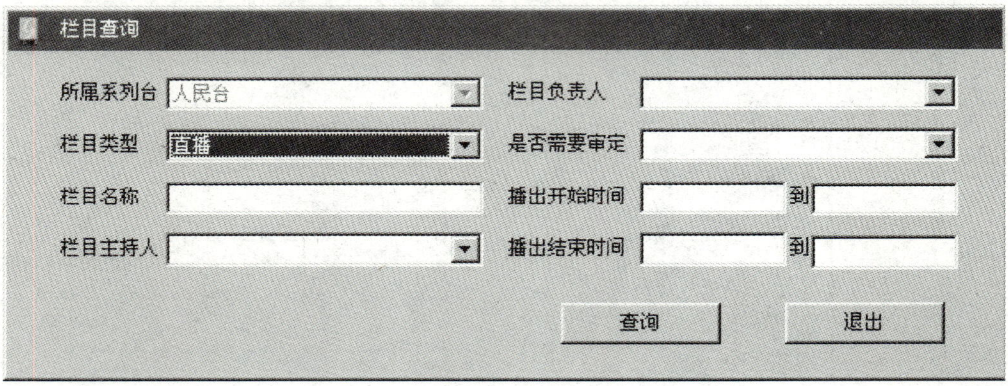

图5—40 栏目查询窗口

5.5.3 栏目模板的设置

在广播电台的日常播出中,每星期同一天的栏目单往往基本相同。因此,将每天常用的栏目事先编排成栏目单,并按一周七天保存为模板供编排栏目单时套用,可有效地减少编排人员的工作量,极大地提高工作效率。

同时,为了提高模板的时效性和便捷性,通常要对模板的使用时间进行限定,即模板的有效期和有效星期。模板的有效期是指对模板使用期限的限定,模板只有在有效期内才能被调用,超过有效期将被认为作废。模板的有效星期是指模板可以在星期几被使用,主要用于编排工作站的自动套用模板。需要注意的是,有效星期相同的几块模板,其有效期不能重叠。如果有重叠,系统可能会将重叠部分覆盖。这样,完全被覆盖的模板也将被删除。

可根据需要建立节目模板，也可对其进行修改和删除等操作，这需要在模板设置窗口完成。在管理工作站主界面选择“系统设置”，然后在出现的菜单中选择“模板设置”，可打开模板设置窗口（如图 5－41）。窗口中的主要设置操作说明如下：

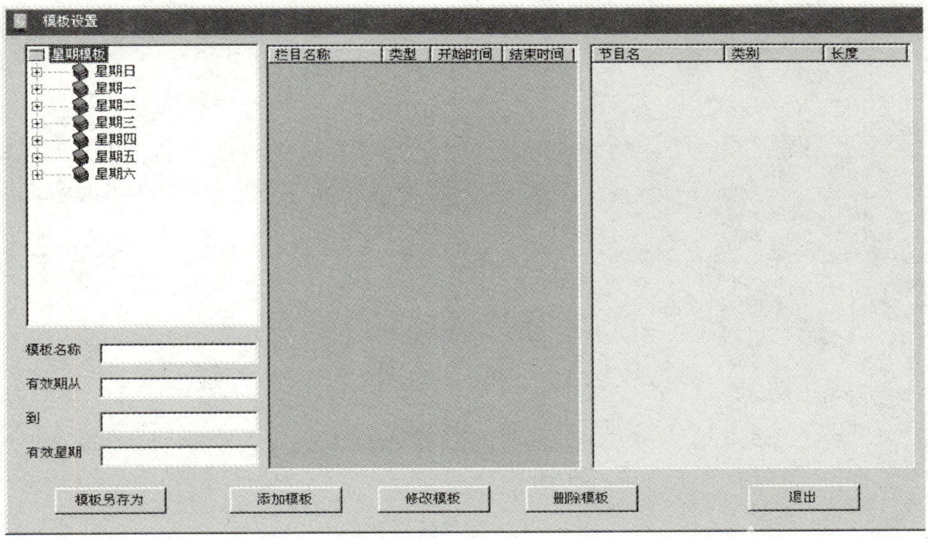

图 5－41　模板设置窗口

(1)添加模板：应首先在模板设置窗口的左上角选择所添加模板的星期，然后点击“添加模板”按钮，系统将打开添加模板窗口（如图 5－42）。窗口主要由三部分组成，左上角是包括模板名称和有效期等在内的模板属性，左下角是模板下所添加的栏目列表，右边是可供选择的栏目库。

进行添加操作时，应首先定义模板属性。在图 5－42 所示窗口中，模板名称为默认的“星期一模板”，模板所属星期为默认的“星期一”。根据需要，用户可任意选择模板的有效星期。对模板属性进行定义后，接下来的工作就是在模板下添加栏目。用户可在右侧的栏目库中选择需要添加的栏目，点击“添加”按钮，将把选中的栏目添加到模板下的栏目单中，点击“删除”按钮，将删除模板下的栏目。这样，用户可逐一将需要的栏目添加到模板下，添加完毕后，可点击“保存”按钮，然后在出现的模板保存确认窗口中点击“确定”，完成添加模板的操作。

(2)修改模板：可首先选择要修改的模板，然后点击“修改模板”按钮，系统将会出现类似于图 5－42 所示的窗口。在窗口中，用户可以对模板名称、有效期、有效星期和模板下的栏目进行修改。

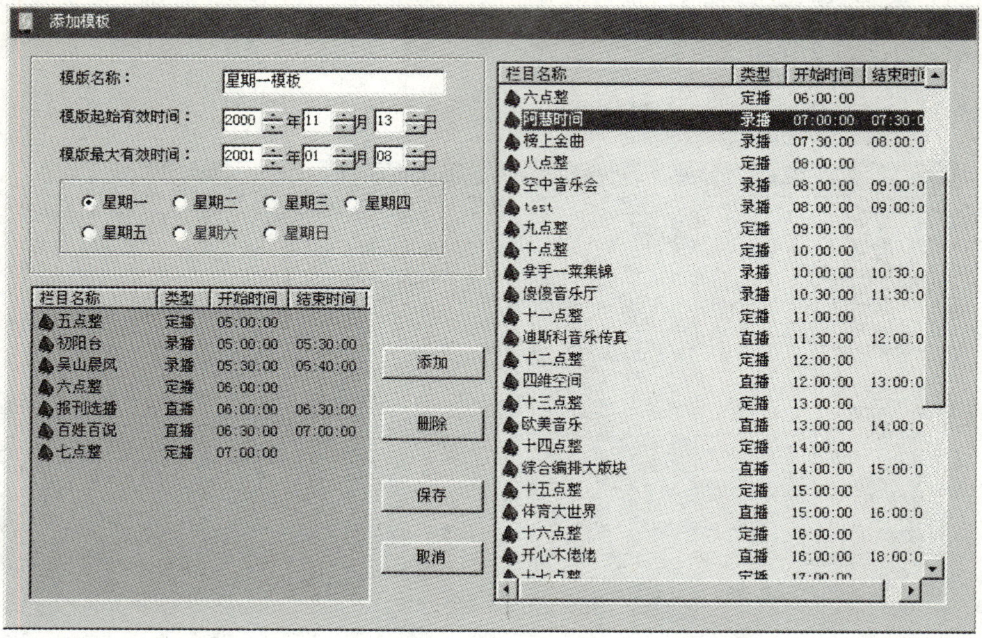

图 5—42　添加模板窗口

(3)删除模板：可首先选择要删除的模板，点击“删除模板”按钮，然后在出现的模板删除确认窗口中点击“是(Y)”。

(4)模板另存：模板另存的目的是复制完全相同的另一个模板。可在模板设置窗口中选择要另存的模板，点击“模板另存为”按钮，系统将会出现模板另存窗口。在窗口中，可以对另存的模板属性进行设置，设置完毕后，点击“确定”按钮。然后，在出现的确认窗口中再次点击“确定”，即可完成另存模板的操作。

5.5.4　系列台

在管理工作站主界面中，“系统设置”菜单中的“系列台”选项主要用于查看用户当前登录的系列台，点击该选项即可打开系列台查看窗口(如图 5—43)。单击“退出”按钮，可返回管理工作站主界面。

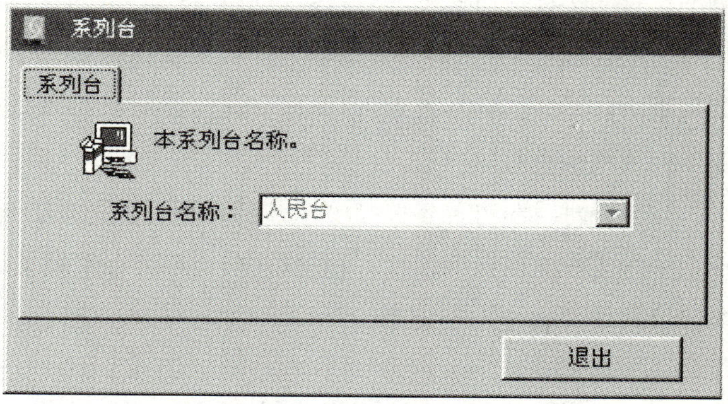

图 5—43　系列台查看窗口

5.6　系统的管理

系统管理是指对自动化播出系统的有效管理和维护，其主要内容包括信息查询和表单删除。

5.6.1　信息的查询

信息查询的主要功能是查询在系统中进行的登录、退出和删除等操作的人员信息和时间信息，便于随时了解系统使用情况，确保系统安全运行。在管理工作站主界面点击“系统管理”，然后在出现的菜单中选择“信息查询”选项，可打开信息查询窗口（如图5—44）。

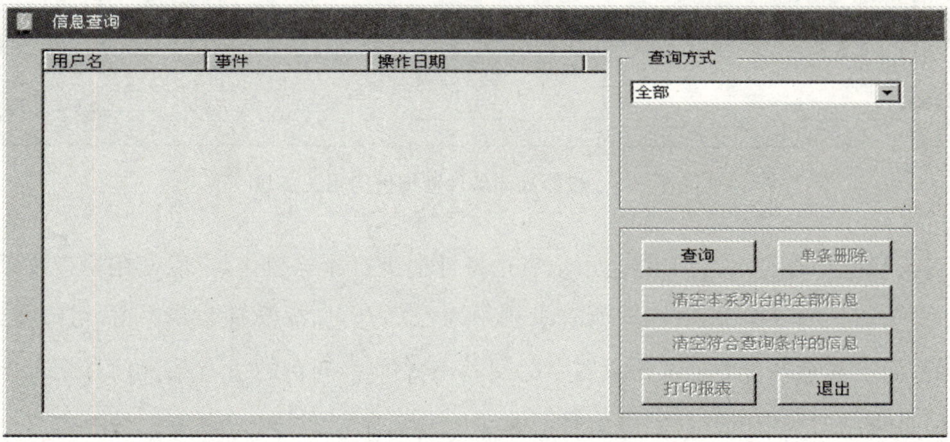

图5—44　信息查询窗口

在窗口右上方的“查询方式”中，有四种查询方式可供选择，分别为：

(1)全部：查询在本系列台进行的所有操作的信息。

(2)按用户名查询：按照系列台中的用户名（用户描述），查询用户在系统中进行的操作的信息。

(3)按事件查询：事件是指登录、退出系统，以及在相关工作站上删除节目的操作。按事件查询就是在系统上对某个具体的操作进行查询。

(4)按操作日期查询：查询具体某个或者某段时间系统上进行的操作的信息。

在进行信息查询时，应首先根据需要在“查询方式”菜单的上述四个选项中进行选择，如图5—45所示，选择的方式为“按用户名查询”，然后在显示的“查询条件”中选择用户的类别，如图5—45所示，选择的条件为“超级用户”。这样，点击“查询”按钮后，信息框中就会显示超级用户在系统中进行的操作的信息。

如果按照查询条件查询出的信息没有必要保留，可以点击信息查询窗口中的“清空符合查询条件的信息”按钮。在图 5－45 所示的窗口中，点击该按钮，系统会出现删除信息确认窗口，点击“是(Y)”即可删除所有符合“超级用户”查询条件的信息。

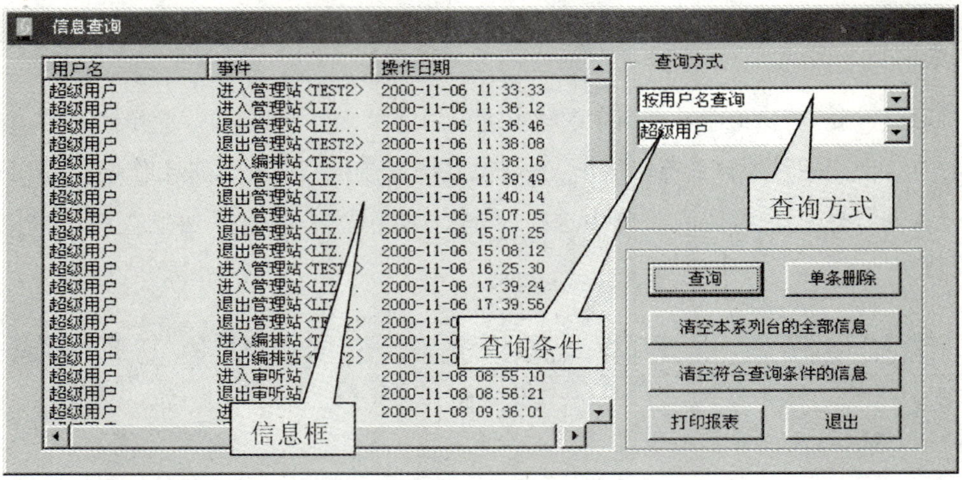

图 5－45 按照查询条件查询出的相关信息

对信息框中查询出的信息，也可以有选择性地进行删除操作，可以使用窗口中的“单条删除”按钮。如果本系列台(即所登录的系列台)的信息都没有必要保留，可以点击窗口中的“清空本系列台的全部信息”按钮，可将有关本系列台的所有系统信息全部删除，包括信息查询窗口中没有显示的信息。

5.6.2 表单的删除

表单删除是删除系统中已经播出过的，没有保留价值的栏目单。可在管理工作站主界面中选择“系统管理”，然后在出现的菜单中选择“表单删除”选项(如图 5－46)。

删除表单，应首先查询表单。可在窗口上方的已编栏目单日期框中输入要查询的时间范围，然后点击“刷新”按钮。图 5－47 所示为刷新后查询出的所有结果，左边是播出日期的列表，右边是所选日期内的所有栏目。

在查询结果中删除表单有两种方法，一种是单天删除，另一种是全部删除。单天删除可在右侧播出日期列表中选择要删除的日期，点击“单天删除”按钮，然后在出现的删除确认窗口中点击“是(Y)”，将把所选日期内的栏目单删除。需要注意的是，当天和当天以后的栏目单不能进行删除操作。全部删除可以直接在窗口中点击“全部删除”按钮，然后在出现的删除确认窗口中点击“是(Y)”，将把所有查询出的栏目单全部删除。

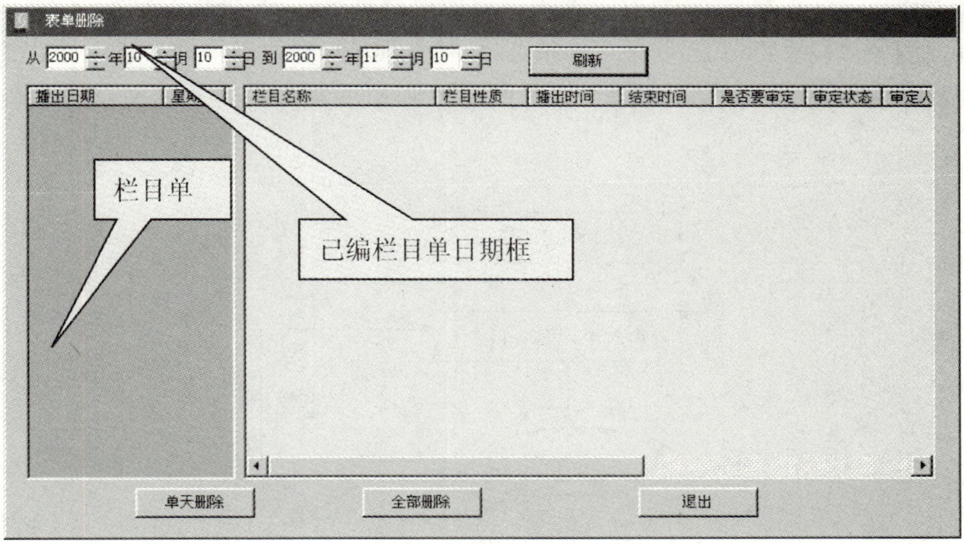

图 5—46　表单删除窗口

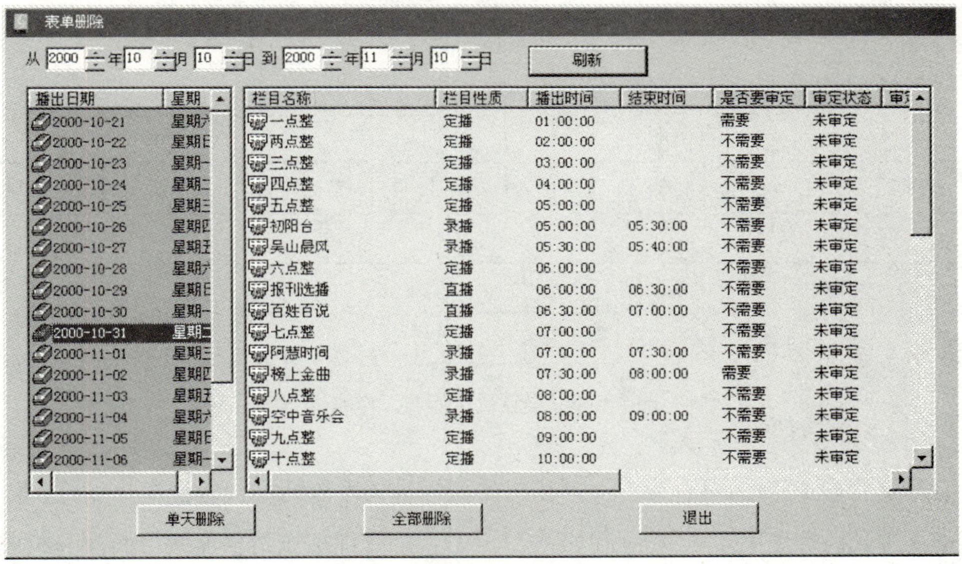

图 5—47　按照查询时间刷新的查询结果

▶▶ 5.7　系统的总管理

5.7.1　总管理工作站简介

自动化播出系统的总管理是通过系统中的总管理工作站实现的。总管理工作站的主要功能是对各系列台、系列台用户和系列台类别进行设置，对各系列台的栏目、节目、模板和编排工作进行查询，对数据库中的数据进行备份，对备份库进行查询等。通过工作流程图可以看出，在总管理工作站上，系统管理员可以对各系列台进行综合管理，监控各系列台对系统的使用情况，并可以根据监控情况进行系统资源的分配(如图5—48)。

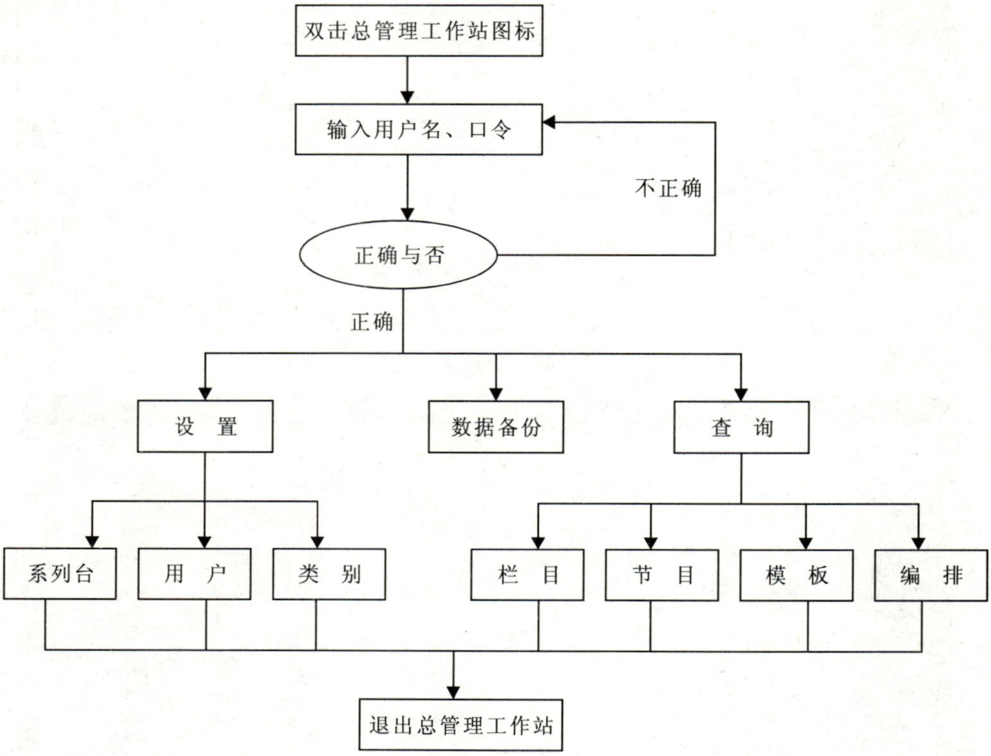

图 5—48　总管理工作站工作流程

登录总管理工作站，可直接点击其相应的图标进入系统的身份验证窗口，通过身份验证后便可进入总管理工作站主界面(如图 5—49)。总管理工作站主界面由两部分组成，左边是工具栏，包括总管理工作站中的各种功能按钮，右边是相应的窗口显示框。

5.7.2　总管理工作站的设置

总管理工作站内的设置可对每个系列台分别进行操作，包括系列台设置、用户设置和类别设置三种。

5.7.2.1　系列台的设置

设置系列台，可在总管理工作站主界面的工具栏中点击“系列台设置”按钮，系统会

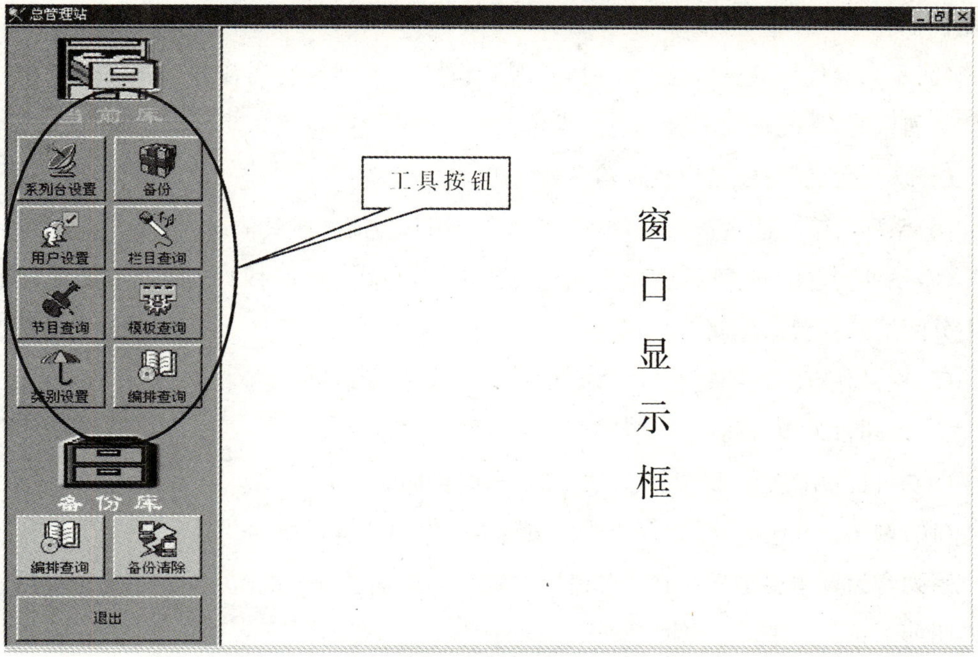

图5—49　总管理工作站主界面

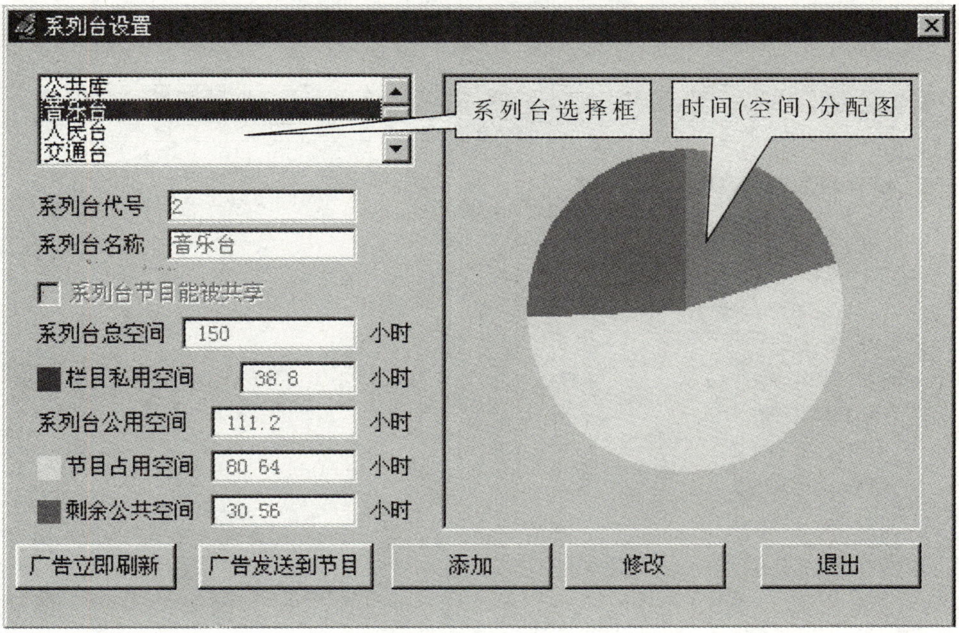

图5—50　系列台设置窗口

打开系列台设置窗口(如图5—50)。窗口中的各功能区域分别说明如下:

(1)系列台选择框:选择要查看的系列台。

(2)时间(空间)分配图:说明系列台中私有节目、公用节目的存储时间(空间)所占比例。

(3)系列台代号:系列台的 ID 号,是系统识别各系列台所属各种工作站的依据。在添加系列台时,系统自动给出系列台代号而无需用户自行设置。

(4)系列台名称:由用户所属的系列台决定。

(5)系列台节目能否被共享:本系列台的公用节目能否被其他系列台使用。

(6)系列台总空间:系统管理员分配给系列台的节目存储时间,也就是在服务器的硬盘中分配给系列台的存储空间。

(7)栏目私有空间:系列台栏目中私有节目的可用存储时间。

(8)系列台公用空间:系列台中公用节目的可用存储时间。

(9)节目占用空间:系列台已有公用节目的存储时间。

(10)剩余公共空间:系列台中公用节目的剩余可用存储时间。

系列台设置主要是指在其设置窗口中进行的添加、修改和相关广告的发送操作。具体说明如下:

(1)添加系列台:可在系列台设置窗口中点击“添加”按钮,系统将会弹出系列台添加窗口,但窗口中没有具体信息(如图 5—51)。

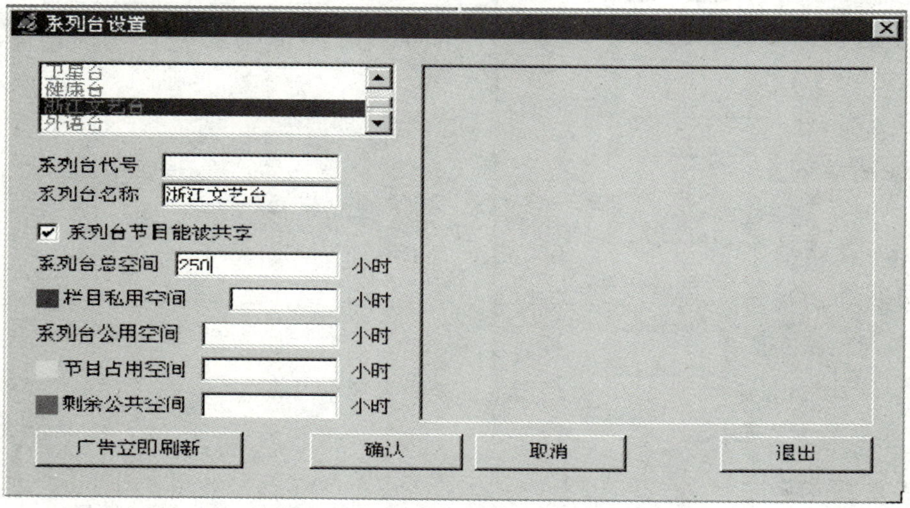

图 5—51　系列台添加窗口

用户可以在系列台添加窗口中输入系列台名称,设置系列台的节目能否被共享,确定系列台总空间,然后点击“确定”按钮。此时,系统将会显示新添加系列台设置窗口(如图 5—52)。从窗口中可以看出,新建系列台代号为“7”,系列台总空间为 250 小时。由于系列台是新添加的,所以栏目私用空间和节目占用空间均为零。

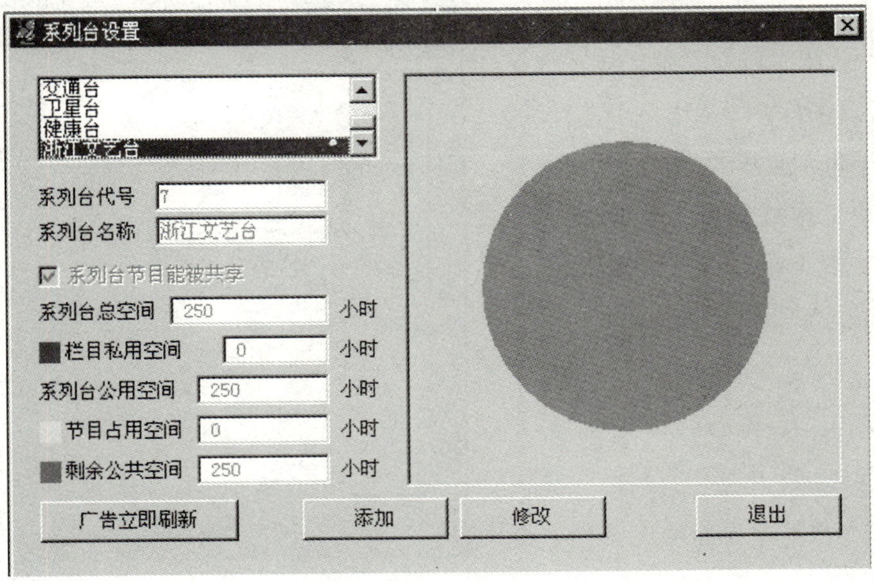

图 5—52　新添加系列台设置窗口

(2)修改系列台：可以在系列台选择框中选择要修改的系列台，然后点击“修改”按钮，系统将会弹出如图 5—51 所示窗口。用户可以修改系列台名称、系列台总空间和系列台节目能(否)被共享，也即添加系列台时设置的三项。

(3)广告立即刷新：可首先在系列台选择框中选择要刷新的系列台，如图 5—50 所示，选择的为“音乐台”，然后点击“广告立即刷新”按钮，系统将会出现广告立即刷新确认窗口(如图 5—53)。点击“开始更新”按钮，更新完毕后，经确认可把当天编排的广告添加上去，更新在播出工作站中待播的广告。

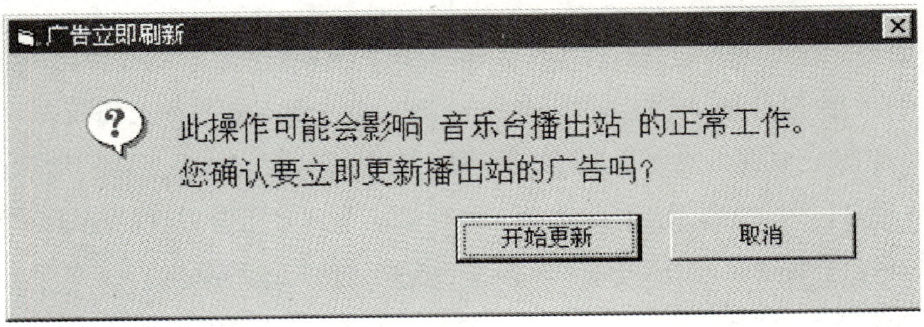

图 5—53　广告立即刷新确认窗口

(4)广告发送到节目：把编排好的广告如同普通节目一样编排到节目单中。需要注意的是，只有在配置中把“Can Refresh GG(是否进行广告刷新)”项设置为“1”时，才会出现广告发送到节目和广告立即刷新两个按钮。

5.7.2.2 用户的设置

用户设置可以在管理工作站中进行,也可以在总管理工作站中进行,两者的操作和界面基本一致。如果需要在总管理工作站中进行用户设置,可以在其主界面的工具栏中直接点击"用户设置"按钮。

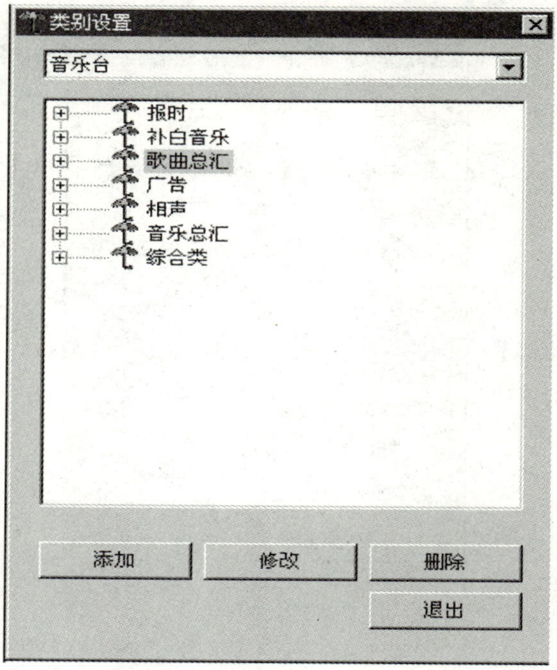

图 5—54 类别设置窗口

5.7.2.3 类别的设置

在总管理工作站中进行节目类别设置时,可在其主界面的工具栏中点击"类别设置"按钮,打开类别设置窗口(如图 5—54)。不过,这里的类别设置窗口与管理工作站的节目类别设置窗口有所不同,但操作基本一致,因此详细说明可参见前面的介绍。

5.7.3 总管理工作站的查询

总管理工作站的查询功能包括栏目查询、节目查询、模板查询和编排查询等。通过查询功能,用户可以直接了解、掌握各系列台的情况。

5.7.3.1 栏目的查询

在总管理工作站中查询各系列台栏目时,可在其主界面的工具栏中点击"栏目查询"按钮,系统将打开栏目查询窗口(如图5—55)。窗口的左侧是各系列台的列表,右侧是栏目显示框。用户可在左侧选择要查询的系列台,右侧的显示框中就会显示其下的所有栏目,包括各个栏目相应的属性,窗口的左下角则显示系列台所有栏目的统计数字。可以看出,通过栏目查询窗口,用户可以了解各系列台栏目的具体情况。

5.7.3.2 节目的查询

在总管理工作站上查询各系列节目时,可在其主界面的工具栏中点击"节目查询"按钮,系统将打开节目查询窗口。如图 5—56 所示,在所输入的查询条件下,查询结果是音乐台中所有港台通俗歌曲的节目。

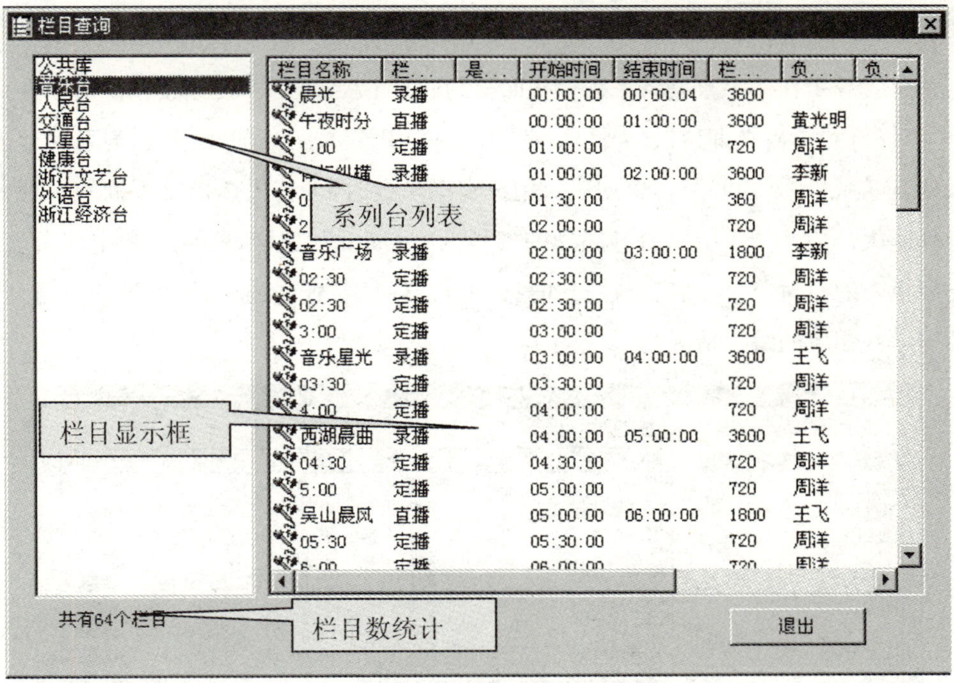

图 5—55　栏目查询窗口

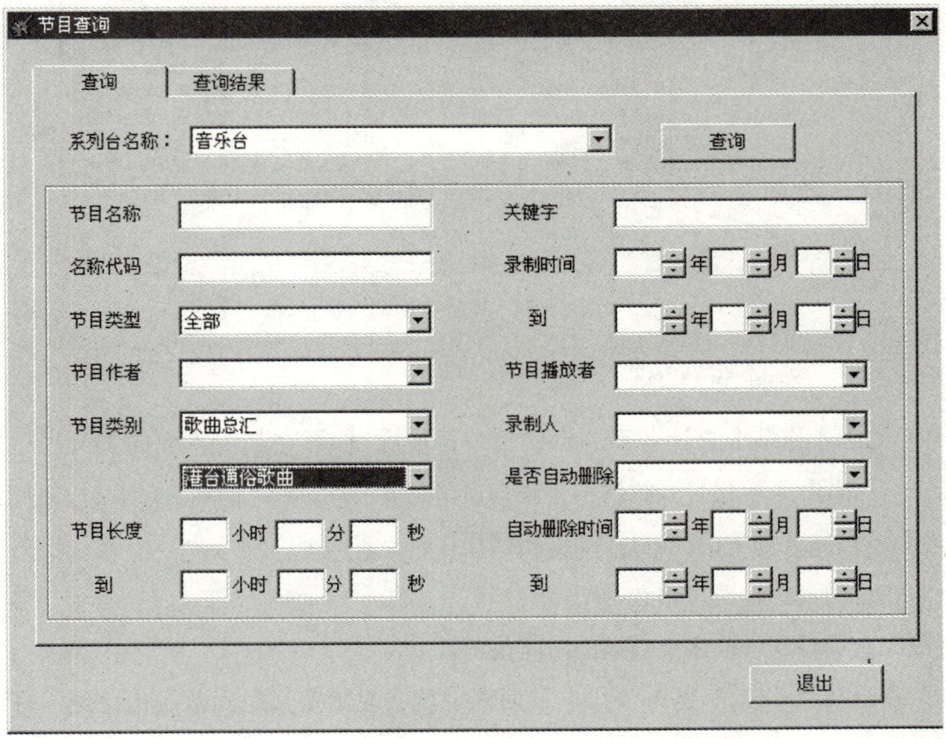

图 5—56　节目查询窗口

5.7.3.3　模板的查询

在总管理工作站上查询各系列模板时，可在其主界面的工具栏中点击“模板查询”按钮，系统将打开模板查询窗口（如图 5－57）。窗口共分为四个部分，分别为系列台列表、模板列表、栏目单列表和节目单列表。用户查询模板时，可首先选择要查询的系列台，然后选择模板。图 5－57 所示窗口选择的模板为“星期五”，这样，栏目列表中就会显示星期五模板中的栏目单，包括定点栏目和普通栏目，选择要查询的栏目，下方的节目列表中就会显示其相应的编排情况。

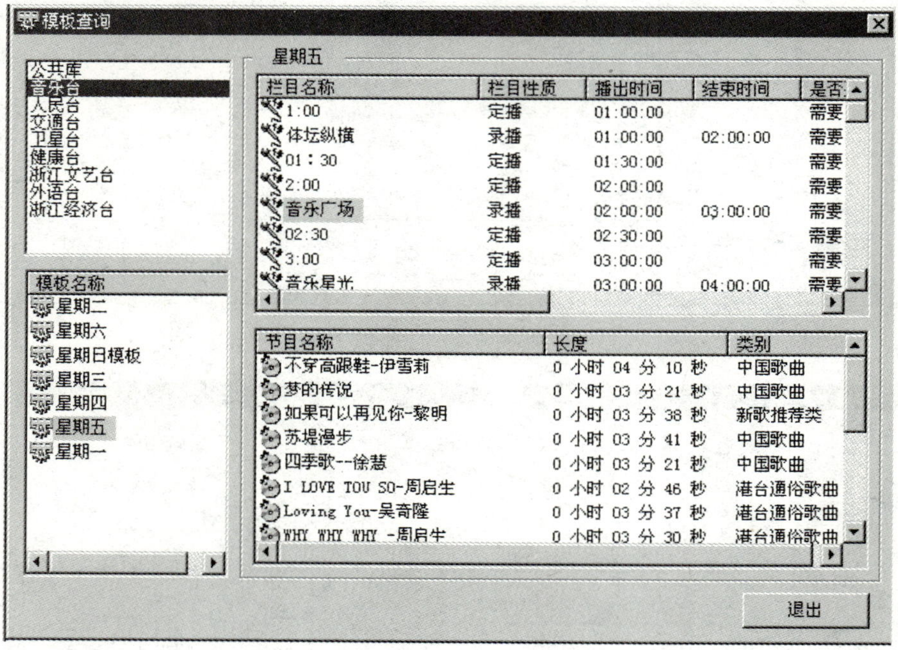

图 5－57　模板查询窗口

5.7.3.4　编排的查询

在总管理工作站中查询各系列台栏目编排情况时，可在其主界面的工具栏中点击“编排查询”按钮，系统将打开栏目编排查询窗口（如图 5－58）。例如，查询某段时间内音乐台已经编好的节目单情况，可按如下步骤操作：

（1）在系列台选择窗口中选择“音乐台”。

（2）在查询日期中输入要查询的时间范围。

（3）点击“刷新”按钮，已编节目单日期框中就会显示定义时间范围内已经编好节目单的日期。

（4）在已编节目单日期框中选择要查询的日期，栏目单列表中就会显示该天已经编好的栏目单。

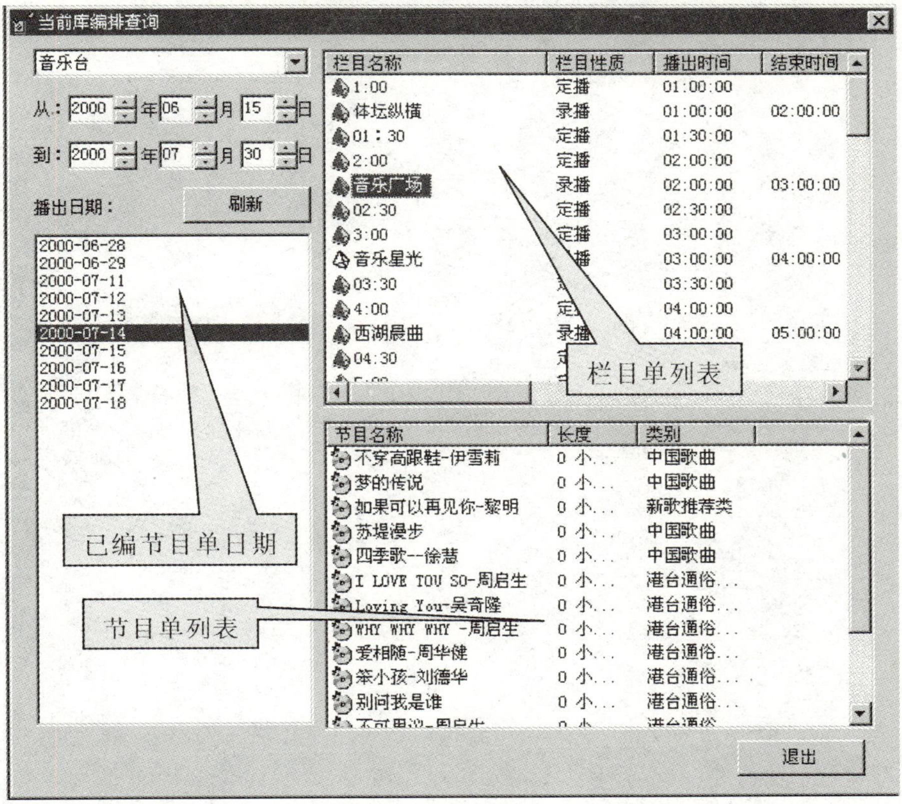

图 5－58　栏目编排查询窗口

(5)在栏目单列表中，如果栏目名称前的图标有颜色，说明栏目中有节目编排，反之栏目中没有节目编排。用户也可以直接点击栏目名称，然后在节目列表框中查看栏目编排情况。

5.7.4　数据的备份

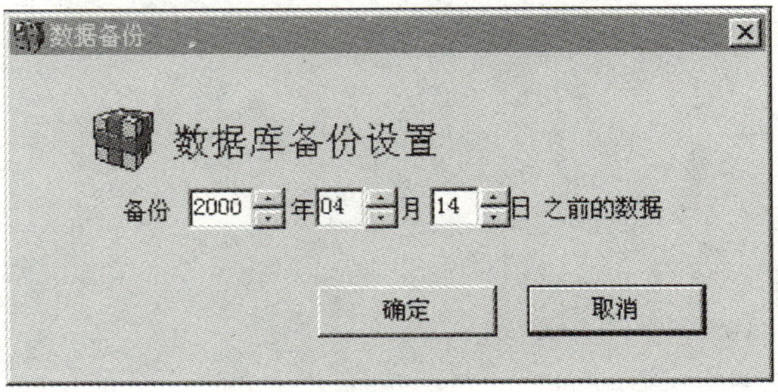

图 5－59　数据备份窗口

数据备份是指备份数据库里的数据，这样可以有效减少数据的存储空间，提高数据库运行速度。在总管理工作站主界面的工具栏中点击“备份”按钮，就会打开数据备份操作窗口(如图 5－59)。在窗口中，用户可以输入要备份的时间范围，然后点击“确定”按钮，在出现的数据备份确认窗口中点击“是(Y)”，即可完成所选时间范围内的数据备份。

Part 6

第6章

广告节目的管理

学习要点

★广告管理工作站的基本原理

★广告管理工作站的相关设置

★广告的管理与编排

6.1　广告管理工作站简介

在模拟的广播节目播出系统中，广告节目播放通常对主持人要求较高，因为它需要节目主持人随时控制正常节目的播出，以便为广告播放留出空余时间。在这种情况下，节目主持人往往要同时控制多台设备，这在某种程度上也增加了主持人的工作量，从而影响到节目实际播出质量。在自动化播出系统中，广告节目由播出工作站自动播放，广告管理人员只需按照广告客户的要求在广告管理工作站中输入每天的播出时段，系统就会自动编排每天的广告播出单，并按预定时间把广告单发送到播出工作站上播出。广告节目的整个播出过程不需要人为操作，各时段的开播时间也由系统自动计算完成。同时，为了方便主持人掌握节目进度，播出工作站都会在广告播放前给予信息提示。为了保证直播节目的灵活性，广告播出系统也特别设置了普通广告类型，普通广告的播出时间由主持人在节目直播中直接控制。

广告管理工作站是广告节目编排、管理的核心，图6－1所示为广告管理工作站主要工作流程。通过广告管理工作站，用户可以完成广告单的编排、预听、查询和修改等工作。登录广告管理工作站，用户可直接点击其相应的图标，进入用

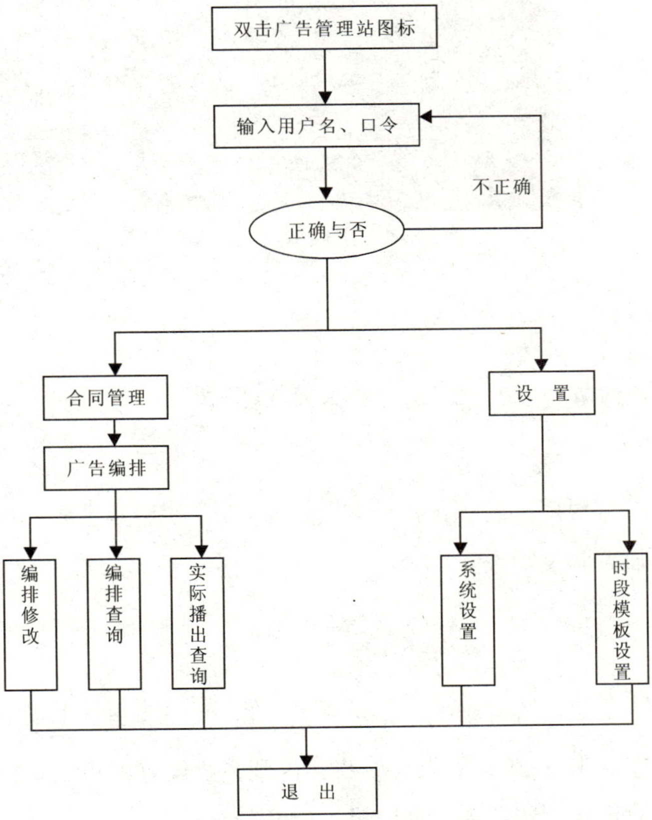

图 6—1　广告管理工作站主要工作流程

户身份验证窗口，通过身份验证后便可直接进入广告管理站工作主界面，其功能菜单包括广告管理、广告编排、系统设置和工具（如图 6－2）。需要注意的是，广告管理工作站的用户设置与自动化播出系统中其他工作站的用户设置是独立分开的，而且其系统设置中的人员权限设置也只针对使用广告管理工作站的用户。

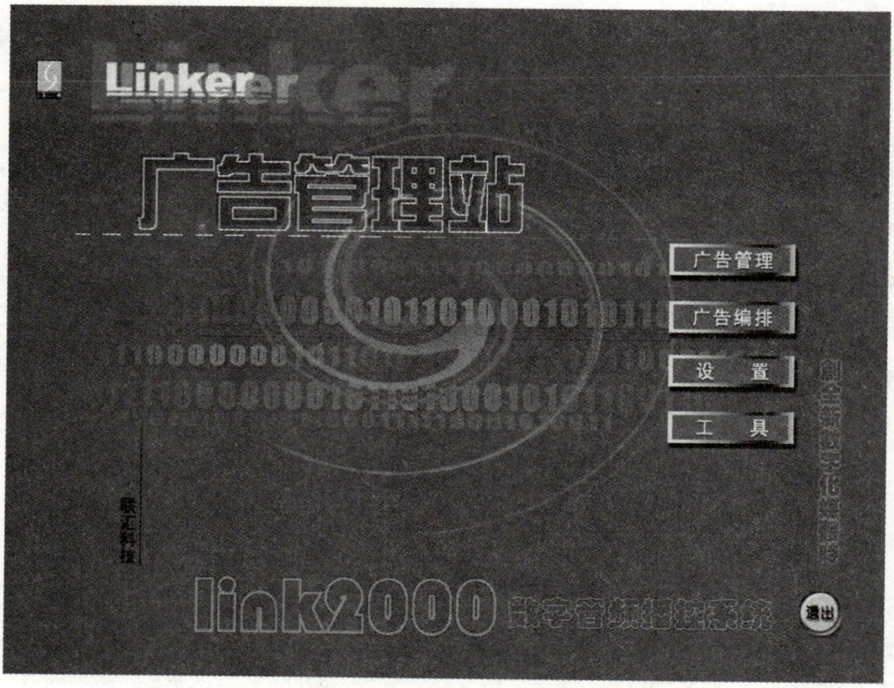

图 6－2 广告管理工作站主界面

▶▶6.2 广告管理工作站的设置

对广告管理工作站进行设置，需要使用其主界面中的设置菜单，包括系统设置、时段设置和模板设置。

6.2.1 系统的设置

对广告管理工作站进行系统设置，可在其主界面中选择“设置”，然后在出现的菜单中点击“系统设置”选项，将会出现系统设置窗口，包含频道设置、部门设置、类型设置、投放形式设置和人员权限设置（如图 6－3）。

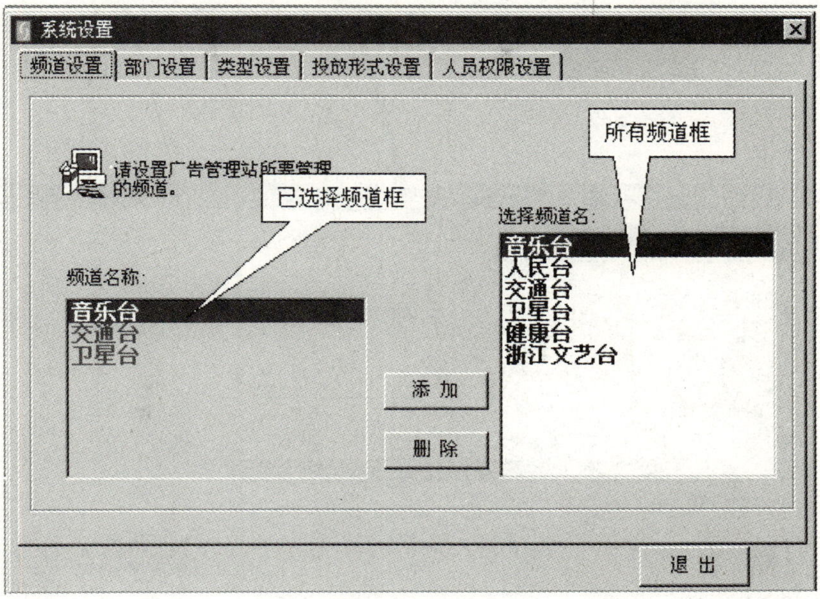

图6—3　系统设置窗口

6.2.1.1　频道的设置

系统设置窗口默认显示频道设置的内容，其主要功能是从所有的系列台中选择广告管理工作站管理的系列台，具体操作为频道的添加和删除工作。系统设置窗口的左侧为已经选择管理的频道，窗口的右侧为系统中所有的广播频道(如图6—3)。

(1)添加频道：在所有的频道列表中选择需要管理的系列台，如图6—3所示，选择的为“音乐台”，然后点击“添加”按钮，窗口左侧已经选择管理的频道列表中就会显示音乐台。这样，在广告管理工作站上就可以编排音乐台的广告单。

(2)删除频道：在已经选择管理的频道中选择要删除的频道，然后点击“删除”按钮，系统将会出现删除频道管理确认窗口，点击“是(Y)”即可完成删除频道的操作。此时，在广告管理工作站上不能编排该系列台的广告单。

6.2.1.2　部门的设置

部门设置是指设置广告业务员的所属部门，便于不同部门人员的广告业绩统计。可在系统设置窗口中选择“部门设置”标签，将会出现部门设置窗口(如图6—4)。主要操作是部门的添加和删除：

(1)部门添加：在部门名称文本框中输入要添加的业务部门，如图6—4所示，输入的为“市场部”，然后点击“添加”按钮将其添加到下方的部门列表中。

(2)部门删除:在部门列表显示框中选择要删除的业务部门,如图 6—4 所示,选择的为"广告部",然后点击"删除"按钮,在出现的删除确认窗口中点击"是(Y)"即可将选择的部门删除。

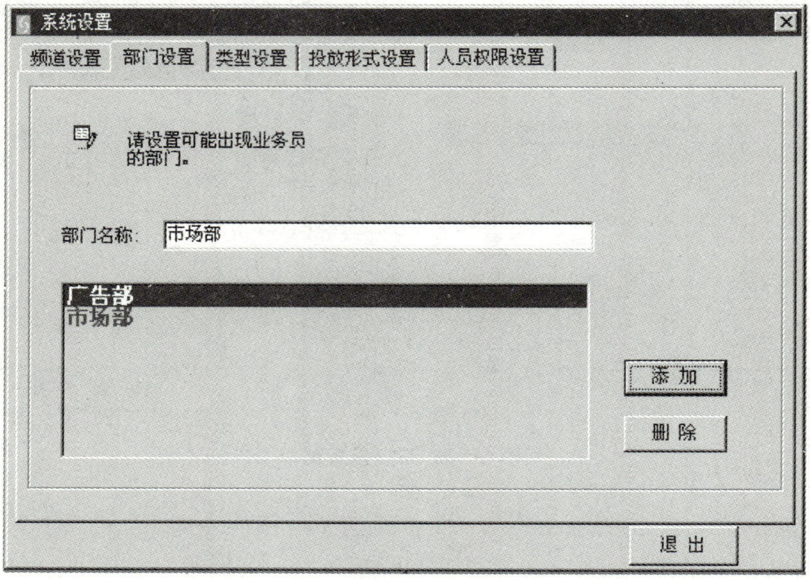

图 6—4 部门设置窗口

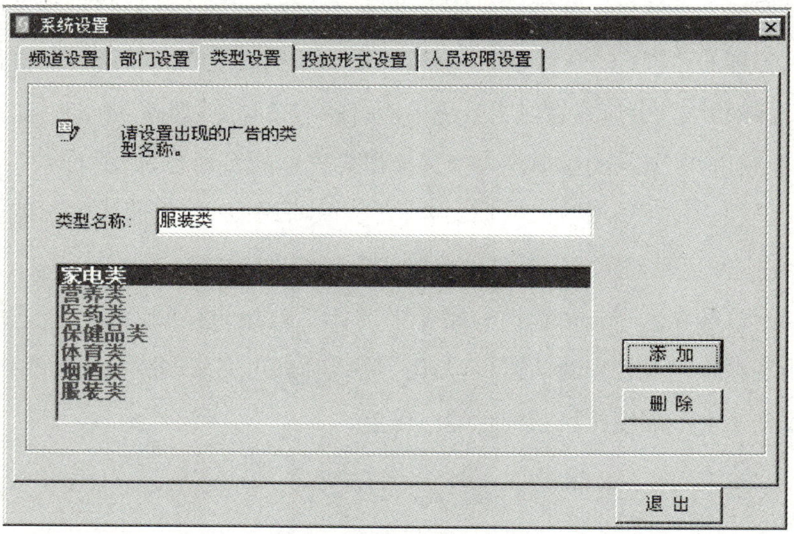

图 6—5 类型设置窗口

6.2.1.3 类型的设置

类型设置是指根据需要设置广告节目的类别,对广告节目进行分类管理。可在系统设置窗口中选择"类型设置"标签,将会出现类型设置窗口,窗口中列出了当前广告管理工作站中设置的所有类别(如图 6—5)。主要操作是类型添加和删除:

(1)类型添加：在类型名称文本框中输入要添加的类型名称，如图 6－5 所示，输入的为“服装类”，然后点击“添加”按钮将其添加到下方的类别列表中。

(2)类型删除：在类别列表显示框中选择要删除的广告类型，如图 6－5 所示，选择的为“家电类”，点击“删除”按钮，在出现的删除确认窗口中点击“是(Y)”，即可将选择的广告类别删除。

6.2.1.4　投放形式的设置

投放形式是指广告节目在播出工作站中的播放形式，其具体设置可在系统设置中的投放形式设置窗口中进行(如图 6－6)。窗口下方的投放形式列表中显示当前广告管理工作站中所有的广告投放形式。其中，硬广告是指有具体声音文件，可以编排成广告单播出的广告；软广告是指没有具体声音文件，由节目主持人在节目播出过程中口播的广告(如某单位或公司赞助、协助等)。需要注意的是，硬广告和软广告都是由系统设置，用户不能对其进行删除操作。这里的删除、添加操作，仅针对其他投放形式的广告节目。

(1)添加投放形式：在投放形式名称文本框中输入要添加的广告投放形式，如图 6－6 所示，输入的为“公益广告”，然后点击“添加”按钮将其添加到下方的投放形式列表中。

(2)删除投放形式：在投放形式列表显示框中选择要删除的广告投放形式，点击“删除”按钮，然后在出现的删除确认窗口中点击“是(Y)”，即可将选择的投放形式删除。

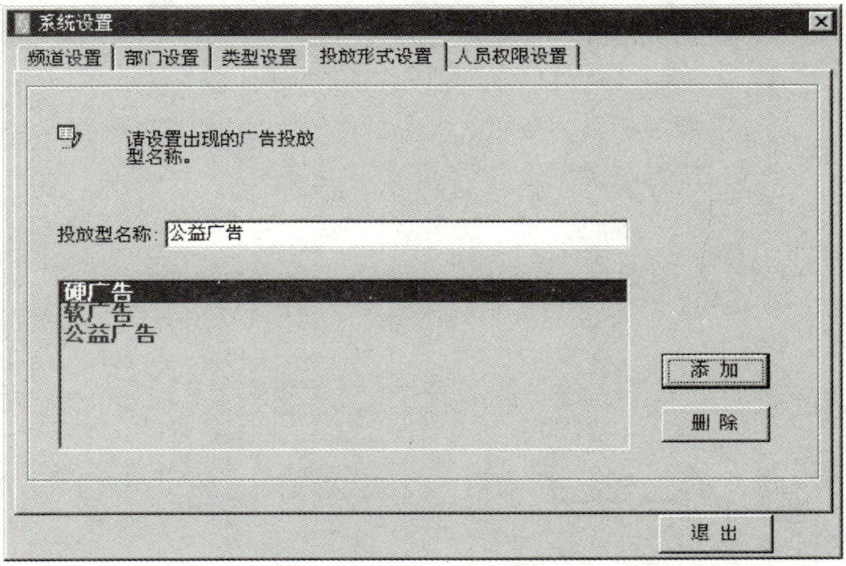

图 6－6　投放形式设置窗口

6.2.1.5 人员权限的设置

广告管理工作站的人员设置独立于其他工作站的人员设置，因此只有经过广告管理工作站的人员权限设置，用户才可以进入广告管理工作站行使权限。图 6-7 所示为系统设置下的人员权限设置窗口，窗口中可进行的相关操作包括：

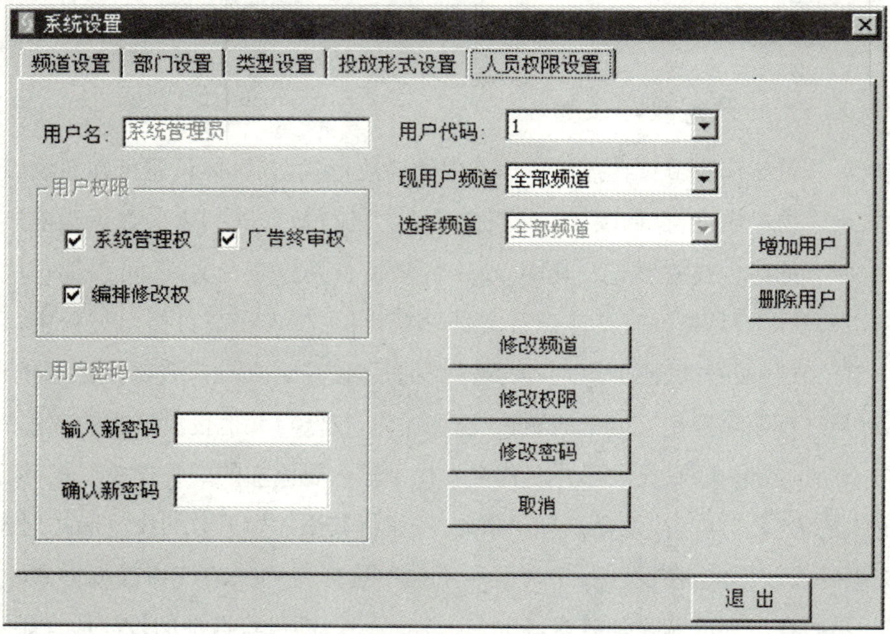

图 6—7 人员权限设置窗口

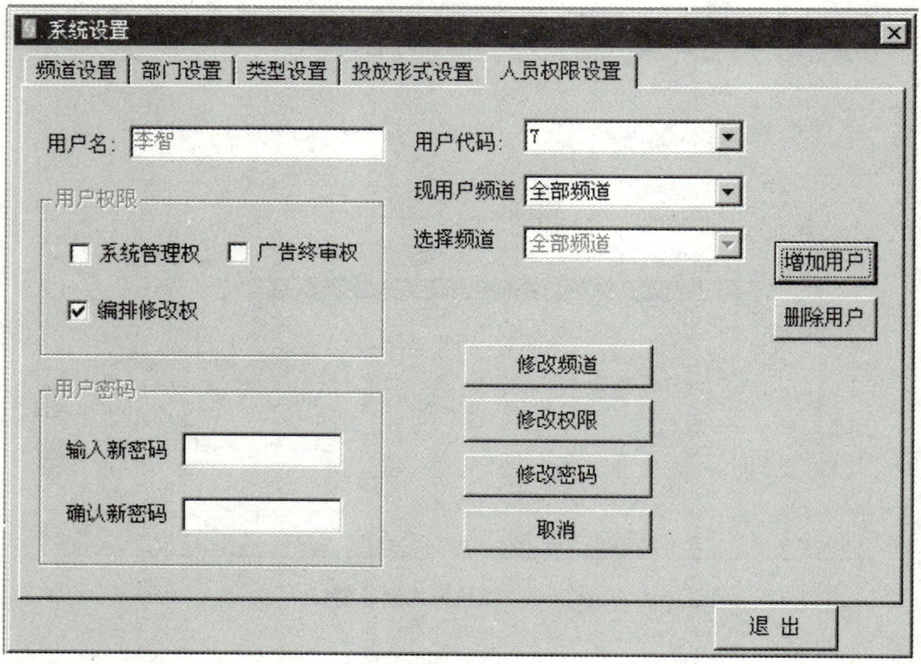

图 6—8 增加用户窗口

(1)增加用户:可在人员权限设置窗口中点击“增加用户”按钮,系统将会出现增加用户窗口(如图6—8)。可在“用户名”框内输入新增加的用户名,在“用户权限”栏内选择用户权限。点击“确定”按钮后,系统将自动分配用户代码。如图6—8所示,系统自动分配的用户代码为“7”。

(2)修改频道:修改频道是指为增加的用户选择所属的系列台。在人员权限设置窗口中点击“修改频道”按钮,窗口中的“选择频道”菜单将被激活。修改频道窗口菜单中列出了广告管理工作站中所属的全部系列台,用户可根据实际情况进行选择(如图6—9)。选择后点击“确定”按钮,系统将会出现修改频道确认窗口,点击“是(Y)”即可完成修改频道的操作。

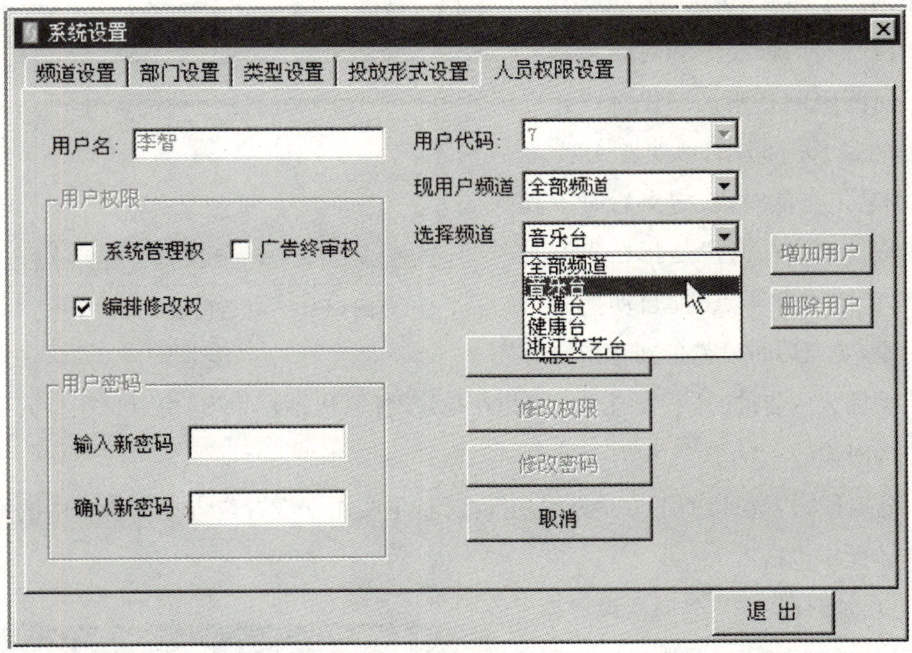

图6—9　修改频道窗口

(3)修改权限:可在人员权限设置窗口中点击“修改权限”按钮,然后在“用户权限”栏内重新分配用户权限,例如增加“广告终审权”。修改完毕后点击“确定”按钮,然后在出现的修改确认窗口中再次点击“确定”按钮即可完成修改权限的操作。

(4)修改密码:可在人员权限设置窗口中点击“修改密码”按钮,激活“用户密码”栏,然后在“输入新密码”和“确认新密码”框中分别输入新的用户密码,点击“确定”按钮并确认密码修改后,即可完成修改密码的操作。此时,用户可用新设置的密码登录广告管理工作站。

(5)删除用户:可在人员权限设置窗口的“现用户频道”菜单中选择要删除用户的所

属系列台，然后在“用户代码”菜单中选择其用户代码。查找到要删除的用户后，可直接点击窗口中的“删除用户”按钮，并在出现的删除确认窗口中点击“确定”按钮即可完成删除用户的操作。

6.2.2 时段的设置

对广告管理工作站进行时段设置，可在其主界面中选择“设置”，然后在出现的菜单中选择“时段设置”选项，将会出现广告时段设置窗口（如图 6－10）。窗口中列出了频道中的所有广告时段，每个时段都有时段类型和时间限制的说明。时间限制是指该广告时段允许播放告的最长时间；时段类型分为三种，分别是定点前时段、定点后时段和普通时段。定点前时段是指在指定时间（通常为整点和半点）前自动播放广告的时段，定点后时段是指到达指定时间后自动播放广告的时段，普通时段是指在指定时间（包括栏目内）由节目主持人手动播出广告的时段。

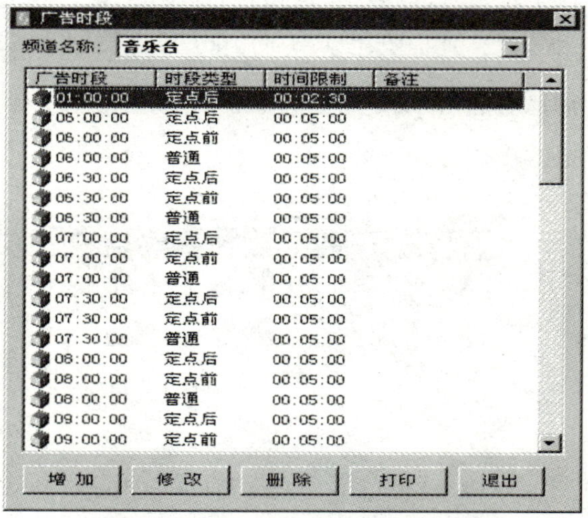

图 6－10 广告时段设置窗口

广告时段设置窗口的下方是设置功能按钮，主要用于设置广告在广告单中的播出时间。具体操作包括：

(1)增加时段：在广告时段设置窗口中点击“增加”按钮，系统将会出现广告时段增加窗口（如图 6－11）。用户可以在“时段”中输入指定时间“20：00：00”，在“时间限制”中输入广告播放的最长时间“00：05：00”，在“类型”中选择时段类型“定点前”。这样，点击“确定”按钮后，广告时段设置窗口不变，用户可以继续添加其他时段。但是广告时段中会显示刚才添加的时段，即广告时段为 20：00：00，时段类型为定点，时间限制为 00：05：00 的广告时段。

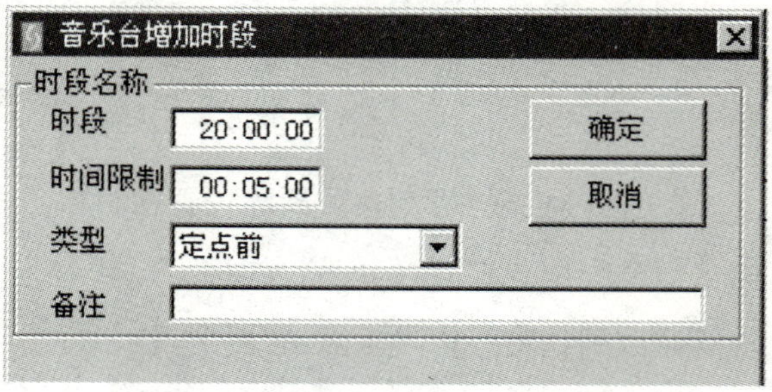

图 6－11 广告时段增加窗口

需要注意的是，在广告时段增加窗口中进行设置时，应输入正确的时间格式。特别是，其中的"："应在英文输入法状态下输入，否则时间格式将会出现错误。

(2)修改时段：可在广告时段设置窗口的广告时段列表中选择要修改的广告时段，例如选择刚才添加的广告时段"20：00：00"，然后点击"修改"按钮，系统将会出现广告时段修改窗口(如图6—12)。在窗口中，用户可用上述方法对"时段"、"时间限制"和"类型"进行修改。如图6—12所示，时间限制修改为"00：10：00"。

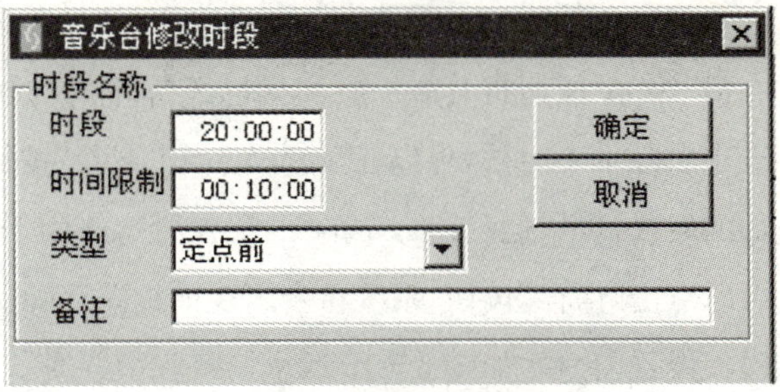

图6—12　广告时段修改窗口

(3)删除时段：可在广告时段设置窗口的广告时段列表中选择要删除的广告时段，然后点击"删除"按钮，并在出现的删除确认窗口中点击"是(Y)"。

6.2.3　模板的设置

这里的模板是指广告时段模板，但其基本功能与普通栏目模板完全相同。用户在编排广告播出时段时，也可以如同普通模板那样套用已设置好的广告时段模板，从而减少编排广告单的工作量。

对广告时段模板进行设置时，可在广告管理工作站主界面中选择"设置"，然后在出现的菜单中选择"模板设置"选项，将会出现广告时段模板设置窗口(如图6—10)。在窗口中，用户可以查看广告管理工作站所属各系列台下的模板，也可以使用其中的功能按钮对模板进行设置。具体包括：

(1)新建模板：可首先在广告时段模板设置窗口的"频道名称"菜单内选择新建模板所属的系列台，如图6—13所示，选择的为"音乐台"，然后点击"新建"按钮，打开新建模板窗口(如图6—14)。

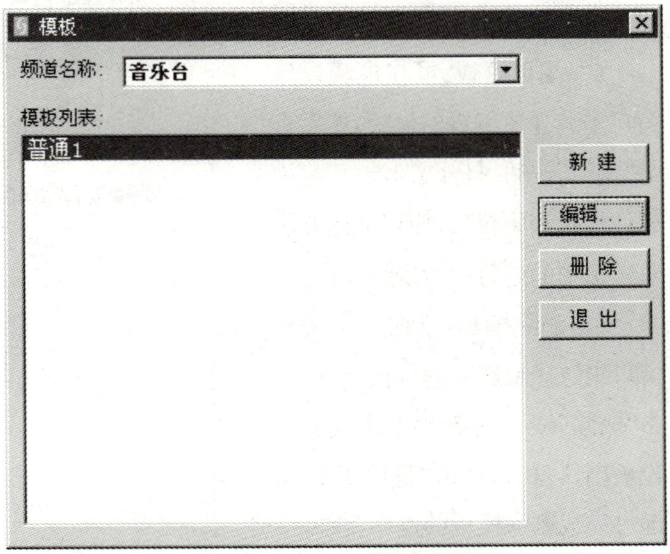

图6—13　广告时段模板设置窗口

窗口的左侧为已经编排的时段列表，右侧为可供选择的时段列表。用户可在窗口上方的"新建模板名称"文本框中输入模板名称，如图

6－14所示，输入的名称为“普通 2”，然后在右侧可供选择的时段列表中选择要添加的时段，点击“添加”按钮将其添加到左侧已经编排的时段列表中。如果需要在已经编排的时段列表中删除某个时段，可以在选择后点击“删除”按钮。如果可供选择的时段列表中缺少要添加的时段，可以通过窗口中的“时段设置”，使用上述方法进行添加。全部时段添加完毕后，可以点击“保存”按钮，系统将会出现模板保存确认窗口，点击其中的“确定”按钮即可返回到模板设置窗口。如图 6－15 所示，新建的“普通 2”模板列于音乐台的模板列表中。

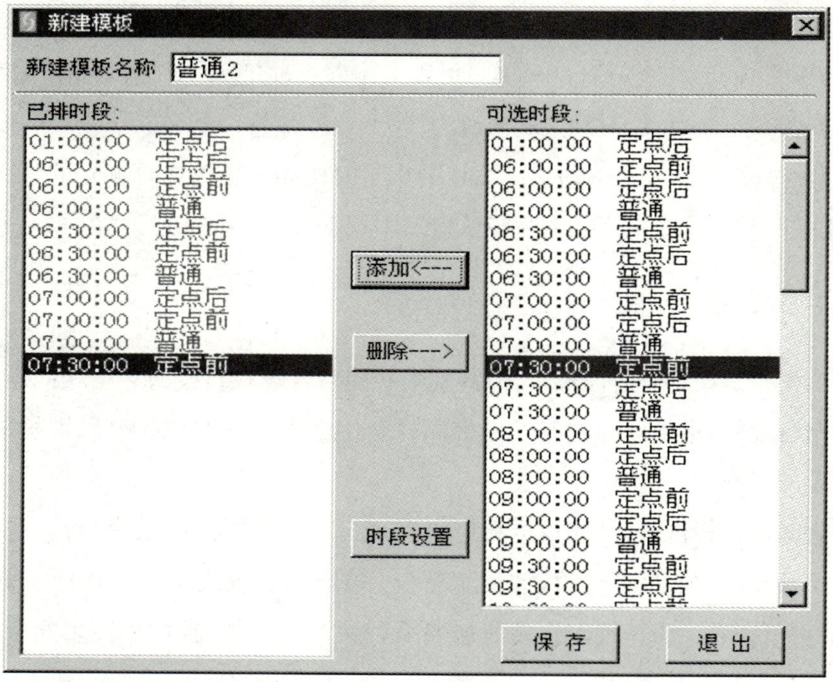

图 6－14 新建模板窗口

（2）编辑模板：可在模板设置窗口中选择要编辑的模板，然后点击“编辑”按钮，打开类似于新建模板的模板编辑窗口，使用上述方法对模板中的广告时段进行修改。

（3）删除模板：可在模板设置窗口中选择要删除的模板，然后点击“删除”按钮，系统将会出现删除模板确认窗口，点击“是(Y)”按钮即可完成删除模板的操作。

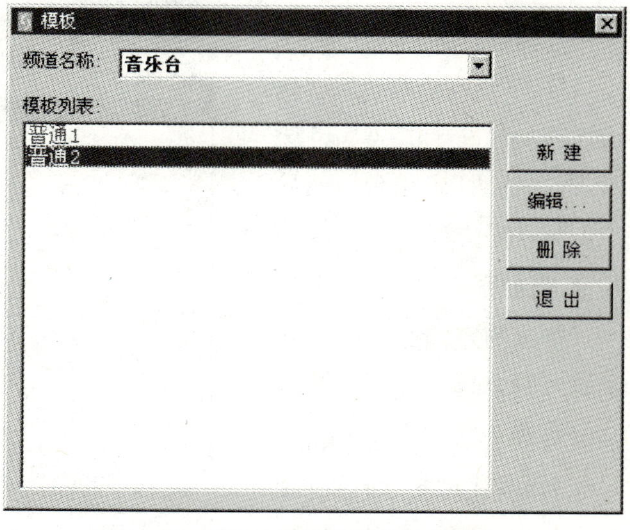

图 6－15 音乐台下新建的普通 2 模板

6.3 广告的管理

6.3.1 广告合同管理窗口

广告合同管理是广告管理工作站的基础，其中包含新建广告合同、广告编排、广告终审等主要功能。用户可以在广告管理工作站主界面的工具栏中点击“广告管理”，打开广告合同管理窗口（如图 6—16）。广告合同管理窗口主要由广告列表框、工具栏和各种功能按钮组成，分别简要说明如下：

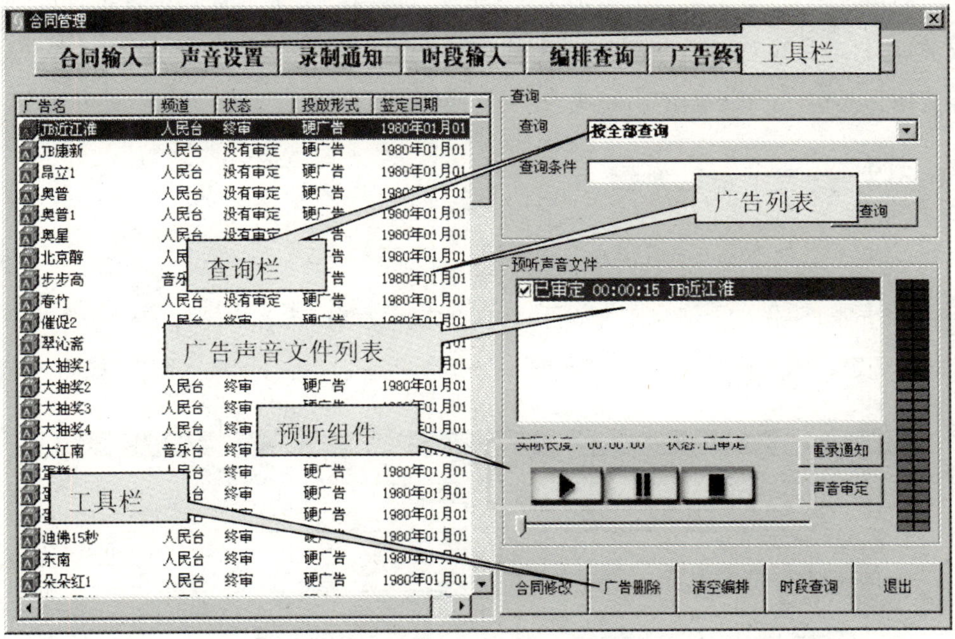

图 6—16　广告合同管理窗口

(1)合同输入：新建与广告客户签订的广告合同，这是在广告管理工作站中建立可以播出广告的前提。

(2)声音设置：在新建广告合同后，根据签订的广告合同设置广告的声音文件，包括声音文件名(一般为广告合同名加数字序号)和声音文件长度(广告长度)。

(3)录制通知：根据设置的声音文件要求，向录制工作站发送录制广告的通知和录制说明，要求录制工作站进行广告节目的录制。

(4)时段输入：将录制好的广告声音文件编排到要播出的时段中。

(5)广告终审：对审定后的广告声音文件的合同文件进行终审，广告节目只有经过终审后才能在播出工作站播出。

(6)广告属性:查看广告节目的详细内容,包括广告合同内容和广告声音文件的属性。

(7)合同修改:修改建立的广告合同。

(8)广告删除:删除建立的广告合同。

(9)清空编排:清空已经编排在广告单中的广告。

(10)时段查询:查询指定的广告在某个时段的编排情况。

(11)重录通知:向录制工作站发送重新录制的通知,要求录制工作站重新录制不符合广告客户要求的广告声音文件。如果没有录制声音文件,该功能按钮为灰色,处于不能使用的状态。

(12)声音审定:审定录制工作站上录制的广告声音文件,审查其是否符合广告客户的要求,广告节目只有经过声音审定后才能进行合同终审。如果没有录制声音文件,该功能按钮为灰色,处于不能使用的状态。

6.3.2 广告节目的新建

6.3.2.1 广告合同的新建

在广告管理工作站上新建广告节目时,应首先建立与广告客户签订的广告合同。在广告合同管理窗口的工具栏中点击"合同输入",可打开新建广告合同输入窗口(如图 6—17)。

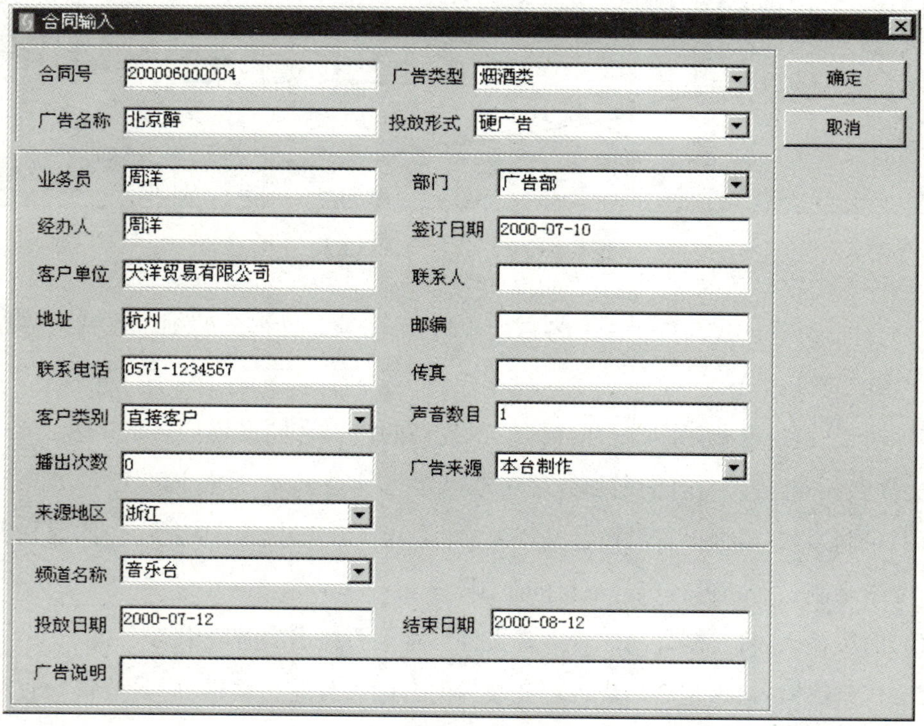

图 6—17 广告合同输入窗口

广告合同输入窗口分为三部分，最上面是广告合同的基本属性，中间部分主要是业务员和客户的相关信息，最下面是广告节目在系列台投放的日期。根据与客户签订的广告合同，用户可以在窗口中输入相关内容。其中需要说明的是：

(1)合同号：广告合同号可以由系统随机分配，也可以由用户自行填写。

(2)广告类型和投放形式：是系统设置窗口中所设置的类型和形式。如果需要，用户可根据实际情况进行设置。

(3)声音数目：一个广告合同下声音文件的数目。

(4)广告来源：广告的声音文件是由本台录制，还是由用户自己提供。

(5)频道名称：广告合同要投放的系列台。

(6)投放日期和结束日期：广告开始播放和停止播放的时间。

在广告合同输入窗口输入相关内容后，用户可点击"确定"按钮，完成建立合同的操作。如果需要对建立的广告合同内容进行修改，可在广告合同管理窗口中选择要修改的广告合同，然后点击"合同修改"按钮，系统将会弹出与广告合同输入窗口类似的广告合同修改窗口。根据需要对合同的内容进行修改后，点击"确定"按钮即可完成修改广告合同的操作。

如果需要删除已经建立的广告合同，可在广告合同管理窗口中选择要删除的广告合同，然后点击"删除广告"按钮，系统将会弹出删除广告确认窗口，点击"是(Y)"即可完成删除广告合同的操作。需要注意的是，这里删除广告合同的操作将会把广告整个删除，包括合同内和已经编排在广告单中的所有广告声音文件。

6.3.2.2　广告声音文件的设置

在建立广告合同以后，接下来的工作就是根据合同对所需的广告声音文件进行设置。在广告合同管理窗口的工具栏中点击"声音设置"，可打开广告声音文件设置窗口。如图 6－18 所示，窗口中的声音名称"北京醇 1"和录制声音文件长度"00：00：20"均为系统默认。

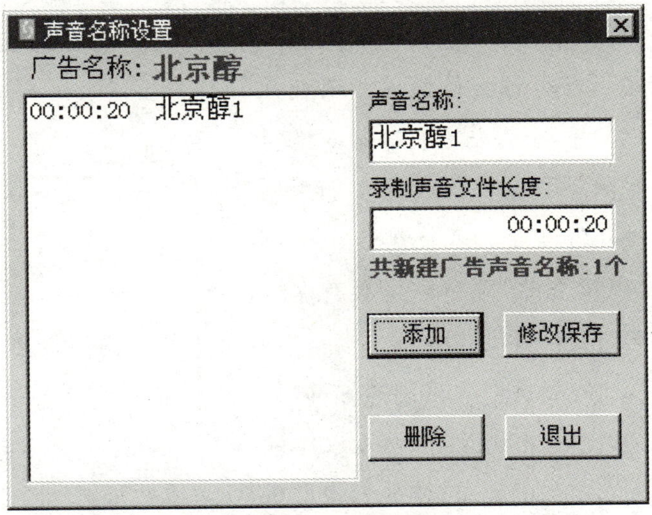

图 6－18　广告声音文件设置窗口

(1)添加声音文件:可在广告声音文件设置窗口中点击“添加”按钮,系统将会出现添加广告声音文件确认窗口(如图6—19)。点击“是(Y)”按钮,即可将声音文件名和时间长度添加到左边的显示框中(如图6—18)。

图6—19 添加广告声音文件确认窗口

(2)修改声音文件:可在广告声音文件设置窗口左侧的显示框中选择要修改的声音文件,然后在右侧的“声音名称”和“声音文件长度”的文本框中对其进行修改。例如,将声音名称修改为“北京醇”,将声音文件长度修改为“00∶00∶30”。点击“修改保存”按钮,系统将会弹出广告声音文件修改确认窗口,点击“是(Y)”即可完成修改声音文件的操作(如图6—20)。

图6—20 广告声音文件修改确认窗口

(3)删除声音文件:可在窗口左侧的显示框中选择要删除的广告声音文件,然后点击“删除”按钮,并在出现的窗口中确认声音文件的删除操作。

6.3.2.3 广告录制通知

按照要求对广告声音文件进行设置后,用户就可以将广告录制通知发送到系统中的录制工作站。应首先在广告合同管理窗口中选择要录制的广告,然后点击工具栏中的“录制通知”,打开广告录制通知发送窗口(如图6—21)。窗口上方的“声音名称”和“声音长度”是广告声音文件设置中所输入的信息,下方状态栏中显示的是当前声音文件的状态。如果所选广告设置了多个声音文件,则“声音文件”菜单中也会有多个声音文件可供选择。

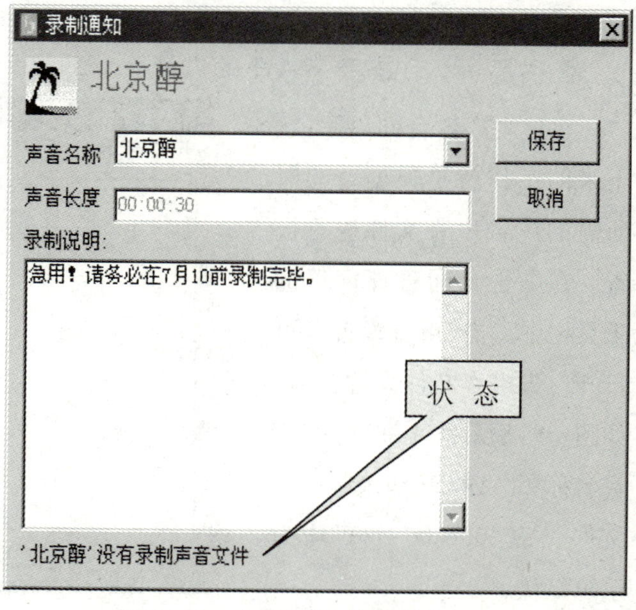

图6—21 广告录制通知发送窗口

在发送广告录制通知前,用户可在“录制说明”文本框中输入对广告的要求,例如要求广告录制完成的时间等。发送广告录制通知,可在窗口中点击“保存”按钮,并在出现的窗口中确认发送广告录制通知的操作,广告录制通知单就会发送到相应的录制工作站上。至此,广告管理工作站上的广告建立工作已经完成。图 6—22 所示为新建广告在广告管理工作站中的状态,而广告声音文件的录制工作可参见广告录制的相关章节。

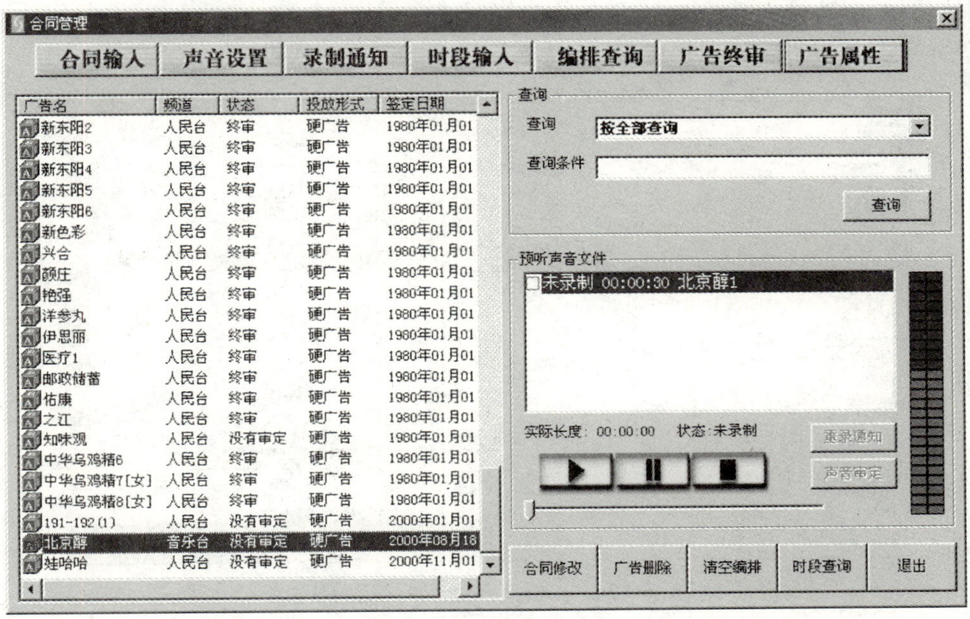

图 6—22　新建广告在广告管理工作站中的状态

6.3.3　广告节目的审定

广告节目的审定工作包括广告声音文件的审定和广告合同的终审。

6.3.3.1　声音文件的审定

在录制工作站上录制好的广告声音文件发送到广告管理工作站后,广告状态就会由图 6—22 所示窗口中的“未录制”转换为“未审定”。审定录制好的广告声音文件,可以使用窗口中的预听组件。在审定声音文件的过程中,其实际长度也会显示在窗口中。如果审定的声音文件完全符合广告的录制要求,可以点击“声音审定”按钮,系统将会出现声音审定确认窗口,点击“是(Y)”即可完成对广告声音文件的审定(如图 6—23)。

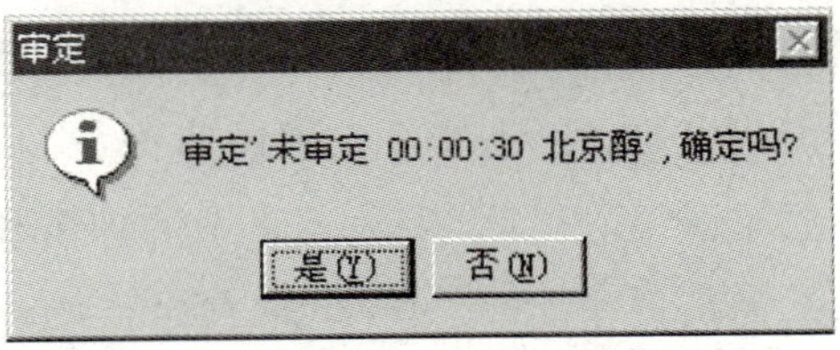

图 6—23　广告声音文件审定确认窗口

声音文件经过审定后,预听声音文件框

中的相应声音文件前将会出现标记“√”，声音文件的状态也将由“未审定”转换为“已审定”（如图 6—24）。需要注意的是，广告列表内的状态和广告声音文件状态栏内的状态是不同的。广告列表内的状态是指广告合同的状态，“没有审定”是指广告合同没有经过终审，“终审”是指广告合同已经通过终审。

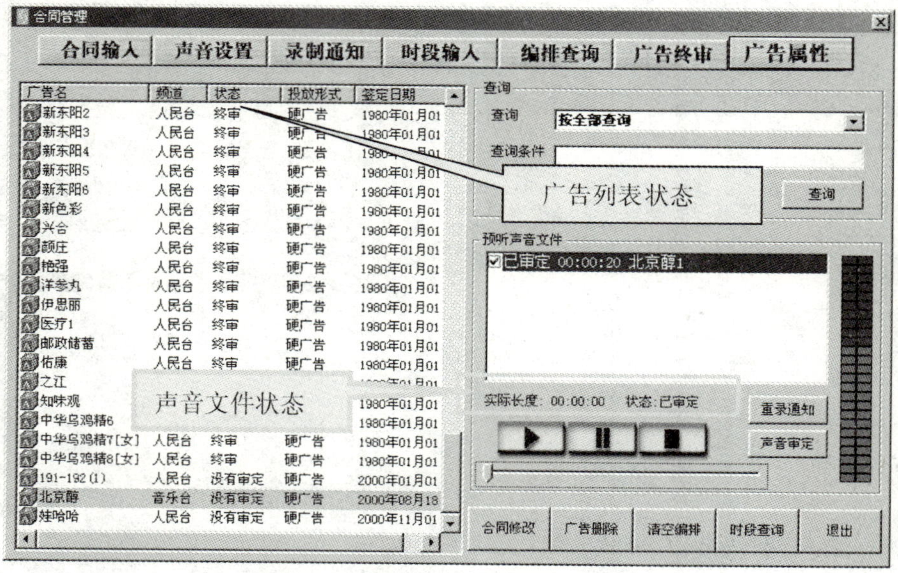

图 6—24 广告声音文件审定后的状态

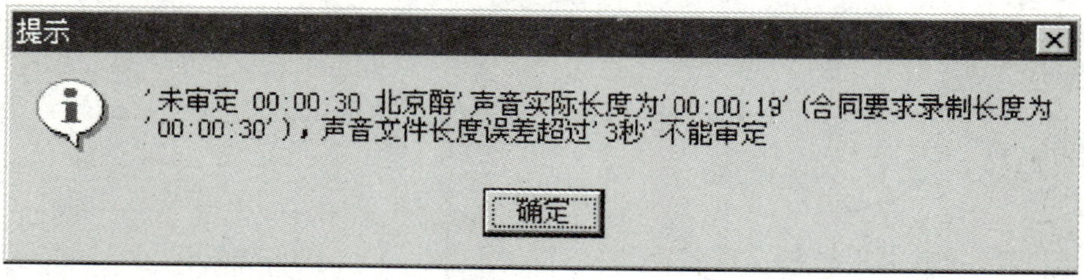

图 6—25 广告声音文件审定中的错误提示窗口

如果录制的声音文件不符合广告录制的要求，或者在审定过程中出现错误提示，则广告声音文件需要重新录制（如图 6—25）。这时，应点击窗口中的“重录通知”按钮，向录制工作站发送重新录制广告的通知。在广告重录通知发送窗口中，用户可在“重录录制说明”中输入重录的理由与要求，然后点击“重录保存”将其发送到相应的录制工作站（如图 6—26）。

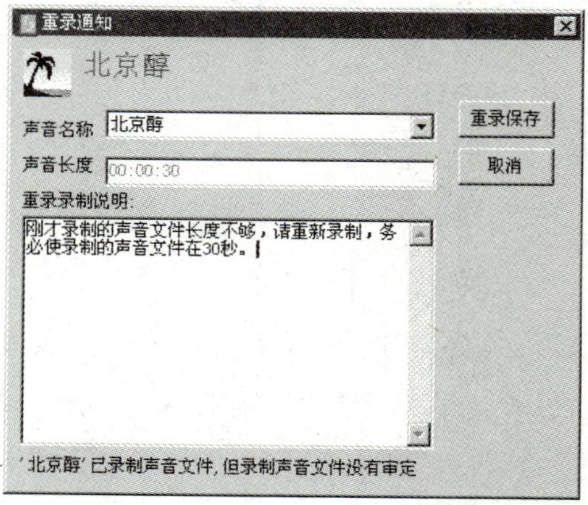

图 6—26 广告重录通知发送窗口

6.3.3.2　广告合同的终审

声音文件经过审定后的广告，其广告合同可以进行终审。可在合同管理窗口的工具栏中点击“广告终审”，将会打开广告合同终审窗口（如图6－27）。没有通过终审的广告，其终审标志中没有“√”。

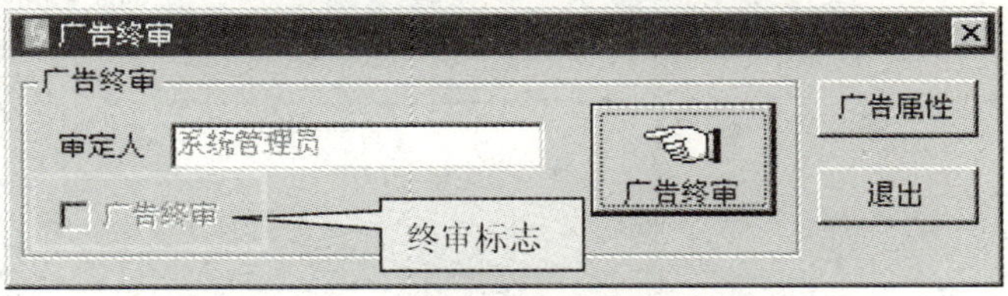

图6－27　广告合同终审窗口

广告合同的终审主要是对广告的各种属性进行检查，可在窗口中点击“广告属性”按钮，将会打开广告属性显示窗口（如图6－28）。窗口中显示所选广告的全部属性，包括广告合同的内容和广告声音文件的基本属性。如果广告可以通过终审，可在广告合同终审窗口中点击“广告终审”，并在出现的窗口中确认广告终审的操作。经过终审的广告，其终审标志中有“√”（如图6－29）。在窗口中点击“退出”按钮，系统将会返回到广告合同管理窗口。此时，在广告列表中，广告状态也会由“没有审定”转换为“终审”。

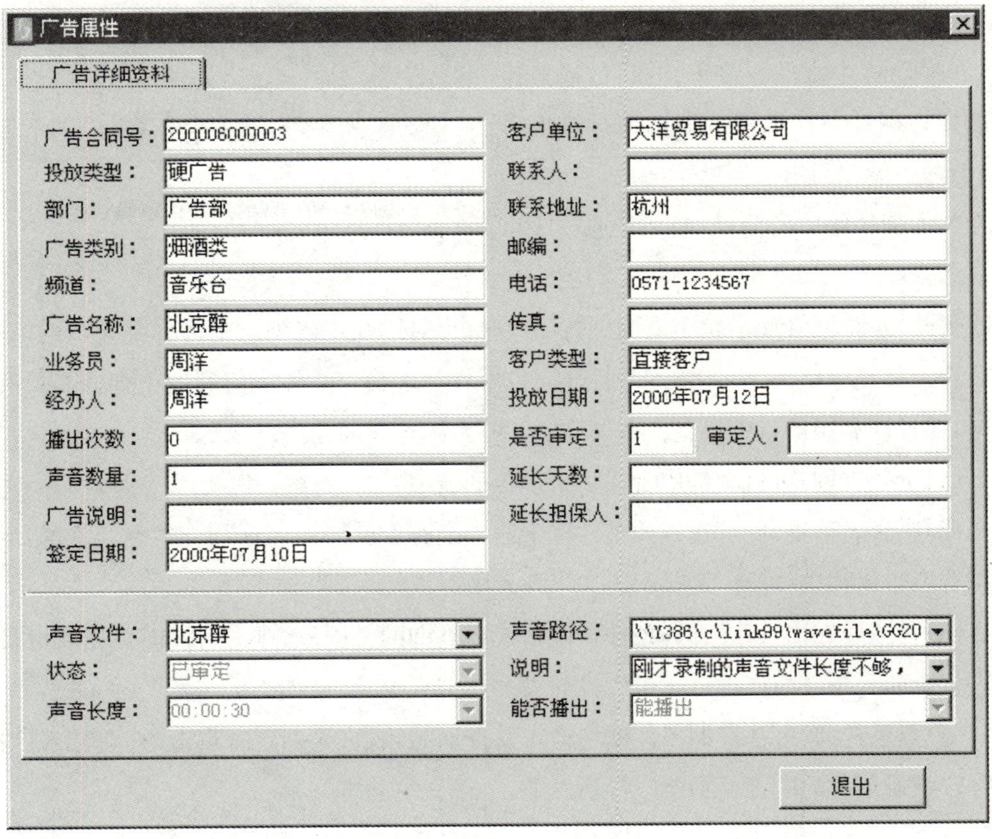

图6－28　广告属性显示窗口

图 6－29 经过终审后的广告合同终审窗口

对于已经终审过的广告，用户也可以选择取消终审操作。可首先在广告列表中选择需要取消的广告，然后点击“广告终审”按钮，系统将会出现取消广告终审确认窗口（如图6－30）。点击“是（Y）”则会取消广告终审，返回到合同管理，广告列表中的广告状态也会由“终审”转换为“没有审定”。

需要注意的是，广告终审是指终审整个广告合同，如果广告合同中有多个声音文件，那么只有所有的声音文件都通过审定后，广告合同才能进行终审。而且，通过审定的广告声音文件虽然可以被编排进广告单，但却不能在播出工作站中播放。在播出工作站上播放的广告节目，必须是通过终审的广告。

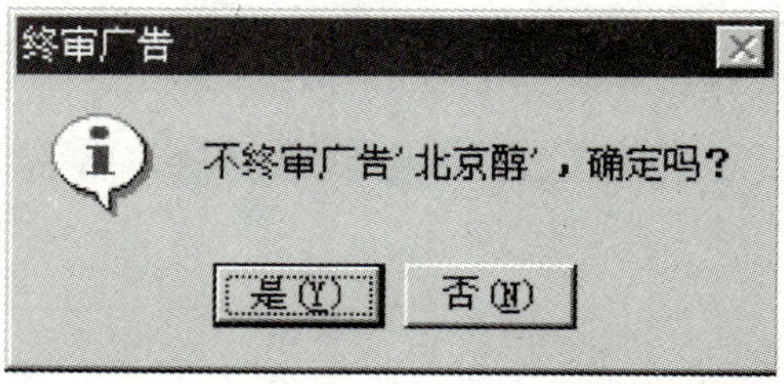

图 6－30 取消广告终审确认窗口

另外，在合同管理窗口中查询广告属性时，也可以在广告列表中选择要查询的广告，然后在工具栏中点击“广告属性”，打开广告属性显示窗口。在广告列表中查询需要的广告时，还可以利用窗口中提供的查询功能。共有四种查询方式：

（1）全部查询：可将全部广告显示于广告列表中。

（2）广告名称查询：可在查询条件框中输入要查询的广告名称，点击“查询”按钮后可将符合广告名称条件的广告显示于广告列表中。

（3）合同号查询：可在查询条件框中输入要查询的合同号，点击“查询”按钮后可将符合广告合同号条件的广告显示于广告列表中。

（4）频道查询：可在查询条件框中输入要查询的频道（系列台），点击“查询”按钮后可将符合频道条件的广告显示于广告列表中。

6.3.3.3　广告的编排

在广告合同管理窗口中，广告编排要用到工具栏中的“时段输入”。用户可首先在广告列表中选择要编排的广告，然后点击“时段输入”，打开广告编排窗口（如图 6－31）。窗口左侧的列表框中显示的是已经编排的广告时段，右侧的列表框中显示的是可供选择的广告时段，中间部分是广告编排功能按钮。窗口中其他区域的功能分别简要说明如下：

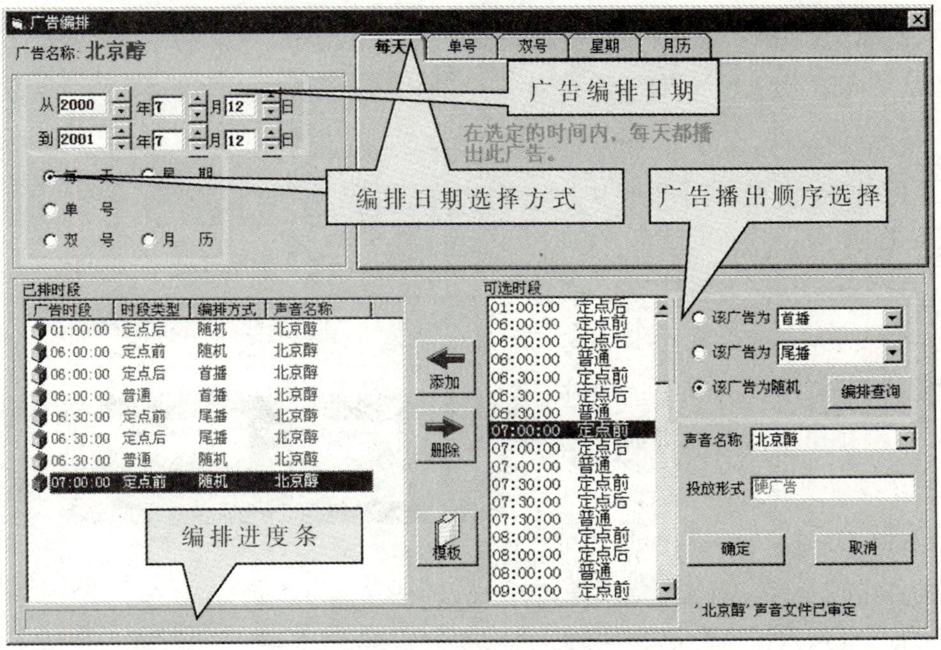

图 6－31　广告编排窗口

(1)广告名称：当前所要编排的广告合同名称。

(2)声音名称：广告合同中声音文件的名称。根据广告合同的要求，一个广告中可能有多个声音文件。

(3)广告编排日期：广告被编排播放的时间范围，将按合同中的广告投放日期和结束日期显示。

(4)编排日期选择方式：广告编排日期内广告播放的频率。其中，“每天”是指在广告编排日期内，每天都要按照编排时间播放广告；“单/双号”是指在广告编排日期内，每逢单/双号按照编排时间播放广告；“星期”是指在广告编排日期内，广告只能在选定的星期按照编排时间播放广告（如图 6－32 中打“√”的星期）；“月历”是指在广告编排日期内，只能在选定的日期按照编排时间播放广告（如图 6－33 中显示为绿色的日期）。

(5)广告播出顺序选择:选择在某个时段内广告安排播放的顺序,因为一个广告时段内通常要播放多条广告。其中,“首播”是指广告将在播出时段第一个播放;“尾播”是指广告在播出时段最后一个播放;“随机”是指广告将按照随机顺序播放。

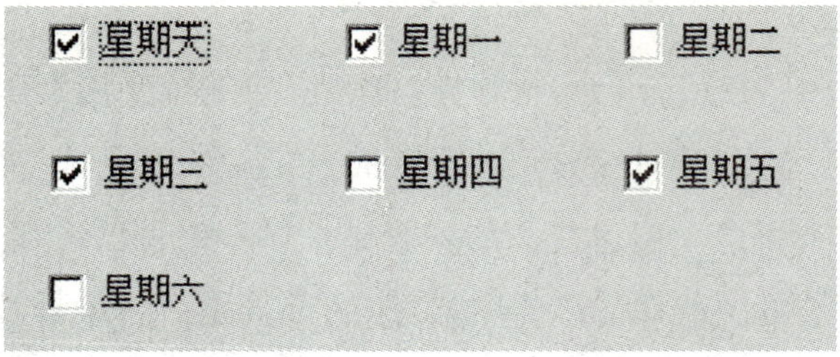

图 6—32 选择广告播放的星期

在广告编排窗口对广告进行编排时,应首先确定广告的编排日期和编排日期选择方式,然后确定广告声音文件的名称,因为广告中可能有多个声音文件。需要注意的是,在添加广告时段之前,还必须选择广告播出顺序。因为系统缺省设置下,播出顺序为随机播放,所以如果不选择播出顺序,编排出来的广告将都按照随机顺序播放。

图 6—33 选择广告播放的日期

编排广告时段时,用户可先在右侧的可选时段列表中选择需要编排的时段,然后点击“添加”按钮将其添加到左侧的已编时段列表中。在已排时段列表中删除添加的广告时段时,可在选择后点击“删除”按钮。这样,通过添加和删除操作,用户可以对所有需要的时段进行编排。需要注意的是,广告时段不允许进行重复添加。另外,编排广告时段时,用户也可以直接点击窗口中的“模板”按钮,调用提前设置的广告模板,系统将打开广告模板窗口(如图 6—34)。用户可在广告模板窗口中选择适当的模板,然后点击“打开”按钮,系统就会返回到广告编排窗口,模板中的内容也会添加到已排时段列表中(如图 6—35)。

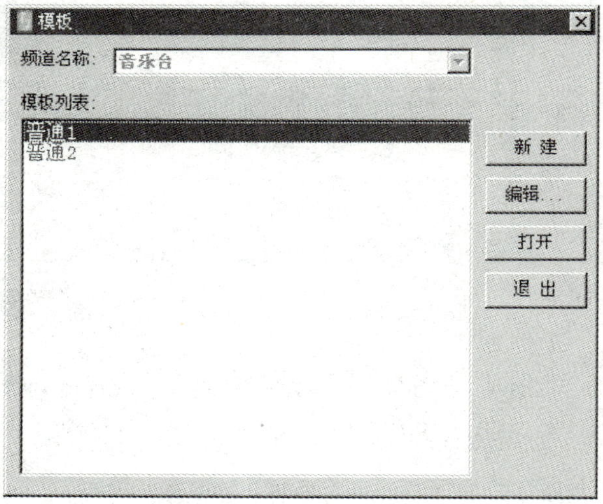

图 6—34 广告模板窗口

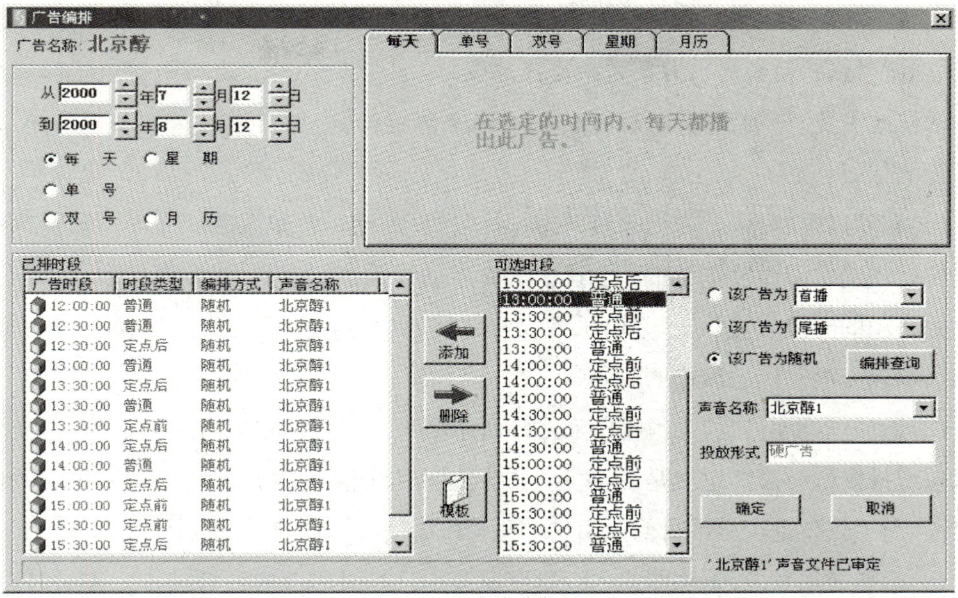

图 6—35　在广告编排窗口调用设置的模板

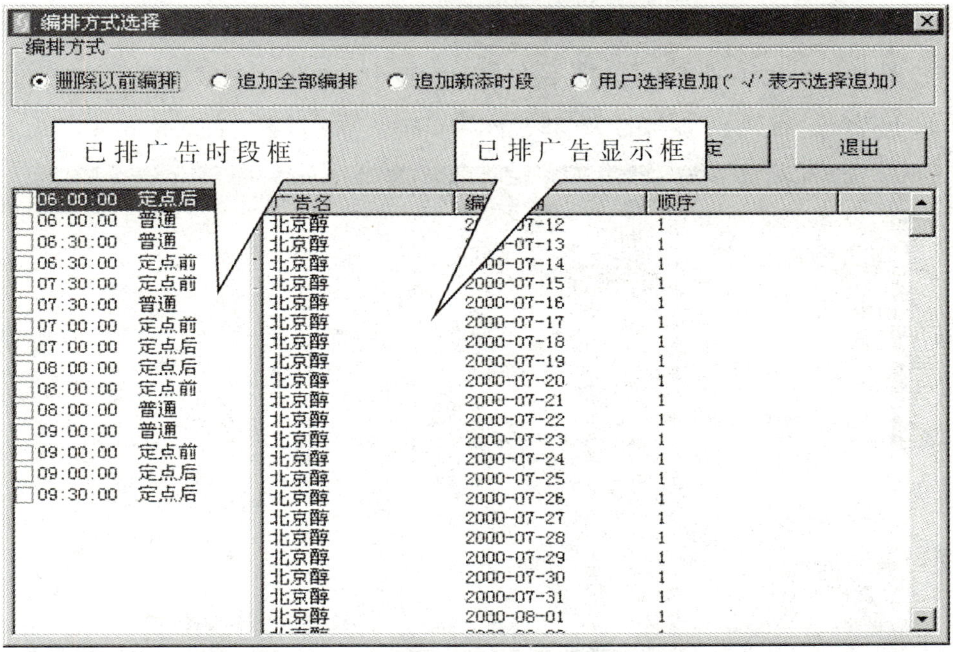

图 6—36　广告编排修改窗口

无论采用上述何种方式，编排完广告时段后，用户可以在窗口中点击“确定”按钮，由广告管理工作站开始广告编排工作，窗口下方的编排进度条会显示当前编排进度。在广告时段编排结束后，系统会出现编排完毕确认窗口，用户可点击“确定”按钮完成广告的初次编排。

如果用户需要对以前编排好的广告时段进行再次编排，可以在图 6－35 所示窗口中点击“确定”按钮，系统将打开广告编排修改窗口（如图 6－36）。窗口中提供了四种可供选择的修改方式，分别为删除以前编排、追加全部编排、追加新添时段和用户选择追加。分别说明如下：

（1）删除以前编排：首先删除以前编排好的时段，然后再根据图 6－35 所示窗口中已排时段框内选中的时段进行重新编排。需要注意的是，广告编排修改窗口中已排广告时段框内显示的时段，是图 6－35 所示窗口中已排时段框内选择的已经编排广告的时段，而不显示以前没有广告编排的时段。

（2）追加全部编排：追加编排图 6－35 所示窗口中已排时段框内选择的时段，而不删除以前编排好的时段。也就是说，这里的“全部”是指图 6－35 所示窗口中已排时段框内的时段，而不仅仅是广告编排修改窗口中已排广告时段框内显示的时段。

（3）追加新添时段：追加图 6－35 所示窗口中已排时段框内没有编排广告的时段，追加的新添时段将会显示在广告编排修改窗口中已排广告时段框内。新添时段不需要用户自己查找，系统会自动区别这些时段是否已经编排广告。

（4）用户选择追加：追加编排广告编排修改窗口中已排广告时段框内选择的时段（在时段前的选择框内打“√”），与图 6－35 所示窗口中已排时段框内的时段无关。

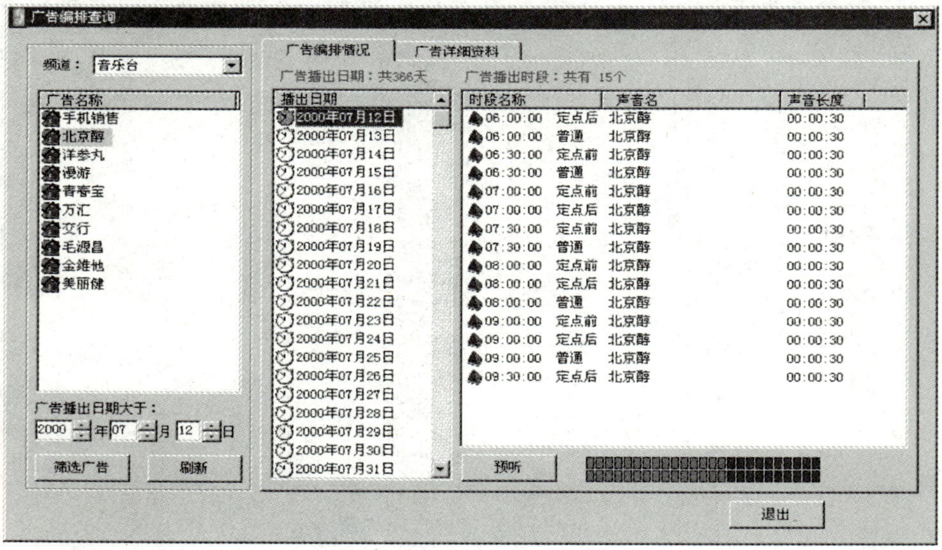

图 6－37 广告编排查询窗口

对于已经编排好的广告，用户可以在图 6－35 所示窗口中点击“编排查询”按钮，系统会打开广告编排查询窗口（如图 6－37）。窗口中可供查询的信息有两部分，分别是广告编排情况和广告详细资料。广告编排查询窗口显示广告编排情况，主要由三部分组成,左边是所选系列台下所有的广告列表,中间是所选广告的播出日期,右边是所选日期中的广告播出时段。如果在窗口中选择查看广告详细资料,系统会打开广告属性显示窗口(如图 6—28)。窗口中各部分的功能按钮分别说明如下:

(1)频道:选择要查询广告的所属系列台。

(2)广告播出日期大于:设置广告编排查询的日期。

(3)筛选广告:查询符合用户查询条件的广告。

(4)刷新:更新显示资料。

(5)预听:预听广告节目。

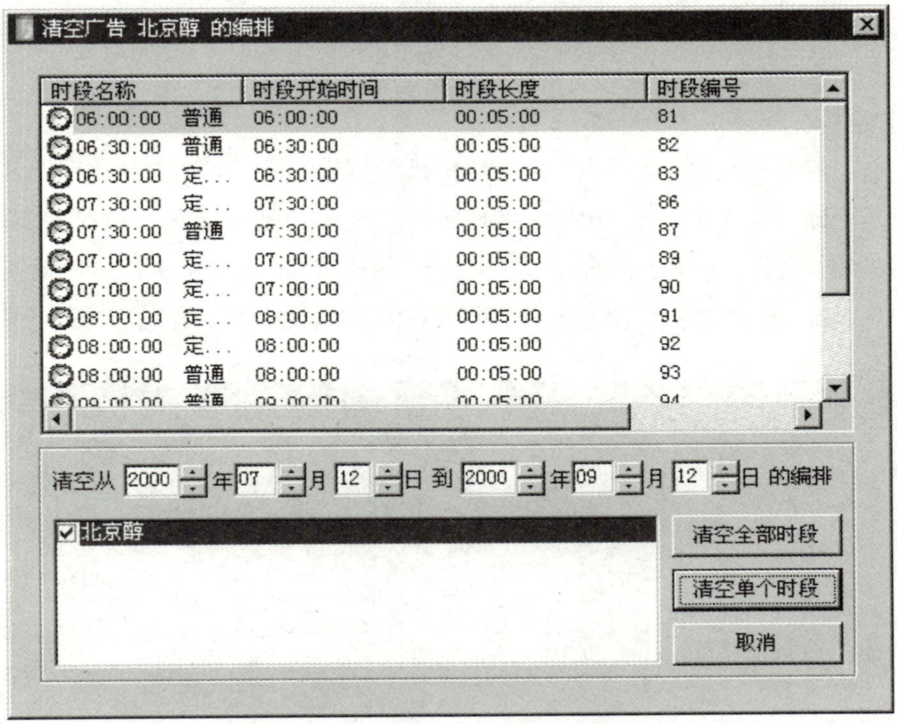

图 6—38 清空广告编排窗口

对于已经编排好的广告,用户还可以根据需要对编排的广告时段进行删除操作。此时,应首先在广告合同管理窗口的广告列表中选择适当的广告,然后点击“清空编排”按钮,打开清空广告编排窗口(如图 6—38)。窗口上方的列表显示的是所选广告已经编排好的广告时段,下方的列表显示的是广告中包含的声音文件。清空编排分为两种:一种是清空全部时段,是指清空指定日期中所有已经编排好的广告时段;另一种是清空单个时段,是指清空选定的已排广告时段。

(1)清空全部时段:需首先设置清空时段的时间范围,然后在下方声音文件列表中选择要清空的广告声音文件(在声音文件前面的选择框内打"√"),点击窗口中的"清空全部时段"按钮,系统将打开清空时段确认窗口,确认清空时段的操作后,即可完成清空所选时间范围内所有广告时段的操作。

(2)清空单个时段:同样需首先设置清空时段的时间范围,然后在下方声音文件列表中选择要清空的广告声音文件。同时,在广告时段列表中选择要清空的时段,如图6—38所示,选择的为"06∶00∶00普通",然后点击"清空单个时段"按钮。确定所进行的清空操作后,即可将设置时间范围内的"06∶00∶00普通"时段清空。

需要注意的是,对已经通过终审的广告不能进行清空编排操作。如果确实需要清空,则应首先取消广告终审。

6.3.3.4 广告时段的查询

广告时段查询是指查询某个广告时段中已经编排的广告时间总长。广告时段查询可以使用户随时了解某个时段中剩余的广告编排时间,掌握广告编排情况,合理进行广告时段的编排工作。可在合同管理窗口中点击"时段查询"按钮,打开广告时段查询窗口(如图6—39)。窗口的左侧是广告时段列表,右侧是选择查询结果显示框。

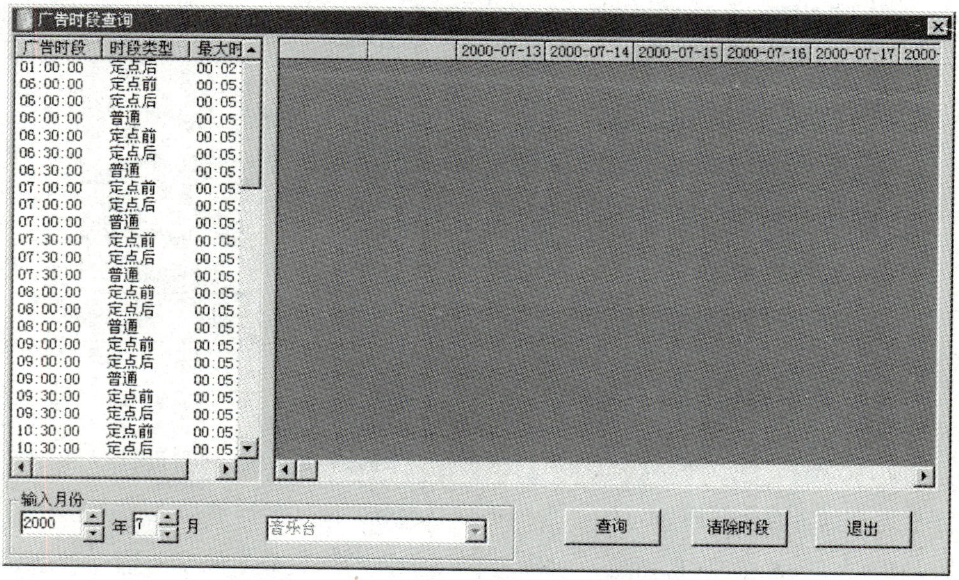

图6—39 广告时段查询窗口

查询广告时段时,应首先在广告时段查询窗口下方输入要查询的月份,然后在时段列表中双击要查询的时段,例如双击时段"08∶00∶00定点前",窗口右侧将会显示"08∶00∶00定点前"。点击"查询"按钮,窗口中将会显示该时段每天已排广告的时间总

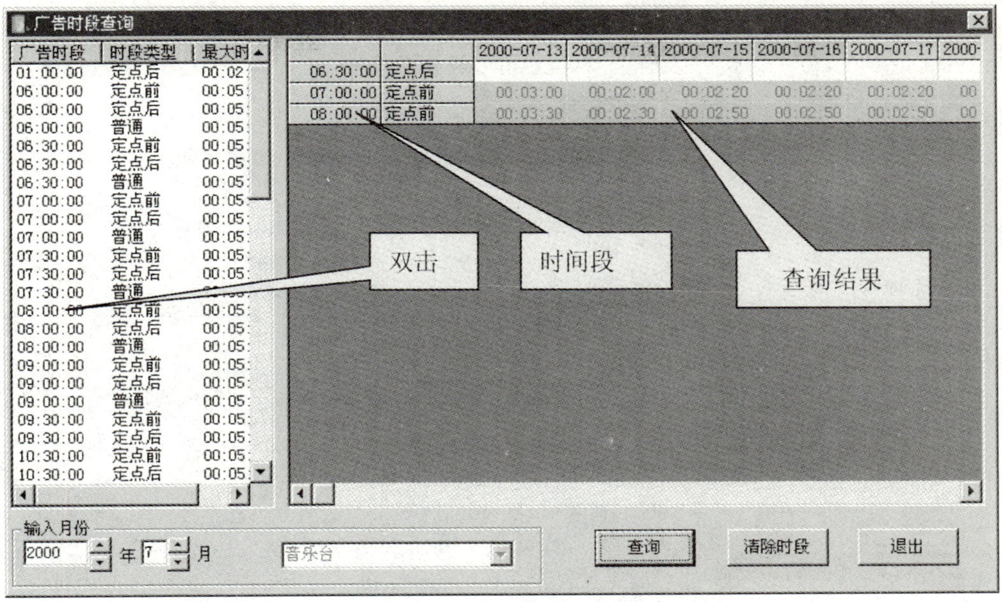

图 6－40　广告时段查询窗口中的查询结果

长(如图6－40)。如果没有时间显示(如窗口中的时段“06：30：00 定点后”),说明在该时段中还没有广告编排。

如果查询后用户需要对广告进行清空时段的操作,可以直接在窗口中点击“清除时段”按钮,同样将打开清空广告编排窗口。

▶▶6.4　广告的编排

6.4.1　广告编排的修改

广告编排修改是指对已经编排好的广告进行编排修改。用户可在广告管理工作站主界面中选择“广告编排”,然后在出现的菜单中选择“广告编排修改”选项,系统将打开广告编排修改窗口(如图 6－41)。窗口左侧显示系列台中的广告,右侧显示所选广告的编排。窗口中其他功能区域分别说明如下:

(1)筛选广告:查询符合用户查询条件的广告。

(2)刷新:更新显示框中的广告编排情况。

(3)加播一次:为所选广告的一个或者多个指定时段增加一次播出。

(4)减播一次:为所选广告的一个或者多个指定时段减少一次播出。

(5)修改播出:在指定的一个或者多个时段中,对所有频道中的广告进行播出修改。

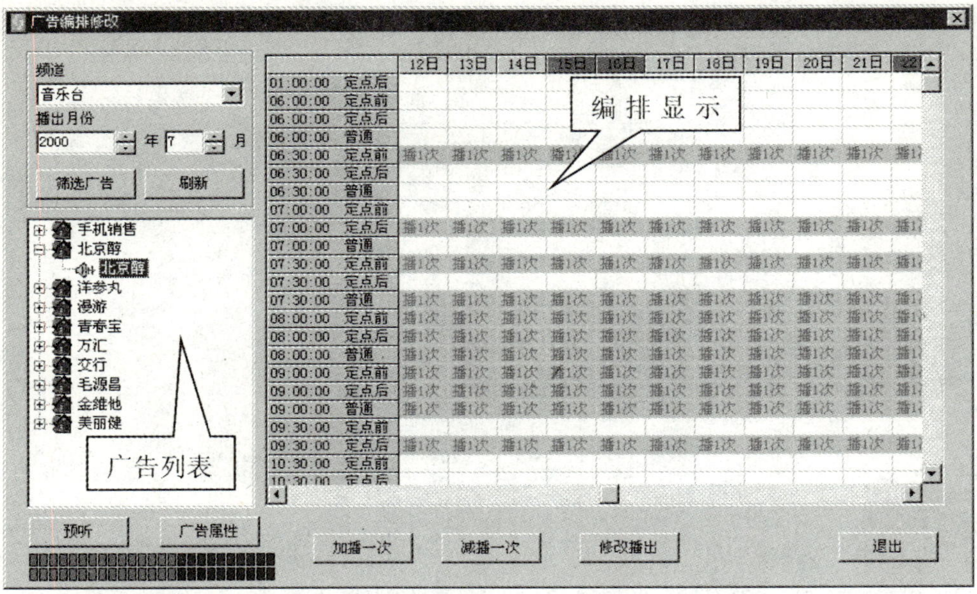

图 6—41　广告编排修改窗口

用户在广告编排修改窗口中对已经进行编排的广告进行修改时，可以采取如下步骤：

(1)根据需要选择广告所在频道(系列台)，如图 6—41 所示，频道选择框中选择的为“音乐台”。

(2)在“播出月份”中，输入广告编排修改所需的月份。

(3)如果所选频道中有多个广告，可以点击“筛选广告”按钮，系统将打开广告筛选窗口(如图 6—42)。在窗口中，用户可以通过广告名称、广告类型和签订日期等查询条件查询所需的广告。

(4)在广告列表中选择需要的广告声音文件，如图6—41所示，选择的为广告“北京醇”下的声音文件“北京醇”，然后点击“刷新”按钮，右侧编排显示窗口中就会显示该广告的编排情况。窗口中“播 1 次”是指某天的某个时段中该广告播出一次，如果窗口中没有显示，说明某天的某个时段中该广告没有被编排播出。

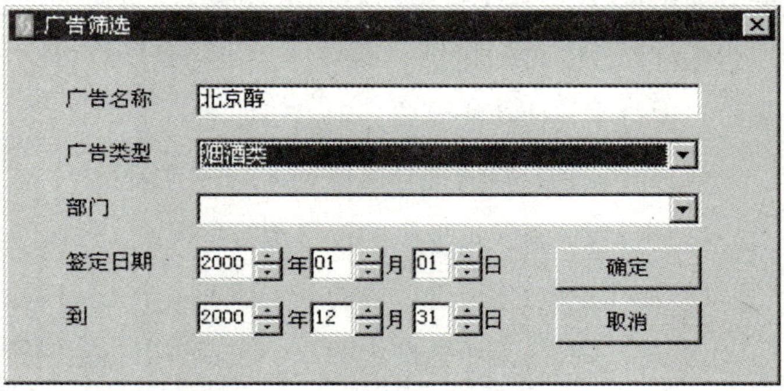

图 6—42　广告筛选窗口

(5)对广告编排进行修改。分为两种，分别是加播一次和减播一次。对广告编排进行加播一次的修改时，可首先用鼠标拖拽的方式在编排显示框内选择要加播的日期和时段(如图 6—43)。

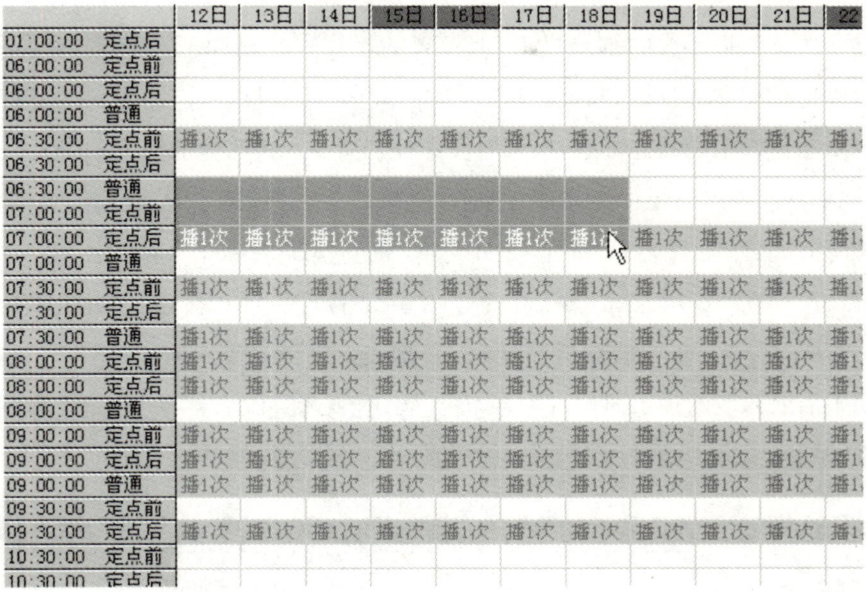

	12日	13日	14日	15日	16日	17日	18日	19日	20日	21日	22
01:00:00 定点后											
06:00:00 定点前											
06:00:00 定点后											
06:00:00 普通											
06:30:00 定点前	播1次	播1次	播1次	播1次	播1次	播1次	播1次	播1次	播1次	播1次	播1
06:30:00 定点后											
06:30:00 普通											
07:00:00 定点前											
07:00:00 定点后	播1次	播1次	播1次	播1次	播1次	播1次	播1次	播1次	播1次	播1次	播1
07:00:00 普通											
07:30:00 定点前	播1次	播1次	播1次	播1次	播1次	播1次	播1次	播1次	播1次	播1次	播1
07:30:00 定点后											
07:30:00 普通	播1次	播1次	播1次	播1次	播1次	播1次	播1次	播1次	播1次	播1次	播1
08:00:00 定点前	播1次	播1次	播1次	播1次	播1次	播1次	播1次	播1次	播1次	播1次	播1
08:00:00 定点后	播1次	播1次	播1次	播1次	播1次	播1次	播1次	播1次	播1次	播1次	播1
08:00:00 普通											
09:00:00 定点前	播1次	播1次	播1次	播1次	播1次	播1次	播1次	播1次	播1次	播1次	播1
09:00:00 定点后	播1次	播1次	播1次	播1次	播1次	播1次	播1次	播1次	播1次	播1次	播1
09:00:00 普通	播1次	播1次	播1次	播1次	播1次	播1次	播1次	播1次	播1次	播1次	播1
09:30:00 定点前											
09:30:00 定点后	播1次	播1次	播1次	播1次	播1次	播1次	播1次	播1次	播1次	播1次	播1
10:30:00 定点前											
10:30:00 定点后											

图 6—43 在广告编排修改窗口中选择修改的日期和时段

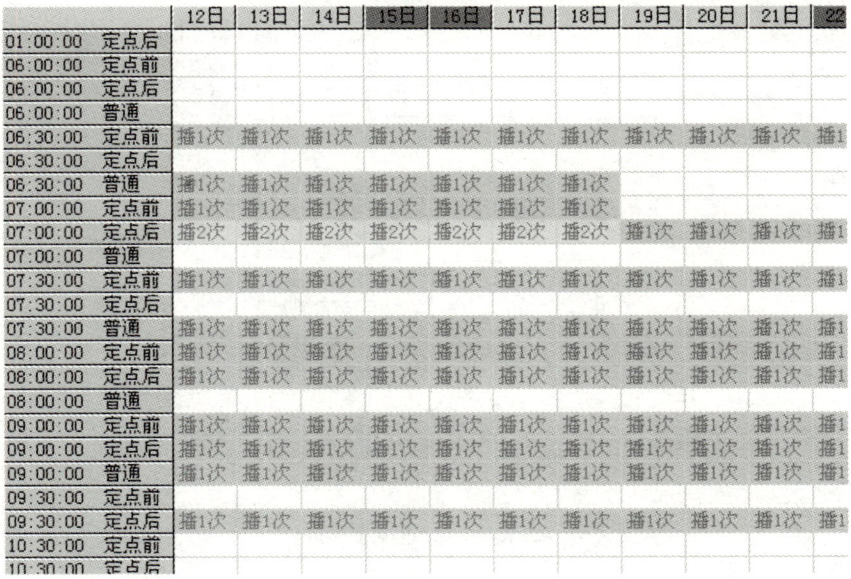

	12日	13日	14日	15日	16日	17日	18日	19日	20日	21日	22
01:00:00 定点后											
06:00:00 定点前											
06:00:00 定点后											
06:00:00 普通											
06:30:00 定点前	播1次	播1次	播1次	播1次	播1次	播1次	播1次	播1次	播1次	播1次	播1
06:30:00 定点后											
06:30:00 普通	播1次	播1次	播1次	播1次	播1次	播1次	播1次				
07:00:00 定点前	播1次	播1次	播1次	播1次	播1次	播1次	播1次				
07:00:00 定点后	播2次	播2次	播2次	播2次	播2次	播2次	播2次	播1次	播1次	播1次	播1
07:00:00 普通											
07:30:00 定点前	播1次	播1次	播1次	播1次	播1次	播1次	播1次	播1次	播1次	播1次	播1
07:30:00 定点后											
07:30:00 普通	播1次	播1次	播1次	播1次	播1次	播1次	播1次	播1次	播1次	播1次	播1
08:00:00 定点前	播1次	播1次	播1次	播1次	播1次	播1次	播1次	播1次	播1次	播1次	播1
08:00:00 定点后	播1次	播1次	播1次	播1次	播1次	播1次	播1次	播1次	播1次	播1次	播1
08:00:00 普通											
09:00:00 定点前	播1次	播1次	播1次	播1次	播1次	播1次	播1次	播1次	播1次	播1次	播1
09:00:00 定点后	播1次	播1次	播1次	播1次	播1次	播1次	播1次	播1次	播1次	播1次	播1
09:00:00 普通	播1次	播1次	播1次	播1次	播1次	播1次	播1次	播1次	播1次	播1次	播1
09:30:00 定点前											
09:30:00 定点后	播1次	播1次	播1次	播1次	播1次	播1次	播1次	播1次	播1次	播1次	播1
10:30:00 定点前											
10:30:00 定点后											

图 6—44 对选择日期中的时段进行加播一次的修改

窗口中选择的日期为 12 日—18 日，选择的广告时段分别为“06：30：00 普通”、“07：00：00定点前”和“07：00：00 定点后”。这样，在窗口中点击“加播一次”按钮后，所选日期中的各个时段中就会分别增加一次广告的播出(如图 6—44)。因为时段

"06：30：00普通"和"07：00：00 定点前"之前没有编排广告，所以加播一次后编排显示为"播 1 次"，而时段"07：00：00 定点后"之前编排了广告，所以加播一次后编排显示为"播 2 次"。

减播一次与加播一次的结果相反，但两者的操作完全相同。例如，如果在图 6－44 所示窗口中选择同样的日期和时段范围，点击"减播一次"按钮，广告编排会重新返回到图 6－43 所示窗口中的状态，即在所选时段中分别减少一次广告的播出。

(6)利用修改播出功能对广告编排进行单独修改。应首先在广告编排修改窗口中选择要修改的播出日期和时段，例如选择 12 日－18 日的时段"06：30：00 普通"、"07：00：00 定点前"和"07：00：00 定点后"，然后在窗口中点击"修改播出"按钮，打开其相应的窗口(如图 6－45)。窗口中的"播出日期"显示之前所选的需要修改的播出日期，"时段"显示所选日期中需要修改的播出时段，"时段状态"显示所选时段名称、广告播出时间限制和已经编排的广告长度，"已编广告"显示所选时段中已经编排好的广告。

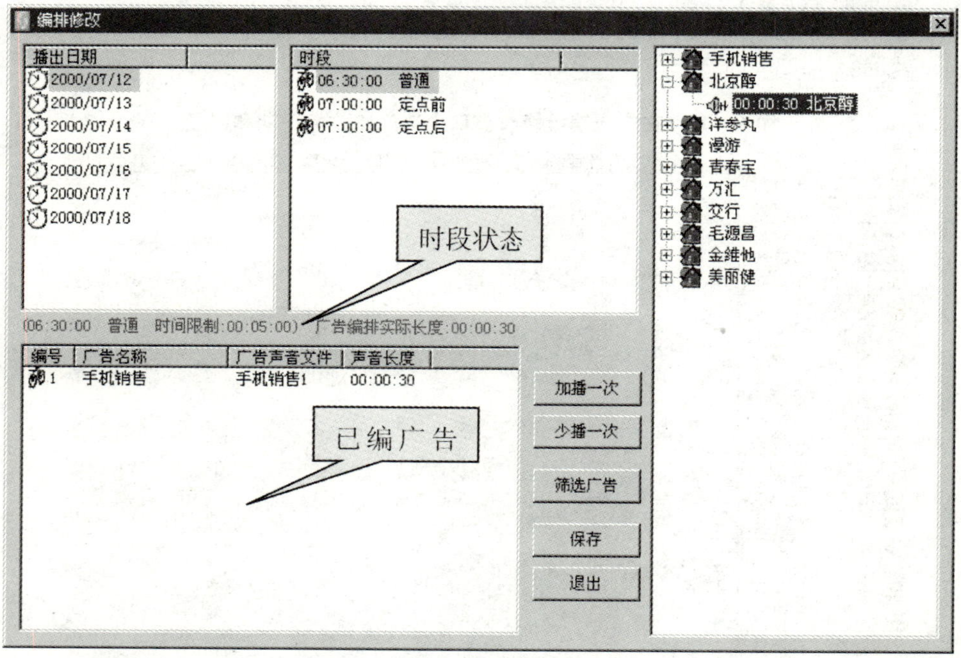

图 6－45 广告编排修改窗口

在图 6－45 所示窗口中修改广告编排时，可首先选择所修改时段的播出日期，然后选择要修改的播出时段，例如窗口中选择的时段为"06：30：00 普通"，时段状态栏中就会显示所选时段的状态。可以看出，该广告时段的时间限制为 5 分钟，而此时广告编排时间长度为 30 秒，也就是已编广告栏中的广告。如果用户需要在该时段中加播广告，可在右侧广告栏中选择要加播的广告声音文件，然后点击“加播一次”按钮，将其添加到已编广告栏中(如图 6—46)。此时，时段状态栏中的广告编排实际长度也会相应增加。

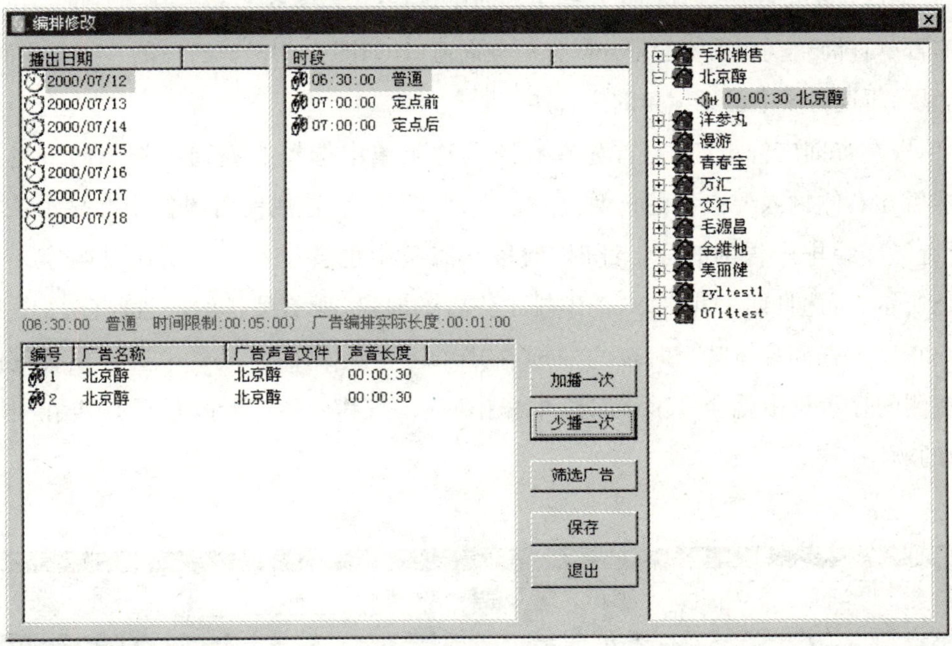

图 6—46　在编排修改窗口修改广告时段的编排

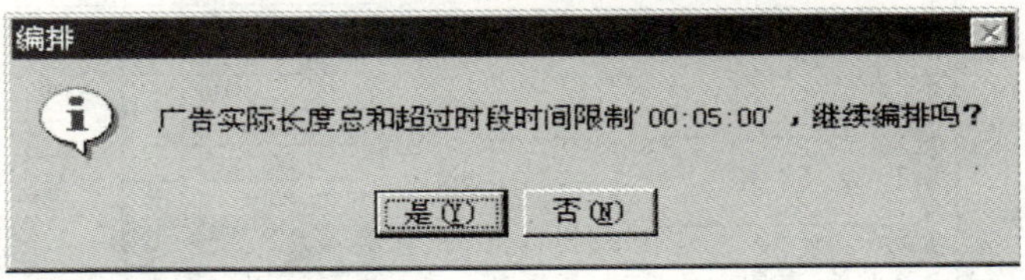

图 6—47　广告编排超过时间限制的提示窗口

在选择的广告时段内，用户可以连续使用“加播一次”功能对该时段进行编排，直至所编广告时间长度超过时段的限制时间。如果编排的广告时间长度超过时段的限制时间，系统就会出现提示窗口(如图 6—47)。选择“是(Y)”可继续在时段内添加广告，选择“否(N)”停止广告时段编排。这里的“少播一次”和“加播一次”的操作也基本相同，只是不需要在广告栏中选择广告，可以直接在已编广告栏中选择相应的广告，然后点击“少播一次”或“加播一次”按钮即可。

6.4.2　广告编排的查询

查询广告编排可在广告管理工作站主界面中选择“广告编排”，然后在出现的菜单中选择“广告编排查询”选项，此时系统会打开与广告编排查询窗口完全相同的窗口，具体的查询方法可参见前面的介绍。

6.4.3 广告单的查询

查询广告单可在广告管理工作站主界面中选择“广告编排”，然后在出现的菜单中选择“广告单查询”选项，系统会打开广告单查询窗口(如图 6—48)。窗口的左侧显示时段，右侧显示所选时段中已经编排的广告。

用户在查询广告单时，可首先在频道名称菜单中选择要查询广告单的所属系列台，然后在右侧输入要查询的日期，点击“查询”按钮后，左侧的时段栏中会显示该日期中所有已经编排广告的时段。此时，时段状态条中也会显示相应的统计数字。如图 6—48所示，所选日期中共有 16 个编排了广告的时段，所有编排的广告时间总长为 50 分钟 20 秒。查询具体某个时段的编排情况时，可在左侧的时段栏中选择要查询的时段，右侧的显示栏中就会显示该时段中编排的广告，其中的“次序”就是广告在实际播放中的顺序。

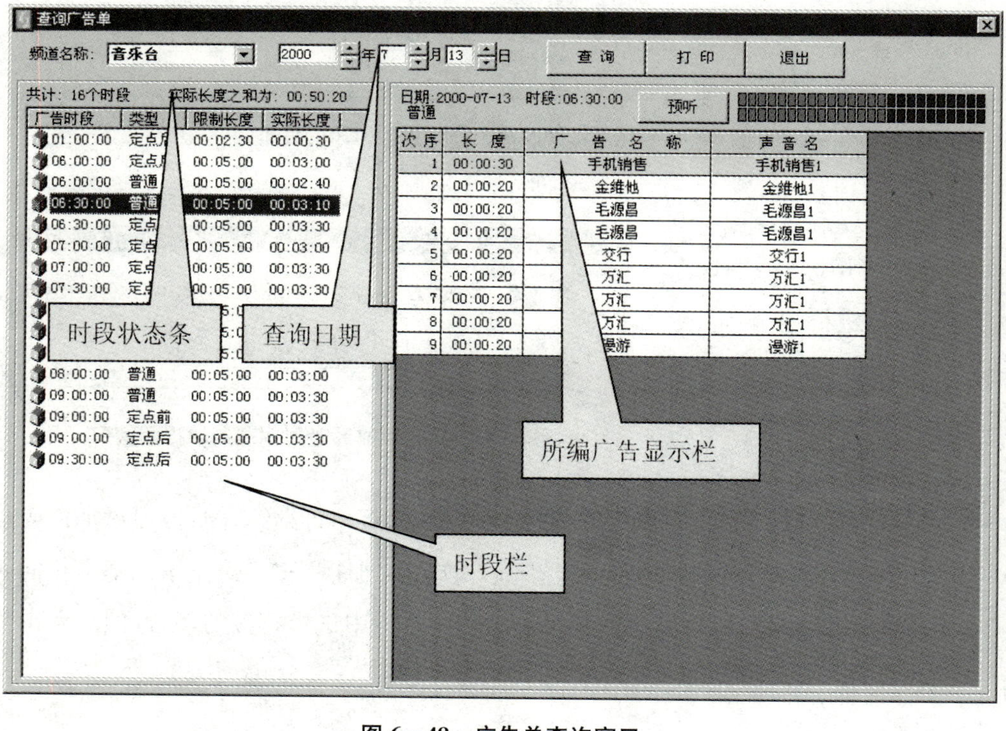

图 6—48 广告单查询窗口

6.5　广告管理工作站中的工具

广告管理工作站中的工具位于其主界面的工具菜单中，包括信息查询、实际播出查询和数据维护。

6.5.1　广告信息查询工具

在广告管理工作站中查询广告信息，可在其主界面中选择“工具”，然后在出现的菜单中选择“信息查询”选项，打开广告查询窗口，窗口中提供的查询条件包括广告名称、签订时间、业务员、部门和频道（如图 6—49）。

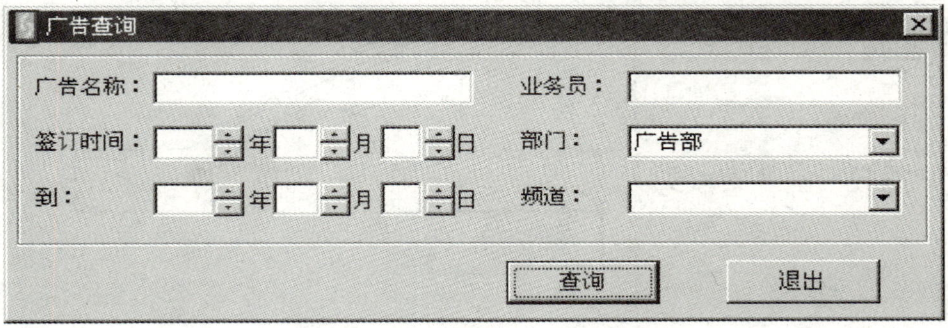

图 6—49　信息查询中的广告查询窗口

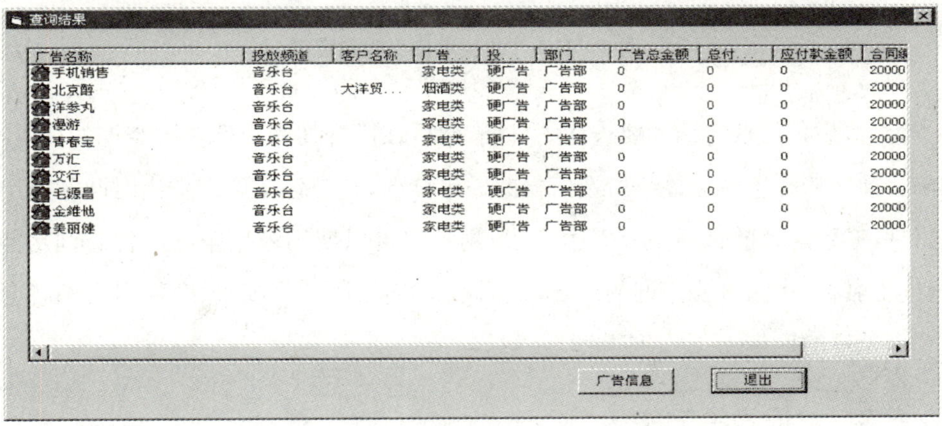

图 6—50　按照查询条件查询出的广告列表

查询广告信息时，用户可首先在广告查询窗口中输入查询条件，然后点击“查询”按钮查询相关广告，图 6—50 为按照查询条件查询出的全部广告。在窗口中选择后点击

“广告信息”按钮，就可查看广告的详细信息，广告信息的具体相关内容可参见前面的介绍。

6.5.2 广告实际播出查询工具

广告实际播出查询是指查询已经在播出工作站中播出的广告。查询时可在广告管理工作站主界面中选择“工具”，然后在出现的菜单中选择“实际播出查询”选项，打开广告实际播出查询窗口（如图 6－51）。

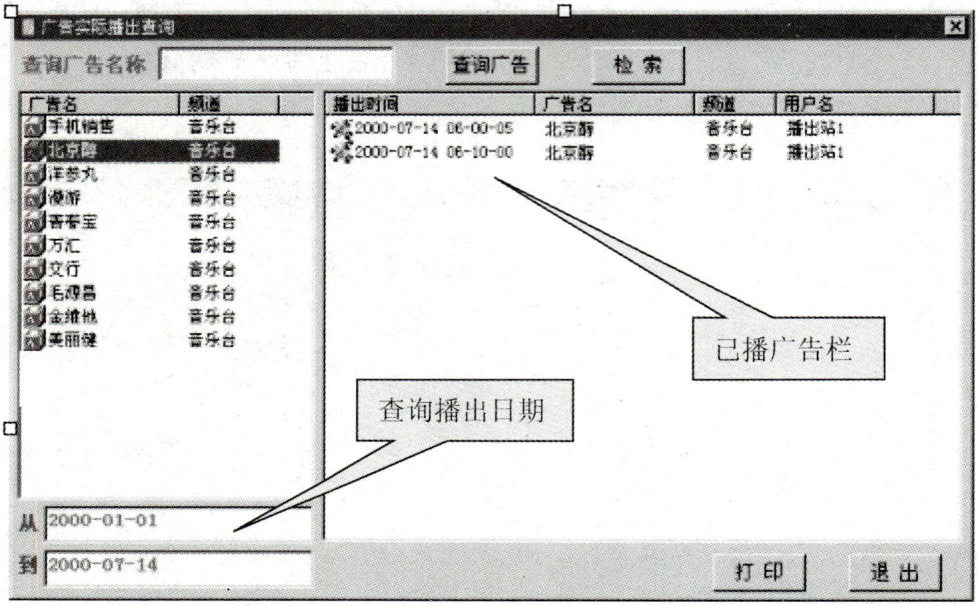

图 6－51　广告实际播出查询窗口

查询时，用户可首先输入要查询的日期，然后在广告列表中选择要查询的广告，窗口右侧的已播广告栏中就会显示所选广告的播出情况，其中包括广告播出时间和播出工作站。另外，如果选择的日期中有多个广告，用户也可以使用窗口中的广告查询功能。在“查询广告名称”中输入要查询的广告，然后点击“查询广告”按钮，广告列表中就会显示符合查询条件的广告。

6.5.3 数据维护工具

数据维护是指用户对广告管理工作站进行维护，删除不需要的广告单，减少硬盘容量，从而加快系统查询速度。可在广告管理工作站主界面中选择“工具”，然后在出现的菜单中选择“数据维护”选项，打开数据维护窗口（如图 6－52）。用户可以在清理日期中输入要清理广告单的日期，然后点击“清理”按钮，系统将会出现清理广告单确认窗口，在窗口中确认清理操作后，即可完成清理广告单的操作。需要注意的是，这里删除的广告单将无法恢复。

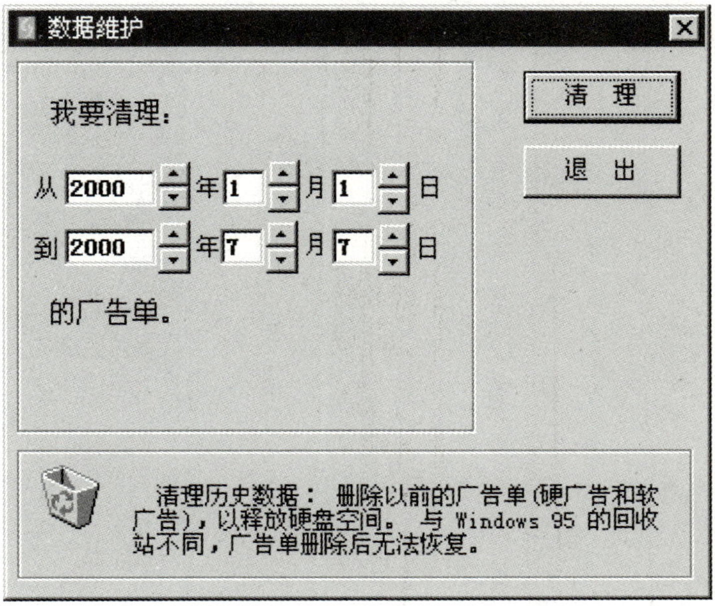
数据维护
清 理
退 出
我要清理：
从 2000 年 1 月 1 日
到 2000 年 7 月 7 日
的广告单。
清理历史数据： 删除以前的广告单（硬广告和软广告），以释放硬盘空间。 与 Windows 95 的回收站不同，广告单删除后无法恢复。

图 6—52　数据维护窗口

Part 7

第7章

广播节目的审听

学习要点

★审听工作站的基本功能

★广告单和栏目单的审听、审定

▶▶7.1　审听工作站简介

审听工作站是为确保广播节目播出质量，为广播电台领导及各部门主任等提供的节目审听、审定平台。在审听工作站上，用户可以对已经编排的栏目单（包括普通栏目单和定点栏目单）、广告单（包括普通广告单和定点广告单）和节目库中的节目进行审听，并可以根据需要对栏目单和节目进行审定，但不能对已有的内容进行修改或删除，其主要工作流程如图 7—1 所示。

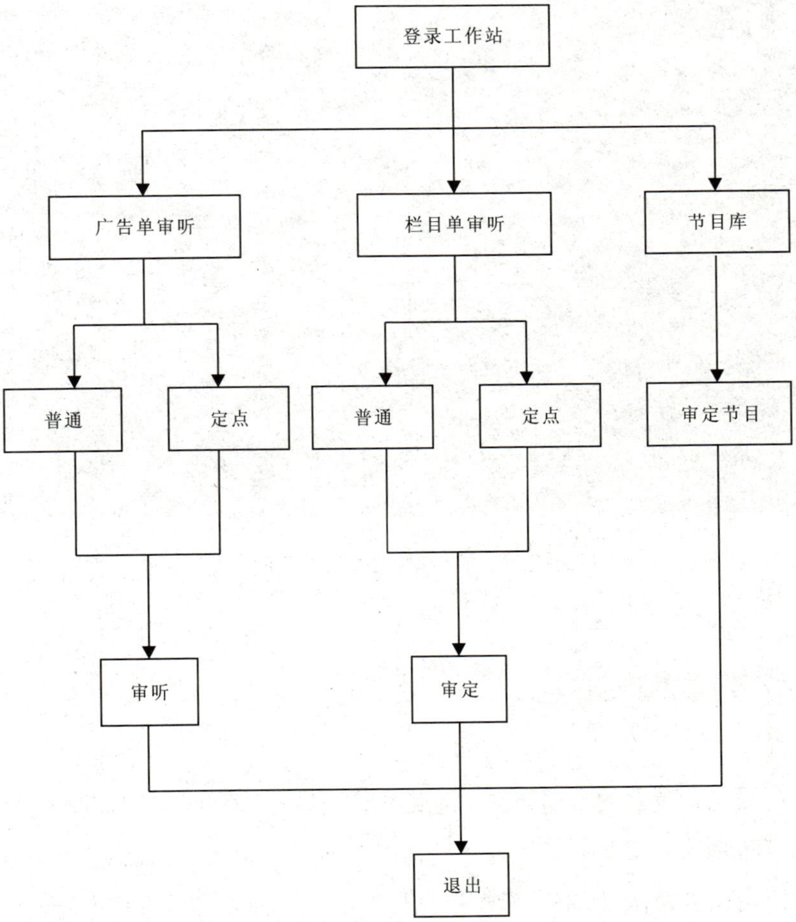

图 7—1　审听工作站主要工作流程

用户可直接点击审听工作站的图标，进入身份验证窗口，通过身份验证后可进入审听工作站主界面(如图 7—2)。窗口中的主要功能按钮有：

(1)普通广告单：点击该按钮可进入普通广告单的审听窗口，对普通广告单进行查阅、审听。

(2)定点广告单：点击该按钮可进入定点广告单的审听窗口，对定点广告单进行查阅、审听。

(3)普通栏目单：点击该按钮可进入普通栏目单的审定窗口，对普通栏目单进行审听、审定。

(4)定点栏目单：点击该按钮可进入定点栏目单的审定窗口，对定点栏目单进行审听、审定。

(5)节目：点击该按钮可进入节目库的节目审定窗口，对各个节目库中的节目进行审听、审定。

图 7—2 审听工作站主界面

▶▶7.2 广告单的审听

广告是广播电台重要的节目形式，通常对其编排方式和时间限制都有严格要求，因此广告单的审听是非常重要的工作。在广播电台自动化播出系统中，广告单通常分为普通广告单和定点广告单两种，审听工作站也分别对这两种广告单进行审听。

7.2.1　普通广告单的审听

普通广告单是指某段特定时间中播放的广告播出单,广告单中的广告需要节目主持人进行手动编排播出。用户在审听普通广告单时,可在审听工作站主界面中点击"普通广告单"按钮,打开普通广告单查询窗口(如图7—3)。窗口主要由五个部分组成:

(1)广告单显示框:显示所选日期中的广告播放时段。

(2)广告显示框:显示所选广告播放时段中编排的广告。

(3)查询方式:包括指定广告单和选择广告单两种。

(4)日期选择区:选择审听广告单的日期。

(5)播放组件区:包括播放预听、播放进程调节和时间指示。

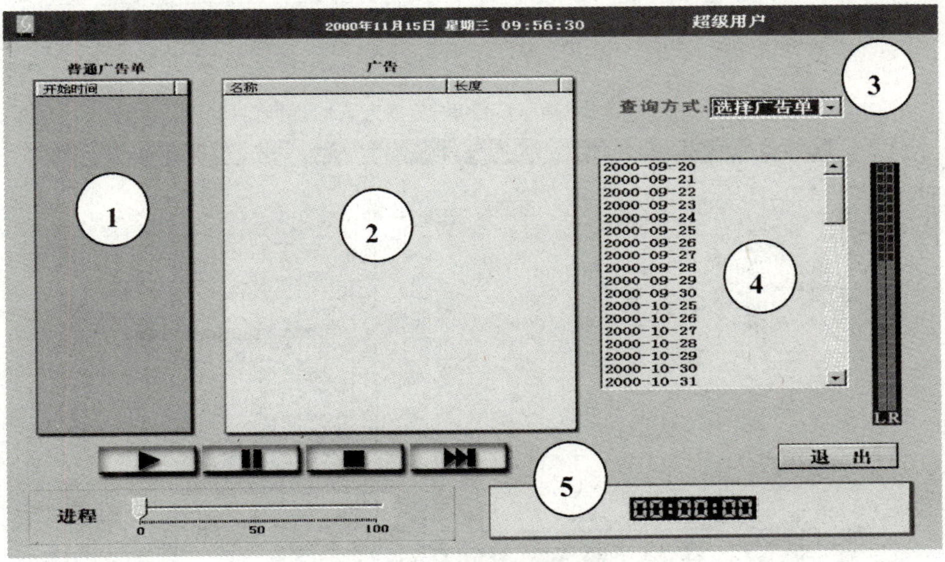

图7—3　普通广告单查询窗口

用户在广告单审听查询窗口中查询要审听的广告单时,可首先选择查询方式。选择"选择广告单"查询方式时,窗口下方的日期选择区中会显示所有已经编排广告的日期,用户可以直接选择审听日期。选择"指定广告单"查询方式时,窗口下方的日期选择区中会显示日历,用户可以通过选择年、月、日确定审听日期(如图7—4)。

用户在审听广告节目时,可选择"选择广告单"查询方式,这样可以直接在日期选择区中选择审听日期(如图7—5)。窗口左侧的广告单显示框中会显示所选日期中的广告时段,用户可以选择要审听的广告时段,然后在广告显示框中选择要审听的广告,并使用窗口中的播放组件对选择的广告进行审听。审听过程中,可以审查广告内容,还可以查看广告电平等,并可根据需要调整广告播放进程。

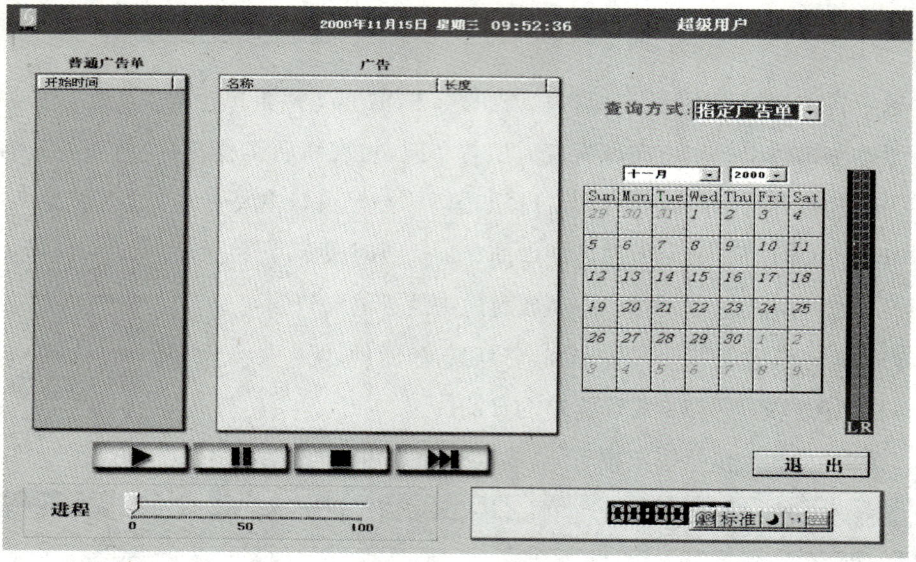

图 7—4 选择“指定广告单”查询方式的查询窗口

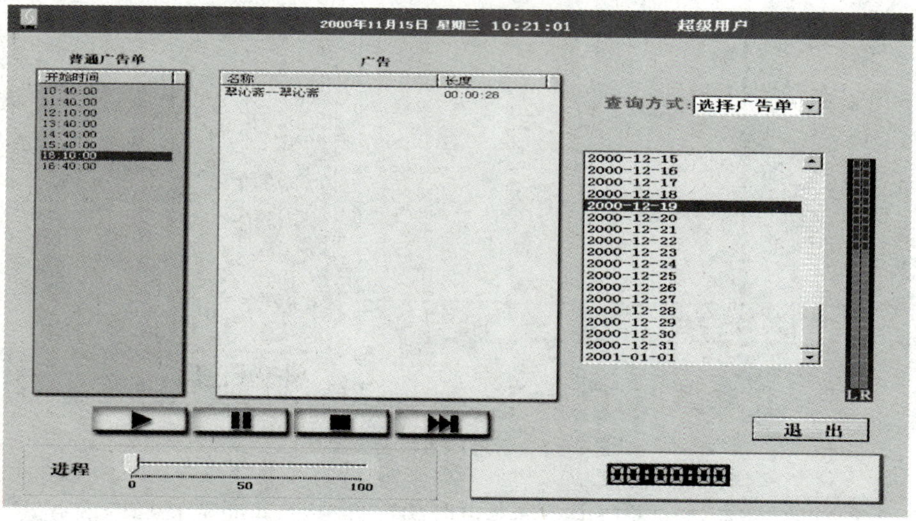

图 7—5 选择“选择广告单”查询方式的查询窗口

7.2.2 定点广告单的审听

定点广告单是指在某特定时刻播放的广告播出单。定点广告单中的广告不需要节目主持人进行手动编排播出，到达特定时刻后，播出工作站将自动播出。用户在审听定点广告单时，可在审听工作站主界面中点击“定点广告单”按钮，打开定点广告单查询窗口。定点广告单查询窗口与前述普通广告单查询窗口基本相同，查询和审听方式也大致相同。因此，审听定点广告单可以参照前面的介绍。

▶▶7.3　栏目单的审定

栏目单是指广播电台全天播放的节目播出单，因此栏目单的审定工作非常重要。在广播电台自动化播出系统中，栏目单通常分为普通栏目单和定点栏目单两种，审听工作站也分别对这两种栏目单进行审听和审定。

7.3.1　普通栏目单的审定

普通栏目单是指按照普通栏目时段播出的栏目单，也就是在栏目时段中播出的节目。可在审听工作站主界面中点击“普通栏目单”按钮，打开普通栏目单查询窗口(如图7—6)。

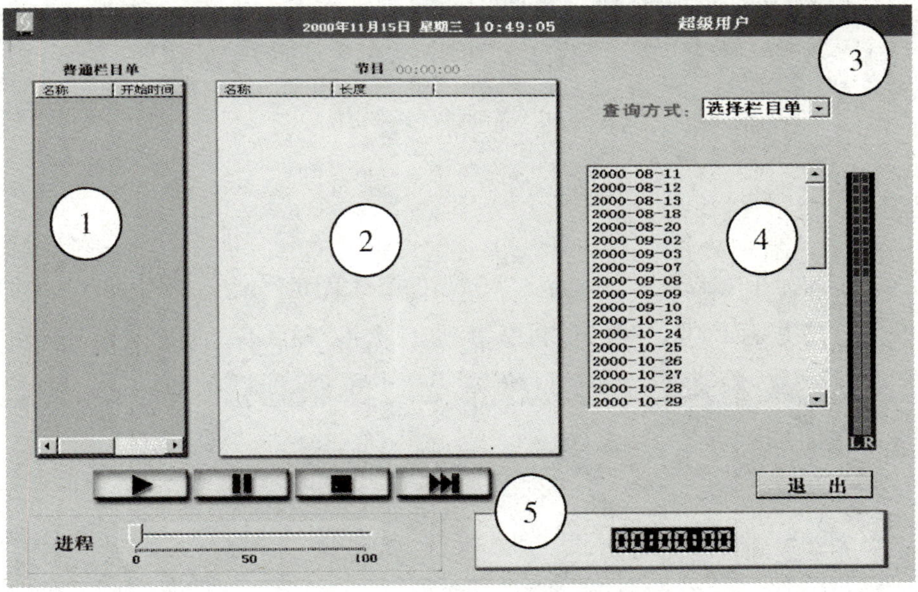

图 7—6　普通栏目单查询窗口

普通栏目单查询窗口和普通广告单查询窗口基本相同，并且同样有“指定栏目单”和“选择栏目单”两种查询方式。用户可以用上述方法选择查询方式，然后在栏目显示框中选择要审定的栏目。如果选择的栏目需要审定，窗口中查询方式右侧会显示“审定”按钮(如图 7—7)。如果选择的栏目已经通过审定，则会显示“已审定”按钮。审听所选栏目中的节目，同样也是首先在节目显示框中进行选择，然后使用窗口中的播放组件进行审听，审听完毕后点击窗口中的“审定”按钮，就可对栏目进行审定。如果没有对栏目进行审定就选择其他栏目，系统会出现要求审定栏目的提示窗口，选择“是(Y)”即可对原来选择的栏目进行审定。

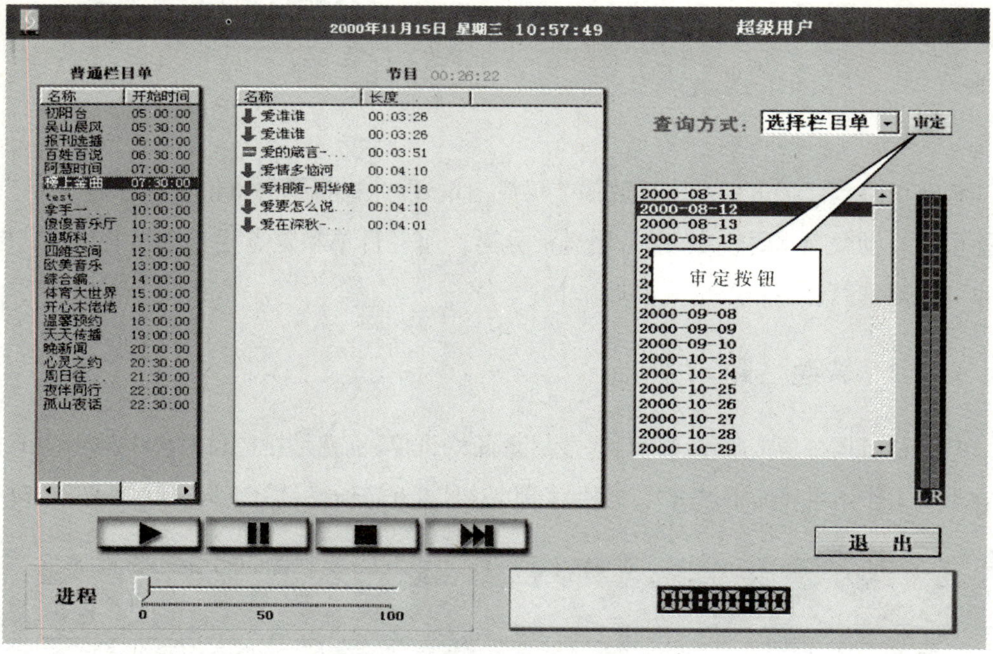

图 7—7 普通栏目单审定窗口

7.3.2 定点栏目单的审定

定点栏目单是指按照定点栏目播放时间播出的栏目单，也就是在某特定时刻播出的节目。可在审听工作站主界面中点击“定点栏目单”按钮，打开定点栏目单查询窗口（如图 7—8）。

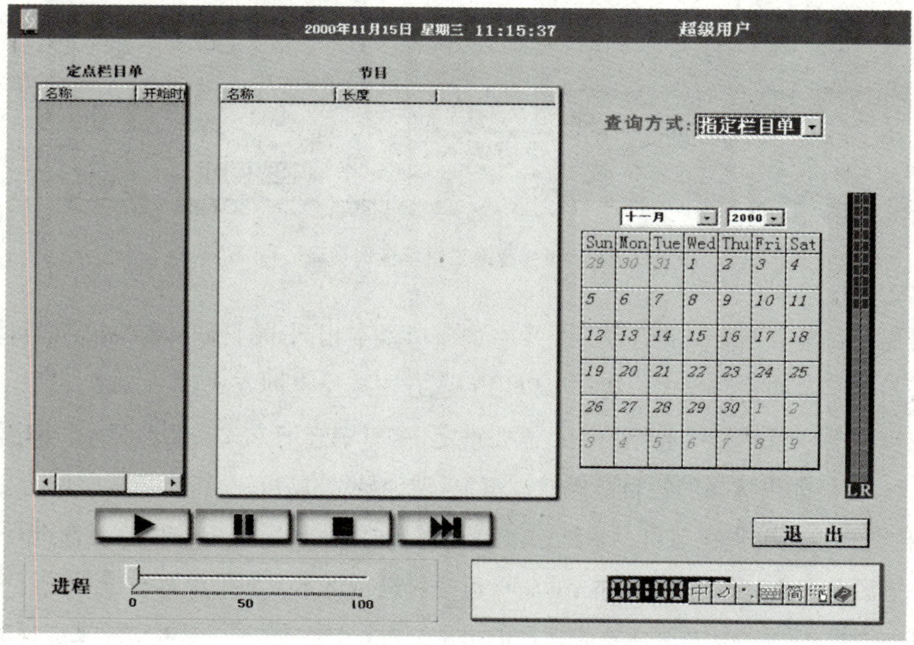

图 7—8 定点栏目单查询窗口

定点栏目单查询窗口与普通栏目单查询窗口基本相同。可在定点栏目单查询窗口中选择“指定栏目单”查询方式，然后在日期选择区中选择要审定的定点栏目单日期(如图7—9)。定点栏目单节目的审听和栏目的审定，与普通栏目单的操作完全一致。

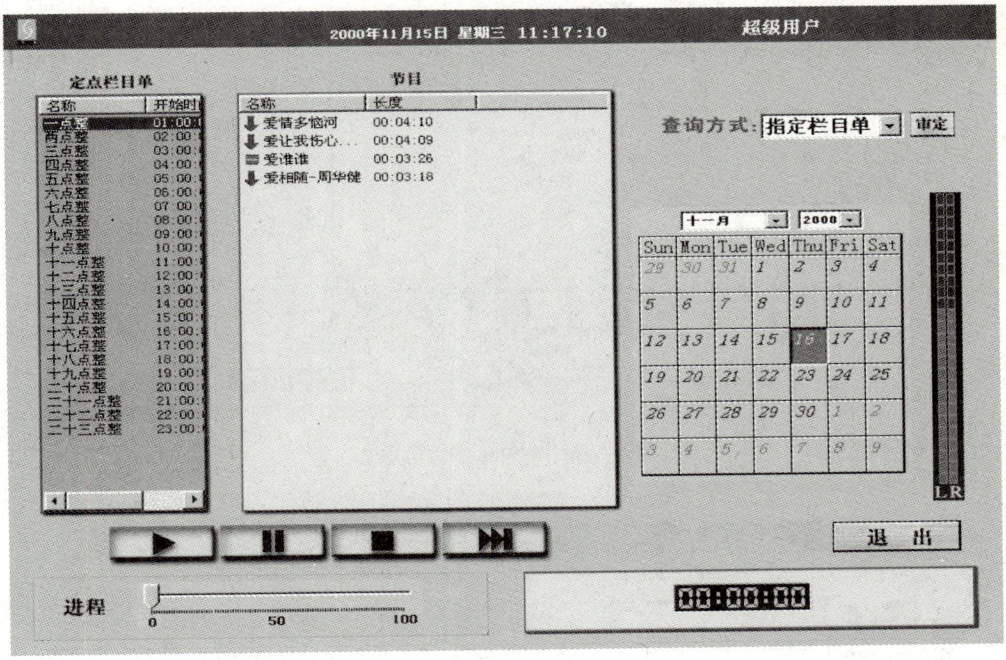

图7—9　定点栏目单审定窗口

▶▶7.4　节目的审定

在审听工作站上对广播节目进行审听时，可在其主界面中点击“节目”按钮，打开节目审听查询窗口(如图7—10)。窗口主要由四部分组成，分别为：

(1)节目显示框：显示查询出的所有节目。

(2)查询方式：包括“全部”和“条件查询”两种。

(3)资料来源：选择查询节目的节目库，包括公共节目库和本系列台库两种。

(4)播放组件：包括播放预听、播放进程调节和时间指示。

用户在查询要审定的节目时，应首先在资料来源菜单中选择要查询的节目库，然后选择查询方式。如果选择的查询方式为“全部”，节目显示框中会显示所选节目库中的所有节目，包括通过审定和未审定的节目。不过，这种方式并不适于查找要审定的节目。如果选择的查询方式为“条件查询”，系统会出现节目查询窗口(如图7—11)。

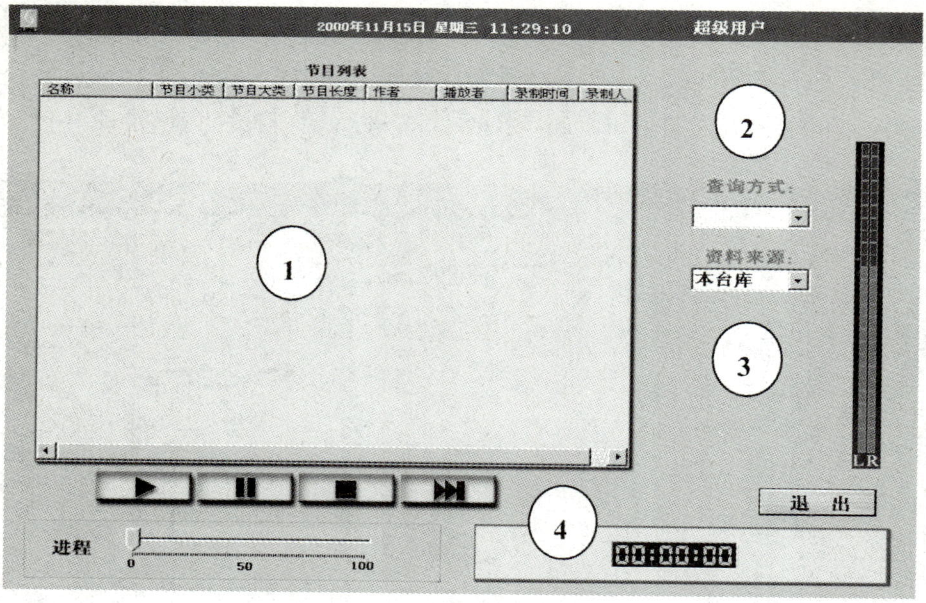

图 7—10 节目审听查询窗口

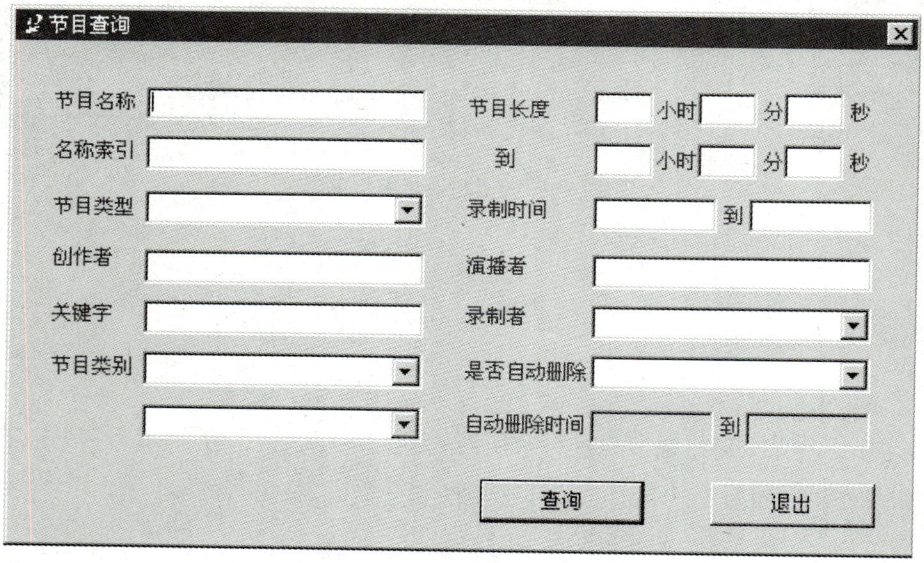

图 7—11 选择“条件查询”方式的查询窗口

在节目查询窗口中，用户可以输入尽可能多的查询条件，缩小查询范围。例如，如果在节目类型的查询条件中选择“临时素材”，查询结果中将显示所有未被审定的节目。输入查询条件后，点击窗口中的“查询”按钮，节目显示框中会显示查询出的节目。如图7—12所示，节目显示框中除了显示节目名称外，还显示相关节目信息，包括节目大类别、节目小类别、节目长度和作者等。用户可以在节目列表中选择要审定的节目，然后使用窗口中的播放组件对所选节目进行审听，审听完毕后点击“审定”按钮，就可对选择的节目进行审定。如果选择的节目已经通过审定，窗口中不会出现“审定”按钮。节目通过审定后，节目名称前面的图标将变为绿色，表示该节目已经通过审定，此时窗口中的“审定”按钮也会消失。

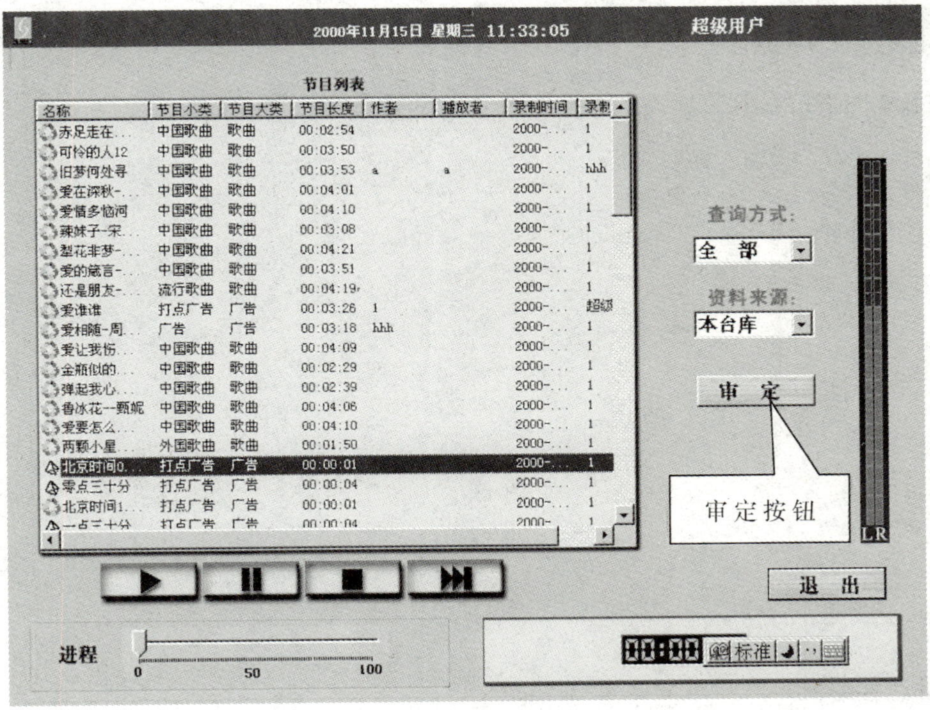

图 7—12　节目审定窗口

图书在版编目(CIP)数据

广播非线性编辑/俞锫,杨亦然编著. —北京:中国传媒大学出版社,2009.3
(广播电视与新媒体系列实验教材)
ISBN 978-7-81127-425-7

Ⅰ. 广… Ⅱ. ①俞…②杨… Ⅲ. 数字技术—应用—广播节目—编辑工作—高等学校—教材
Ⅳ. G222.1 TN931.1

中国版本图书馆 CIP 数据核字(2009)第 031890 号

广播非线性编辑

编　　著 俞　锫　杨亦然
责任编辑 愚　言
封面设计 风得信·阿东
责任印制 范明懿
出 版 人 蔡　翔

出版发行 中国传媒大学出版社(原北京广播学院出版社)
北京市朝阳区定福庄东街 1 号　邮编:100024
电话:65450528　65450532　传真:010—65779405
http://www.cucp.com.cn
经　　销 新华书店总店北京发行所

印　　刷 北京中科印刷有限公司
开　　本 787×1092mm　1/16
印　　张 10.75
版　　次 2009 年 5 月第 1 版　2009 年 5 月第 1 次印刷

书　　号 978-7-81127-425-7/G·425　**定　　价** 28.00 元
